Sharon Jaynes

O PODER *DAS PALAVRAS* DE UMA MULHER

Como sua fala pode impactar
a vida das pessoas

Copyright © 2007, 2020 por Sharon Jaynes. Publicado em inglês sob o título *The Power of a Woman's Words* por Harvest House Publishers (Eugene, Oregon, EUA).

1ª edição: junho de 2022
2ª reimpressão: novembro de 2024

Tradução: Vera Jordan
Revisão: Francine Torres
Diagramação: Letras Reformadas
Capa: Julio Carvalho
Editor: Aldo Menezes
Coordenador de produção: Mauro Terrengui
Impressão e acabamento: Imprensa da Fé

As opiniões, as interpretações e os conceitos desta obra são de responsabilidade de quem a escreveu e não refletem necessariamente o ponto de vista da Hagnos.

Todos os direitos desta edição reservados à
EDITORA HAGNOS LTDA.
Rua Geraldo Flausino Gomes, 42, conj. 41
CEP 04575-060 — São Paulo, SP
Tel.: (11) 5990-3308

E-mail: editorial@hagnos.com.br | Home page: www.hagnos.com.br
Editora associada à Associação Brasileira de Direitos Reprográficos (ABDR)

Dados Internacionais de Catalogação na Publicação (CIP)

Jaynes, Sharon

 O poder das palavras de uma mulher : como sua fala pode impactar a vida das pessoas / Sharon Jaynes ; tradução de Vera Jordan. — São Paulo: Hagnos, 2022.

 ISBN 978-85-7742-351-4

 Título original: The Power of a Woman's Words
 1. Mulheres no cristianismo 2. Vida cristã I. Título II. Jordan, Vera

22-2052   CDD 248.843

Índices para catálogo sistemático:

1. Mulheres no cristianismo

Angélica Ilacqua CRB-8/7057

*À minha preciosa amiga Cynthia Price,
uma mulher que sabe usar bem as palavras.*

*Cynthia,
Muitos amigos podem chegar e partir,
Mas ao longo da vida são raros aqueles que como você são amigos para sempre.*

SUMÁRIO

Agradecimentos 7

Parte 1: O poder que possuímos

1. Mensagens embaralhadas 11

2. O dom incrível de Deus... 15

3. O potencial de uma mulher de mudar uma vida 37

Parte 2: As pessoas que impactamos

4. Um grande impacto nos pequeninos

   O poder das palavras de uma mulher a seus filhos 59

5. A torneira que pinga ou o poço que refresca

   O poder das palavras de uma mulher a seu marido 85

6. Venha sentar-se ao meu lado

   O poder das palavras de uma mulher às suas amigas 111

7. Torcendo da linha lateral

   O poder das palavras de uma mulher a seus filhos adultos 137

8. Especialmente estas pessoas

   O poder das palavras de uma mulher aos seus colegas crentes.................163

9. A mulher na fila do caixa

   O poder das palavras de uma mulher ao mundo.................................183

Parte 3: A busca intencional de domar a língua

10. Você não está sozinha nessa 203

11. O cemitério da queixa e a força vital da gratidão 225

12. A melodia do silêncio 253

13. O princípio do balde 273

14. Possibilidades extremas 283

Sobre a autora 287

AGRADECIMENTOS

Assim como um quadro combina muitas cores em uma tela para criar aquilo que o artista almejou, este livro combina muitas vidas para criar um retrato de *O poder das palavras de uma mulher*. Sou muito grata a Jean Harper, Gayle Wentling, Catherine Grimes, Mary Marshal Young, Connie Roads, Gayle Roper, Glynnis Whitwer, Don e Jona Wright, Nancy Anderson, Mary Southerland, Bonnie Schulte, Mary Johnson, Sharon Johnston, Jonathan Edwards, Ginny Carlson, Larry Clark e Kim Moore por compartilharem suas histórias de como foram impactados pelas palavras de uma mulher. Os exemplos que vocês compartilharam nos ajudam a ver o impacto que nossas palavras têm naqueles que nos cercam.

Sou eternamente grata ao pessoal da Harvest House Publishers. É uma grande honra trabalhar com essa equipe incrível de homens e mulheres que estão promovendo verdadeiramente uma colheita para Deus. Obrigada, Bob Hawkins Jr., Terry Glaspey e LaRae Weikert por acreditarem no projeto; e Kim Moore e Kathleen Kerr por sua expertise em edição.

E às minhas amigas em Deus, Mary Southerland e Gwen Smith. Sou tão grata por Deus nos ter unido para um momento como este, para compartilharmos não somente nossas palavras, mas também nossas vidas.

Embora este livro seja sobre o poder das palavras de uma mulher, é o poder das palavras de um homem que tem sido o vento sob minhas asas durante toda esta jornada. Obrigada, Steve, meu marido maravilhoso, por me dar o encorajamento de que preciso, por acreditar em mim e por orar por mim a cada etapa do caminho. Também sou muito grata ao meu filho, Steven, um homem incrível que Deus tem usado como um refletor das minhas palavras.

Por último, e o mais importante, sou muito grata ao meu Salvador, Jesus Cristo. É somente pela graça de Deus que me é permitido alcançar seus filhos pela palavra escrita.

A Deus seja a glória!

PARTE

1

O poder que possuímos

1

MENSAGENS EMBARALHADAS

Discrição na fala é mais que eloquência.
FRANCIS BACON

Minha amiga Catherine e eu partimos para uma caminhada leve de verão pela vizinhança pouco antes de os vagalumes surgirem para começar sua festa. Conversamos sobre criar filhos, lidar com os maridos e sobre os dilemas de decoração. Ao retornarmos à sua casa, Catherine me convidou para entrar e ver algumas amostras de tecido para um novo sofá. Antes que me desse conta, alguns minutos haviam se transformado em algumas horas. "Poxa!", exclamei. "São dez horas. Já estou fora por mais de duas horas! Aposto que Steve está morrendo de preocupação. Ele nem sequer sabe onde estou. É melhor eu dar uma ligada para ele antes de eu voltar para casa."

Assim que liguei, a secretária eletrônica atendeu. Depois de ouvir minha doce saudação sulista, deixei uma mensagem ríspida.

"Steve, eu liguei para avisá-lo que estou na casa da Catherine. Pensei que você pudesse estar preocupado, mas aparentemente você não se importa, já que nem atende o telefone!" Bipe. Despedi-me de Catherine e saí sentindo-me desanimada. "Estou vagando no escuro sozinha e ele nem se importa", murmurei comigo mesma. "Eu poderia estar ferida, caída numa vala ou morta por causa disso! Ele nem se importa. Acho que ele nem me ama."

Enquanto meus olhos se adaptavam à escuridão, notei alguém vindo em minha direção. Era o príncipe encantado montando em seu corcel! Na verdade, era Steve em sua bicicleta.

— Por onde você andou? — perguntou ele em desespero. — Eu saí pela vizinhança procurando por você! Você sabe que horas são?

— Oh, você se importa, falei com um largo sorriso, dando-lhe um grande abraço.

— Do que você está falando?

— Nada. Vamos para casa.

Ao chegarmos em casa, o que eu fiz? Você sabe, amiga, eu apaguei rapidamente a mensagem da secretária eletrônica antes que Steve ouvisse minhas palavras ácidas. "Ufa", pensei. "Essa foi por pouco."

Alguns dias depois, Steve me ligou do trabalho.

— Sharon, você tem ouvido a secretária eletrônica ultimamente?

— Não, por quê?

— Bem, acho que há algo lá que você precisa ouvir.

Desligamos o telefone, e eu peguei meu celular para ligar para minha linha fixa. A mensagem na secretária eletrônica dizia algo assim:

(A doce voz sulista) "Olá, você ligou para a residência dos Jaynes. Não podemos atender o telefone agora... (entra a voz da Cruella Cruel) "Eu liguei para avisá-lo que estou na casa da Catherine. Pensei que você pudesse estar preocupado, mas aparentemente você não se importa, já que nem atende o telefone!" (Retorno da doce voz sulista) "Ao som do bipe, deixe uma mensagem e retornaremos o mais rápido possível." Bipe.

— Poxa! — Eu gritei. — Como aconteceu isso? Quantas pessoas ouviram isso nos últimos três dias?

Liguei para a companhia telefônica e eles explicaram que, às vezes, durante uma trovoada (que havia ocorrido três dias antes), o raio atinge os fios e as mensagens da secretária eletrônica ficam embaralhadas. De algum modo, minha mensagem foi vinculada à mensagem de saudação.

Fiquei terrivelmente envergonhada. Parecia o médico e o monstro.

— Senhor — orei, —isso é tão constrangedor.

— Sim, é constrangedor — respondeu Ele.

Bem, Ele não disse isso com tantas palavras assim. Foi algo como:

> Com a língua bendizemos o Senhor e Pai e com ela amaldiçoamos os homens, feitos à semelhança de Deus. Da mesma boca procedem bênção e maldição. Meus irmãos, não pode ser assim! Acaso podem sair água doce e água amarga da mesma fonte? Meus irmãos, pode uma figueira produzir azeitonas ou uma videira figos? Da mesma forma, uma fonte de água salgada não pode produzir água doce (Tiago 3:9-12).

Como diria minha avó, que vivia na área rural, isso significa que o que estiver dentro do poço subirá dentro do balde.

— Tudo bem, Senhor, eu entendo a mensagem. — Porém, muitas outras pessoas infelizmente também entenderam.

Espanto-me a rapidez com que nós, mulheres, podemos transitar rapidamente entre abençoar e desdenhar, elogiar e denigrir, aprovar e criticar — tudo em questão de segundos. Deus nos deu um poder incrível em nossa esfera de influência, e esse poder começa com as palavras que pronunciamos. Poucas forças impactam mais do que as palavras que saem da nossa boca. Nossas palavras podem incentivar uma criança a realizar grandes feitos, encorajar um marido a conquistar o mundo, reacender as brasas dormentes dos sonhos interrompidos de uma amiga, encorajar um irmão em Cristo a prosseguir na carreira da vida, e conduzir uma alma perdida a Cristo. As palavras iniciam guerras e trazem paz, tanto globalmente como em nossas próprias casas.

Estou tão feliz por você ter se unido a mim nesta jornada para um dos dons mais poderosos que Deus deu a cada uma de nós: as palavras. Descobriremos como moldamos a vida dos outros com palavras que vivificam ou mortificam a alma humana. Além de ver como nossas palavras impactam aqueles com quem nos relacionamos diariamente, também olharemos para várias mulheres na Bíblia e como suas palavras influenciaram gerações que vieram após elas. Exploraremos o poder disponível a cada um de nós de tirar proveito dessa poderosa força e usá-la para o bem. Mais importante, uniremos as mãos e os corações e descobriremos como mudar as palavras que falamos para nos tornarmos mulheres que Deus planejou o tempo todo.

As palavras são poderosas? Sim! Poderosas quanto? Aprenderemos juntas. Daremos uma olhada em um dos dons mais incríveis de Deus para a humanidade e refletiremos sobre o potencial que temos bem debaixo de nosso nariz... as palavras.

2

O DOM INCRÍVEL DE DEUS

A Bíblia tem muito a dizer sobre nossa boca, nossos lábios, nossa língua, pois nosso discurso nos trai. O que estiver dentro do poço subirá dentro do balde.

VANCE HAVNER

Deus nos deu um tesouro valioso, o dom das palavras, e com grandes riquezas também vêm grandes responsabilidades. A intenção não era que o dom fosse utilizado incorretamente para a gratificação egoísta, mas que fosse investido em outras pessoas para a edificação. Comunicar vida, além de mudar aquela pessoa com quem falamos, pode ter efeito sobre gerações que ainda virão. A senhorita Thompson, uma professora que lecionava no quinto ano, viu em primeira mão como uma palavra encorajadora pode mudar o rumo de um dia... o rumo de uma vida. Eis a história dela, escrita por Elizabeth Ballard:

Três cartas de Teddy[1]

A carta do Teddy chegou hoje e agora que eu a li, vou colocá-la em meu baú de cedro junto às outras coisas que são importantes para a minha vida.

---

[1] Elizabeth Silance Ballard, "Three Letters from Teddy", *Home Life*, março de 1976. Usado com permissão.

"Eu queria que você fosse a primeira a saber." Eu sorri ao ler as palavras que ele escrevera, e meu coração se encheu de um orgulho que eu não tinha o direito de sentir. *Teddy Stallard*. Não vejo Teddy Stallard desde que ele era um dos alunos em minha turma do quinto ano, há 15 anos.

Envergonho-me de dizer que desde o primeiro dia em que Teddy entrou na minha sala de aula, eu não gostei dele. Os professores se esforçam muito para não ter favoritos em uma sala de aula, mas nós nos esforçamos ainda mais para não mostrar antipatia por uma criança, qualquer criança.

No entanto todos os anos há uma ou duas crianças às quais não podemos evitar de nos apegarmos, pois os professores são humanos, e é da natureza humana gostar de pessoas brilhantes, bonitas e inteligentes, quer tenham 10 ou 25 anos. E às vezes, felizmente não com muita frequência, haverá um ou dois alunos com quem o professor simplesmente parece não conseguir se relacionar.

Eu me julgava bastante capaz de controlar meus sentimentos pessoais naquela fase, até o Teddy entrar na minha vida. Não havia uma criança que eu gostasse particularmente naquele ano, mas Teddy era, de certo, uma de quem eu não gostava.

Ele era um garotinho sujo, não apenas de vez em quando, mas o tempo todo. Seu cabelo descia rente sobre as orelhas e, na verdade, quando redigia seus trabalhos na sala de aula, ele tinha de tirá-lo dos olhos. (E isso foi antes dessa mania virar moda!) Além disso, havia um odor que lhe era peculiar e que eu jamais consegui identificar.

Sim, seus defeitos físicos eram muitos, mas seu intelecto era o que realmente deixava a desejar. Ao final da primeira semana, eu sabia que ele estava irremediavelmente atrasado em relação aos outros. Não apenas estava atrasado, ele era visivelmente lento! Comecei a me afastar dele imediatamente.

Qualquer professor lhe dirá que é mais do que prazeroso ensinar uma criança brilhante. É definitivamente mais gratificante para o ego. Porém qualquer professor que faça jus às suas certificações pode passar atividades para uma criança brilhante mantendo-a desafiada e aprendendo, enquanto o maior esforço reside na criança mais lenta. Qualquer professor *pode* fazer isso. A maioria *faz*, mas eu não fiz. Não naquele ano.

Na verdade, eu foquei os melhores alunos e deixei os outros acompanharem da melhor maneira que pudessem. Envergonho-me de admitir, eu sentia um prazer perverso em usar minha caneta vermelha, e cada vez que eu me aproximava para examinar as atividades de Teddy, o "x" das respostas erradas (e eram muitos) era sempre um pouco maior e mais vermelho do que o necessário.

"Trabalho ruim!", escrevia eu com um floreado. Embora eu não ridicularizasse de fato o garoto, minha atitude era, obviamente, um tanto aparente à classe, pois ele tornou-se rapidamente o "Judas", o pária, o rejeitado, aquele a quem é impossível amar.

Ele sabia que eu não gostava dele, mas não sabia por quê. Nem eu sabia, na época ou agora, por que eu sentia uma antipatia tão forte por ele. Tudo que sei é que ele era um garotinho com quem ninguém se importava, e eu não fazia nenhum esforço por ele.

Os dias passaram e vimos chegar o Festival de Outono, os feriados de Ação de Graças, e eu continuei corrigindo prazerosamente com minha caneta vermelha. Com o recesso de Natal se aproximando, eu sabia que Teddy jamais se recuperaria a tempo de ser promovido para o sexto ano. Ele seria um repetente.

Para me justificar, eu checava a pasta com suas notas cumulativas de vez em quando. Ele tinha notas muito baixas nos primeiros quatro anos, mas não o suficiente para ser reprovado. Como ele fizera isso, eu não sabia. Fui relutante em verificar as observações pessoais:

Primeiro ano: "Teddy é esforçado, mas tem uma situação ruim no lar".

Segundo ano: "Teddy tem potencial. Mãe é paciente terminal. Ele recebe pouca ajuda em casa".

Terceiro ano: "Teddy é um garoto simpático. É prestativo, mas muito fechado. Tem dificuldade de aprendizagem. Sua mãe faleceu no final do ano".

Quarto ano: "Muito lento, mas tem bom comportamento. O pai é ausente".

"Bem, eles o aprovaram quatro vezes, mas certamente ele reprovará no quinto ano!

"Essa é a melhor coisa a ser feita!", Eu disse a mim mesma.

E então chegou a véspera dos feriados. Nossa pequena árvore sobre a mesa de leitura ostentava correntes feitas de papel e pipoca. Muitos presentes estavam amontoados embaixo, esperando pelo grande momento.

Os professores sempre ganham vários presentes no Natal, mas naquele ano o meu pareceu maior e mais rebuscado do que nunca. Não havia um aluno que não houvesse me trazido um presente. A cada embrulho desfeito ouvia-se gritinhos de alegria, e o presenteador orgulhoso recebia agradecimentos calorosos.

O presente dele não foi o último que peguei. Na verdade, estava no meio da pilha. Seu embrulho era uma sacola de papel marrom com árvores de Natal coloridas e sinos vermelhos por toda parte. Estava fechada com fita adesiva. "Para a senhorita Thompson, de Teddy."

O grupo silenciou completamente e eu me senti o centro das atenções, constrangida, porque todos pararam e me observaram desembrulhar esse presente. Quando removi o último pedaço de fita adesiva, dois objetos caíram na minha mesa. Uma pulseira espalhafatosa de strass com várias pedrinhas faltando e um pequeno frasco, pela metade, de colônia da loja de um real. Eu podia ouvir os risinhos sarcásticos e sussurros, e eu não tinha certeza se conseguiria olhar para Teddy.

"Não é uma gracinha?", perguntei, colocando a pulseira em meu pulso. "Teddy, você poderia me ajudar a fechar o ganchinho?"

O DOM INCRÍVEL DE DEUS

Ele sorriu timidamente enquanto fechava o ganchinho, e eu ergui o pulso para que todos pudessem admirá-la. Podiam-se ouvir alguns hesitantes "Ohs" e "Ahs", mas quando espalhei levemente a colônia atrás das orelhas, todas as garotinhas fizeram fila para receber um pouco também.

Continuei abrindo os presentes até chegar ao fim da pilha. Comemos nossos lanches até tocar o sinal. As crianças foram saindo aos gritos de "Até o ano que vem!" e "Feliz Natal!", mas Teddy esperou em sua mesa.

Quando todos haviam partido, ele caminhou em minha direção segurando seu presente e livros contra o peito.

"Você está com o cheiro da minha mãe", disse ele baixinho. "A pulseira dela também fica muito bem em você. Estou feliz que tenha gostado."

Ele saiu rapidamente, e eu tranquei a porta, sentei-me em minha mesa e chorei, decidindo compensar Teddy daquilo de que eu o havia privado deliberadamente: um professor que se importasse.

Fiquei com Teddy todas as tardes desde o dia em que as aulas recomeçaram, 2 de janeiro, até o último dia. Às vezes, trabalhávamos juntos. Às vezes, ele trabalhava sozinho enquanto eu preparava planos de aula ou corrigia atividades. De modo lento, porém seguro, ele alcançou o restante da classe. Gradualmente, houve uma curva positiva ascendente em suas notas.

Ele não teve de repetir o quinto ano. Na verdade, suas médias finais estavam entre as mais altas da classe, e embora soubesse que ele se mudaria do estado quando terminasse o curso, eu não estava preocupada com ele. Teddy alcançara um nível que lhe seria útil no ano seguinte, não importava para onde ele fosse. Ele havia desfrutado uma medida de sucesso, e como fomos ensinados em nossos cursos de pedagogia: "Sucesso constrói sucesso".

Somente vários anos mais tarde é que tive notícias de Teddy, quando sua primeira carta apareceu na minha caixa de correio.

O PODER DAS PALAVRAS DE UMA MULHER

Prezada Senhorita Thompson,

Eu apenas queria que você fosse a primeira a saber. Vou me formar em segundo lugar na minha turma no dia 25 de maio, no Colégio E_ _ _ _ _ _ .

Atenciosamente,

Teddy Stallard

Eu lhe enviei um cartão felicitando-o e um pequeno pacote, um conjunto de caneta e lápis. Fiquei imaginando o que ele faria depois da formatura. Descobri quatro anos depois, quando chegou sua segunda carta.

Prezada Senhorita Thompson,

Acabei de ser informado hoje que vou me formar em primeiro lugar na minha turma. A universidade é um pouco difícil, mas vou sentir falta.

Atenciosamente,

Teddy Stallard

Enviei-lhe um belo par de abotoaduras com monograma em prata esterlina e um cartão; eu estava tão orgulhosa dele que poderia explodir!

E agora, hoje, a terceira carta de Teddy:

Prezada Senhorita Thompson,

Eu queria que você fosse a primeira a saber. A partir de hoje eu sou Theodore J. Stallard, MD. Que tal???!!!

Vou me casar no dia 27 de julho e espero que você possa vir e se sentar onde a mamãe sentaria se estivesse aqui. Não terei nenhum familiar lá já que papai faleceu no ano passado.

Atenciosamente,

Ted Stallard

Não tenho certeza de que tipo de presente se envia a um médico após a conclusão da faculdade de medicina. Talvez eu espere e escolha um presente de casamento, mas o bilhete não pode esperar.

Querido Ted,

Parabéns! Você conseguiu chegar lá e o fez sozinho! Apesar daqueles que são como eu e não por causa de nós, este dia chegou para você.

Deus abençoe você. Eu estarei em seu casamento com muito entusiasmo!

A senhorita Thompson mudou o rumo da vida de um garotinho. Ela ofereceu a Teddy palavras que o levantaram quando ele sentia que estava no fundo do poço. Você não consegue ouvi-la agora? "Ótimo trabalho, Teddy!" "Você consegue!" Ela se tornou o vento sob as asas de Teddy quando ele sentia como se pudesse voar. E anos depois, ela teve um assento na primeira fila enquanto o observava voar para o futuro. Esse é o poder das palavras de uma mulher. Um presente incrível que Deus deu àqueles criados à sua imagem. Você e eu!

As palavras não foram feitas para serem utilizadas incorretamente para a gratificação egoísta, mas para serem investidas em outras pessoas, para a edificação.

E disse Deus

"No princípio Deus criou os céus e a terra" (Gênesis1:1). Esse parece ser um lugar esplêndido para começarmos nossa jornada, o início dos tempos. Quando Deus criou o mundo e encheu os mares com vida marinha e os céus com criaturas aladas, quando Ele fez as estrelas iluminarem o céu à noite e colocou o sol para iluminar o dia e a lua para iluminar as trevas, Ele o fez com palavras. *"Disse Deus: 'Haja luz'."* *"Depois disse Deus: 'Haja entre as águas um firmamento que separe águas de águas'."* *"E disse Deus:* 'Ajuntem-se num só lugar as águas que estão debaixo do céu, e apareça a parte seca'." *"Disse Deus*: Haja luminares no firmamento do céu para separar o dia da noite'." *"Disse também Deus*: 'Encham-se as águas de seres vivos, e sobre a terra voem aves sob o firmamento do céu'." *"E disse Deus*: 'Produza a terra seres vivos de acordo com as suas espécies'." *"Então disse Deus*: "Façamos o homem à nossa imagem, conforme a nossa semelhança. Domine ele sobre os peixes do mar, sobre as aves do céu, sobre os animais grandes de toda a terra e sobre todos os pequenos animais que se movem rente ao chão'." E assim se fez. (Veja Gênesis 1:3-26.) Deus falou, e o que não existia passou a existir. Quando criou os céus e a terra, Deus usou uma força poderosa: as palavras. "Mediante a palavra do Senhor foram feitos os céus, e os corpos celestes, pelo sopro de sua boca" (Salmos 33:6).

De modo surpreendente, quando Deus criou a humanidade à sua própria imagem, Ele nos deu aquela mesma capacidade poderosa de dizer palavras. Ele não confiou as palavras às zebras, aos pássaros, macacos, elefantes, lagartos ou cavalos. Ele confiou as palavras a meros mortais. Nossas palavras também têm potencial criativo. Elas podem iluminar o rosto de uma criança desalentada, aliviar os fardos de um marido sobrecarregado de preocupações, levantar o ânimo de uma amiga que se sente abatida pela vida, encorajar irmãos e irmãs em Cristo a crescer na graça e trazer a mensagem da esperança e cura de Jesus Cristo a um mundo ferido. As palavras são uma das forças mais poderosas do universo e, de modo surpreendente,

O DOM INCRÍVEL DE DEUS

Deus as confiou a você e a mim. As palavras se tornam o espelho no qual os outros veem a si mesmos.

Sempre me surpreendi com o poder de um átomo minúsculo, pequeno demais para ser visto a olho nu. A fissão (divisão do núcleo de um átomo) e a fusão (a união dos núcleos) têm o potencial de gerar energia suficiente para suprir uma cidade inteira ou potencial destrutivo suficiente para devastá-la. Tudo depende de como e quando se dá a união ou a separação.

Isso também ocorre com as nossas palavras. Ligado em um pequeno grupo de músculos chamado língua, encontra-se um instrumento com enorme potencial para o bem ou para o mal, para encorajar ou desanimar, para dar poder ou destruir completamente, para curar ou ferir. Tudo depende de como e quando se dá a união e a separação. Nossas palavras podem fazer um casamento ter sucesso ou fracassar, paralisar uma amiga ou empurrá-la para a frente, costurar ou rasgar um relacionamento, construir ou enterrar um sonho, amaldiçoar Deus ou confessar Cristo. E embora não tenha ossos, a língua é forte o bastante para partir o coração de alguém.

Assim como Deus usou palavras para criar vida física, nossas palavras podem ser a centelha para gerar vida espiritual. Paulo ensinou: "Se você confessar com a sua boca que Jesus é Senhor e crer em seu coração que Deus o ressuscitou dentre os mortos, será salvo. Pois com o coração se crê para justiça, e *com a boca se confessa para salvação*" (Romanos 10:9,10). Uau! É com a nossa boca que somos salvos. É um poder incrível bem debaixo do nosso nariz.

As palavras *conversar, língua, falar, discurso, palavras, boca* e *silêncio* são usadas mais de 3.500 vezes na Bíblia. Palavras que são usadas por homens e mulheres como você e eu. Algumas são exemplos do dano que elas podem causar, e outras são exemplos da vida que podem trazer. Lemos sobre mulheres que fofocavam, reclamavam, mentiam, manipulavam, zombavam e faziam muitos tropeçarem. Também lemos sobre mulheres que encorajavam, profetizavam, salvavam vidas, treinavam guerreiros e faziam com que muitos andassem na verdade. Algumas fizeram as duas coisas. Você e eu provavelmente também faremos.

Assim como lemos as palavras "Disse Deus", um dia as pessoas dirão o mesmo a nosso respeito. "E ela disse…"

*

"Mediante a palavra do Senhor foram feitos os céus, e os corpos celestes, pelo sopro de sua boca"
(Salmos 33:6).

*

Lemes, rédeas e incêndios em florestas

Na Bíblia, Tiago retrata de forma comovente o poder de nossas palavras:

> Quando colocamos freios na boca dos cavalos para que eles nos obedeçam, podemos controlar o animal todo. Tomem também como exemplo os navios; embora sejam tão grandes e impelidos por fortes ventos, são dirigidos por um leme muito pequeno, conforme a vontade do piloto. Semelhantemente, a língua é um pequeno órgão do corpo, mas se vangloria de grandes coisas. Vejam como um grande bosque é incendiado por uma simples fagulha. Assim também, a língua é um fogo; é um mundo de iniquidade. Colocada entre os membros do nosso corpo, contamina a pessoa por inteiro, *incendeia todo o curso de sua vida,* sendo ela mesma incendiada pelo inferno (Tiago 3:3-6).

A Bíblia de estudo *English Standard Version* (ESV) observa:

A língua é um dos menores órgãos do corpo, contudo tem controle sobre tudo o que uma pessoa é e faz. A língua "determina todo o curso de sua vida (literalmente 'o ciclo de existência'), provavelmente significando os 'altos e baixos' da vida". A língua vira do avesso todos os aspectos da vida em comunidade, bem como o individual.[2].

Um cavalo médio pesa de 380 a 998 quilos. É muito osso e músculo, contudo um pequeno pedaço de metal colocado acima de sua língua e preso a uma rédea nas mãos do cavaleiro controla seu movimento para a esquerda ou para a direita. Puxar a rédea em direção ao cavaleiro dá sinal para o cavalo parar, afrouxá-la dá sinal para ele avançar. O simples fato de pensar que um animal tão grande é controlado por um pequeno pedaço de metal pressionado contra sua língua é de estontear.

Eu amo o modo que Peterson parafraseia Tiago 3:3-6 em sua obra: *A Mensagem* (MSG):

> Um freio na boca de um cavalo controla todo o animal. Um pequeno leme em um navio enorme nas mãos de um capitão habilidoso define um rumo ao enfrentar os ventos mais fortes. Uma palavra que sai de sua boca pode parecer sem valor, mas *pode realizar quase tudo, ou destruir tudo!*.

Lembre-se de que basta uma faísca para iniciar um incêndio na floresta. Uma palavra que sai de sua boca de forma descuidada ou mal colocada pode fazer isso. Pelo nosso discurso, podemos arruinar o mundo, transformar a harmonia em caos, jogar lama em uma reputação, fazer o mundo

---

[2] *ESV Study Bible* (Wheaton, IL: Crossway Bibles, 2008), nota de rodapé de Tiago 3:3-6, 2395.

inteiro virar fumaça, e virar fumaça com ele, fumaça diretamente do poço do inferno.

Em 23 de novembro de 2016, uma fagulha como essa se inflamou no Parque Nacional Great Smoky Mountains. O incêndio começou em um pico acidentado e escarpado conhecido como Chimney Tops, cerca de 6,5 quilômetros de Gatlinburg, Tennessee. O fogo queimou por vários dias, principalmente nos picos inacessíveis do Parque Nacional Great Smoky Mountains, não muito distante da borda de uma das trilhas de caminhada mais populares. O fogo era pequeno e tão remoto que durante dias os bombeiros não conseguiram chegar até ele. Em vez disso, formularam um plano para contê-lo. Porém, iniciando-se na tarde de domingo e estendendo-se até a manhã de segunda-feira, a umidade desapareceu do ar, a temperatura subiu e o vento começou a disparar por entre as árvores. Na tarde de segunda-feira, não havia como parar as chamas famintas.[3]

Auxiliado por fortes rajadas de vento de até 120 quilômetros por hora e meses de seca intensa, o fogo partiu velozmente em direção à área de atração turística de Gatlinburg, que estava lotada. Até às cinco horas da tarde não havia incêndios em Gatlinburg. No prazo de uma hora, 20 prédios estavam em chamas.[4]

Durante dias, 780 bombeiros de vários estados combateram incêndios que fecharam a cidade de Gatlinburg no auge de seu turismo de inverno. O fogo danificou ou destruiu mais de 2.400 casas e empresas. Quatorze pessoas morreram, 134 ficaram feridas. Entre os mortos havia tanto moradores como visitantes. Muitos proprietários retornaram para casa e encontraram em cinzas tudo o que possuíam. O condado de Sevier e 17 mil

---

[3] Ibid.

[4] Bill Gabbert, "Analyzing the Fire That Burned into Gatlinburg", *Wildfire Today*, 5 de dezembro de 2016,wildfiretoday.com/2016/12/05/analyzing-the-fire--that-burn-in-gatlinburg/161203-story.html.

O DOM INCRÍVEL DE DEUS

acres de bosque foram transformados em um pedaço de terra desfigurado e carbonizado. E tudo começou com uma faísca despretensiosa.

Dois adolescentes estavam brincando com fósforos em uma trilha popular de caminhada. Uma outra pessoa que caminhava aparentemente registrou uma imagem dos garotos se afastando da trilha com fumaça ao fundo. As autoridades conseguiram identificar os garotos pelas roupas e mais tarde eles foram presos.

Um fósforo.

Uma faísca.

Duas pessoas descuidadas.

Em média, mais de 100 mil incêndios destroem de 4 a 5 milhões de acres anualmente nos EUA. Em 2018, 52.303 incêndios destruíram 8,5 milhões de acres. Acredita-se que cerca de 90% tenham sido causados por descuido humano e 10% por causas naturais, tais como raios.

Embora os incêndios florestais deixem árvores despidas e encostas inférteis, que levam anos para serem restauradas, vidas chamuscadas por palavras inflamadas podem ser expostas para sempre. Jamais cometeríamos o descuido de jogar um fósforo aceso pela janela de um carro ao passarmos por uma floresta nacional, contudo, muitas vezes, ao longo de nossa vida, lançamos palavras inflamadas sem qualquer cuidado.

O escritor de Provérbios observa: "A língua tem poder sobre a vida e sobre a morte" (Provérbios 18:21). De todas as disciplinas espirituais, acredito que submeter a língua ao Espírito Santo é uma das maiores. Por quê? Porque por meio de nossas palavras podemos trazer morte ou vida.

Conta-se uma história a respeito do filósofo Xantos. Certa vez, ele disse ao seu criado que receberia alguns amigos para o jantar na noite seguinte e o instruiu a comprar a melhor mercadoria que pudesse encontrar no mercado. Quando se sentaram à mesa no dia seguinte, o filósofo e seus convidados não tinham nada além de língua, quatro ou cinco pratos de língua preparados de várias maneiras. Finalmente, o filósofo perdeu a paciência e disse ao seu servo:

— Eu não lhe disse para comprar a melhor mercadoria do mercado?

O servo respondeu:

— Comprei o melhor do mercado. A língua não é o órgão da sociabilidade, o órgão da eloquência, o órgão da bondade, o órgão da adoração?

Então Xantos disse:

— Amanhã eu quero que você compre o pior do mercado.

No dia seguinte, quando o filósofo se sentou à mesa, não havia nada além de língua, quatro ou cinco pratos de língua, língua desse e daquele outro jeito. O filósofo perdeu a paciência novamente e disse:

— Eu não disse para você comprar o pior do mercado?

O servo respondeu:

— Comprei, pois não é a língua o órgão da blasfêmia, o órgão da difamação, o órgão da mentira?[5]

Eu jamais comi língua, mas tive de comer minhas palavras. Embora as palavras sejam um dos dons mais incríveis de Deus, nas mãos erradas, ou melhor, na boca errada, elas têm potencial destrutivo. Nossas palavras são poderosas e trazem consequências.

❧

As palavras se tornam o espelho no qual os outros veem a si mesmos.

❧

---

[5] Spiros Zodhiates, citado em *The Tale of the Tardy Ox Cart*, compilado por Charles Swindoll (Nashville, TN: Word Publishing, 1998), p. 575.

O dom incrível de Deus

Em busca de um porto seguro

Certo dia eu estava passando os olhos por um encarte do jornal local chamado *The Mecklenburg Neighbor*. Nas duas últimas páginas havia um calendário de eventos da semana. Linha após linha mencionava reuniões de grupo de apoio: Grupo de Apoio a Pais Adotivos; Grupo de Apoio a Filhos Adultos de Alcoólatras; Grupo de Apoio à Doença de Alzheimer; Grupo de Apoio aos Cuidadores de Portador de Demência; Grupo de Apoio aos Amputados; Grupo de Apoio à Amamentação; Grupos Anônimos de Co-dependentes, de Transtornos Alimentares, de Emoções, de Jogadores, de Dores de Cabeça, de Mães de Múltiplos, de Viciados em Sexo... No total, 146 reuniões de grupos de apoio estavam agendadas na minha cidade em uma semana. Acima da coluna superior direita havia uma mensagem: "Se estiver procurando um grupo de apoio não mencionado aqui, ligue para nós e encontraremos um para você".

Fechei o jornal com um nó no estômago. Como homens e mulheres anseiam desesperadamente por uma palavra de encorajamento. Eles precisam de um incentivador que lhes diga: "Você consegue. Não desista!". Anseiam por um companheiro de viagem que os encoraje quando a estrada estiver muito árdua para viajar sozinho. Anseiam por um parceiro de equipe que os apoiem, lembrando-os de que não estão sozinhos neste jogo chamado vida.

Anos atrás não havia esses tais grupos de apoio. Em vez disso, tínhamos familiares ou vizinhos para ajudar quando os fardos se tornavam difíceis demais para se suportar sozinho. As mulheres conversavam debruçadas na cerca enquanto compartilhavam a criação dos filhos. Juntas, elas preparavam compotas com frutas do quintal. Costuravam colchas para manter o corpo aquecido e conversavam para manter o coração aquecido. Os tempos, porém, mudaram. Muitos de nós nem sabemos os nomes de nossos vizinhos, nossas famílias estão espalhadas por diferentes estados e perdemos aquele senso de comunidade que, há apenas algumas gerações, era o pilar. Logo na entrada, onde antes tínhamos um tapete dando boas-vindas, agora temos adesivos que avisam a quem vem às nossas casas que temos um sistema de alarme. E se for como eu, você tem ambos, as boas-vindas e o aviso, o que torna tudo muito confuso.

Esta falta de conexão também é prevalente em nossa comunidade cristã. Alguns anos atrás, eu participava de um estudo bíblico para casais. Havia um homem no grupo que havia se convertido há pouco tempo.

— Sabe o que eu mais sinto falta desde que me tornei cristão? — perguntou ele. — Sinto falta de passar tempo nos bares. Sinto falta de falar com outros homens e de ser eu mesmo.

Sua confissão partiu meu coração. Rob não sentia falta do álcool. Ele sentia falta da comunhão na qual ninguém o julgava, condenava ou o fazia sentir-se culpado. O bar era um lugar seguro. Li alguma coisa alguns anos atrás que me fez lembrar da confissão de Rob:

> O bar da vizinhança possivelmente seja a melhor cópia falsa que há para a comunhão que Cristo quer dar à sua igreja. É uma imitação, distribui bebida alcoólica em vez de graça, fuga em vez de realidade, mas é uma comunhão permissiva, receptiva e inclusiva. É inabalável. É democrática. Você pode contar segredos às pessoas, e elas geralmente não contam aos outros ou nem sequer desejam contar. O bar prospera não porque a maioria das pessoas é alcoólatra, mas porque Deus colocou no coração humano o desejo de conhecer e ser conhecido, de amar e ser amado, e muitos procuram uma cópia falsa ao preço de algumas cervejas.[6]

Por que os cônjuges param no bar da vizinhança antes de ir para casa? Poderia ser a mesma razão pela qual os adolescentes preferem os colegas aos pais, a mesma razão pela qual alguns ficam pulando de uma igreja para

---

[6] Charles Swindoll, *Encourage Me* (Grand Rapids, MI: Zondervan, 1992), p. 19.

outra, ou a mesma razão pela qual pessoas feridas frequentam grupos de apoio em vez de compartilhar suas lutas entre amigos? Seria o caso de estarem procurando um porto seguro, uma palavra edificante, um tapinha verbal nas costas: graça para os amargurados, segurança para os agitados pela tempestade e descanso para os extremamente cansados? Ainda não conheci ninguém que não precisasse de uma palavra gentil. As pessoas precisam de um lugar onde possam lançar âncora sem medo de piratas entrarem a bordo e enganá-las de modo inclemente. Acho que podemos ser esse "lugar seguro". Podemos aprender a falar palavras de graça que convidem aqueles que nos cercam a descer do barco para um tempo necessário de pausa e depois soltar as velas quando a tempestade tiver passado.

Uma escolha simples com resultados duradouros

Somos moldados pelas palavras daqueles que nos amam ou se recusam a nos amar. Somos moldados pelas palavras daqueles que nem sequer sabem nossos nomes.

Ser amado e aceito é o clamor do coração de toda a humanidade, e às vezes uma simples palavra de encorajamento pode fazer toda a diferença.

William Barclay disse:

> Um dos mais elevados deveres humanos é o dever de encorajar. É fácil rir dos ideais dos homens; é fácil jogar água fria no entusiasmo deles; é fácil desencorajar os outros. O mundo está cheio de desencorajadores. Temos o dever cristão de encorajar uns aos outros. Muitas vezes, uma palavra de elogio, agradecimento, apreço ou alegria mantém um homem em pé. Bem-aventurado o homem [ou mulher] que fala uma palavra assim. [7]

---

[7] William Barclay, "The Letter to the Hebrews", *The Daily Study Bible* (Edimburgo, Escócia: St. Andrews Press, 1955), p. 173-78.

O que exatamente é encorajamento? Meu dicionário define assim: "dar coragem ou confiança a; aumentar as esperanças de; ajudar com conselhos solidários e interesse; aconselhar e facilitar que [alguém faça algo]; promover ou estimular; fortalecer". Por outro lado, desencorajamento é "dizer ou tirar a coragem de alguém; deter; diminuir o entusiasmo por, e dessa maneira, restringir ou impedir".

Surpreendentemente, nossas palavras têm capacidade de fazer os dois e cada vez que falamos, temos de escolher qual deles faremos. A palavra hebraica para "boca", *peh*, é traduzida muitas vezes como "corte".[8] Como uma navalha, a língua tem um corte afiado e poderoso que pode ser usado para ferir ou curar. Uma navalha nas mãos de um cirurgião habilidoso traz cura e vida, mas nas mãos de um assassino traz morte. Assim como o cirurgião, podemos estudar como usar nossa boca para trazer vida aos que nos cercam e então tomar a decisão simples de fazer exatamente isso.

Por quanto tempo essa simples escolha permanece no coração de alguém? Que distâncias atingem os ecos de uma palavra gentil? Creio que o impacto de uma palavra falada ou escrita pode permanecer por muito tempo depois de nossos corpos terem deixado esta terra. Marie aprendeu sobre o impacto duradouro das palavras com um grupo de alunos seus. Aqui está a história dela:

> Ele estava na primeira classe de terceiro ano para a qual eu lecionava na Saint Mary's School em Morris, Minnesota. Todos os meus 34 alunos me eram queridos, mas Mark Eklund era um em um milhão. De aparência muito asseada, ele tinha aquela atitude de ser feliz com a vida que até suas eventuais travessuras pareciam encantadoras.

---

[8] *Strong's Exhaustive Concordance of the Bible* (Gordonsville, TN: Dugan Publishers, Inc., 1984),6310.

Mark também falava sem parar. Eu tinha de lembrá-lo constantemente que falar sem permissão não era admissível. O que me impressionava muito, porém, era sua resposta sincera toda vez que eu tinha de corrigi-lo por mau comportamento. "Obrigado por me corrigir, irmã!" No princípio, eu não sabia o que fazer com tal resposta, mas não demorou para eu me acostumar a ouvi-la várias vezes ao dia.

Certa manhã, minha paciência foi se esgotando com Mark falando sem parar, então cometi o erro de uma professora iniciante. Olhei para ele e disse: — Se você disser mais uma palavra, vou tapar sua boca com fita adesiva! Não havia passado dez segundos e Chuck delatou:

— Mark está falando de novo.

Eu não havia pedido a nenhum dos alunos para que me ajudasse a vigiar Mark, mas como havia revelado a punição na frente da classe, tive de agir de acordo.

Lembro-me da cena como se tivesse acontecido esta manhã. Fui até minha mesa, abri a gaveta conscientemente e tirei um rolo de fita adesiva. Sem dizer uma palavra, fui até a mesa de Mark, cortei dois pedaços de fita e com eles fiz um grande X sobre sua boca. Em seguida, voltei para a frente da sala.

Quando olhei para ver como Mark estava, ele piscou para mim. Essa foi demais! Eu comecei a rir. A turma vibrou quando voltei para a carteira de Mark, removi-lhe a fita e dei de ombros. Suas primeiras palavras foram: "Obrigado por me corrigir, irmã".

No final do ano me pediram para ensinar matemática no fundamental 2. Os anos voaram e, antes que eu percebesse, Mark estava em minha sala de aula de novo. Ele estava mais bonito do que nunca e igualmente educado. Visto que tinha de ouvir atentamente minhas instruções sobre a "nova matemática", ele não conversava tanto no nono ano quanto costumava conversar no terceiro.

Certa sexta-feira, as coisas simplesmente não pareciam bem. Havíamos trabalhado duro durante toda a semana para aprender um novo conceito e senti que os alunos estavam ficando cada vez mais frustrados consigo mesmos e irritados uns com os outros. Eu tinha de dar um fim naquela irritabilidade antes que ela fugisse do controle. Então, pedi que listassem os nomes dos outros alunos da sala em duas folhas de papel, deixando um espaço entre cada nome. Em seguida, pedi que pensassem na coisa mais legal que poderiam dizer de cada um de seus colegas e que a escrevessem.

A tarefa levou o restante do período de aula para ser concluída e à medida que deixava a sala, cada um dos alunos me entregava os papéis. Charlie sorriu. Mark disse: "Obrigado por me ensinar, irmã. Tenha um bom fim de semana".

Naquele sábado, escrevi o nome de cada aluno em uma folha de papel a parte e anotei o que cada um dissera acerca daquela pessoa. Na segunda-feira, entreguei a cada aluno sua lista. Não demorou muito e toda a classe estava sorrindo.

— Sério? — Eu ouvi o sussurro.

— Eu nunca soube que isso significava alguma coisa para alguém!

— Eu não sabia que os outros gostavam tanto de mim!

Ninguém nunca mais fez menção daqueles papéis na classe. Eu jamais soube se eles conversaram a respeito depois da aula ou com os pais, mas não importava. O exercício havia cumprido seu propósito. Os alunos estavam novamente felizes consigo mesmos e uns com os outros.

Esse grupo de alunos foi adiante. Vários anos mais tarde, após retornar das férias, meus pais me encontraram no aeroporto. Enquanto voltávamos para casa, mamãe fez as perguntas habituais acerca da viagem, do clima, das minhas experiências em geral. Houve uma pequena pausa na conversa. Mamãe deu aquela olhada de esguelha para o papai e simplesmente disse: — Papai?

— Meu pai limpou a garganta como costumava fazer antes de algo importante.

— Os Eklunds ligaram ontem à noite — começou ele.

— Sério? — indaguei. — Não tenho notícias deles há anos. Eu fico imaginando como estará Mark.

Papai respondeu baixinho:

— Mark foi morto no Vietnã — disse ele. — O funeral é amanhã e os pais dele gostariam que você comparecesse.

Ainda hoje eu consigo identificar o local exato na rodovia I-494 onde papai me falou sobre Mark.

Eu não havia visto um soldado em um caixão militar antes. Mark parecia tão bonito, tão maduro. Tudo o que eu conseguia pensar naquele momento era "Mark, eu daria toda a fita adesiva do mundo para você falar comigo".

A igreja estava lotada de amigos do Mark. A irmã de Chuck cantou *O Hino de Batalha da República*. Por que teve de chover no dia do funeral? Já estava difícil o bastante à beira do túmulo. O pastor fez as orações costumeiras, e o corneteiro tocou o *Toque de recolher*. Um a um, aqueles que amavam Mark deram uma última passada pelo caixão.

Fui a última. Enquanto eu estava ali, um dos soldados que havia ajudado a carregar o caixão se aproximou de mim.

— Você foi a professora de matemática de Mark? — perguntou ele. Fiz que sim enquanto continuava olhando para o caixão. — Mark falava muito de você — disse ele.

Após o funeral, a maioria dos antigos colegas de classe de Mark se dirigiu à fazenda de Chuck para almoçar. A mãe e o pai de Mark estavam lá, obviamente esperando por mim.

— Queremos lhe mostrar uma coisa — disse o pai, tirando uma carteira do bolso. — Encontraram isso em Mark quando ele foi morto. Achamos que você poderia reconhecer.

O PODER DAS PALAVRAS DE UMA MULHER

Abrindo a carteira, ele tirou cuidadosamente dois pedaços de folha de caderno bem gastos, que claramente haviam sido colados, dobrados e redobrados muitas vezes. Mesmo sem olhar, eu sabia que os papéis eram aqueles em que eu havia listado todas as coisas boas que cada um dos colegas de classe de Mark havia dito acerca dele. — Muito obrigada por fazer isso — disse a mãe de Mark. — Como você pode ver, Mark deu muito valor a isso.

Os colegas de classe de Mark começaram a nos rodear. Charlie sorriu timidamente e disse:

— Ainda tenho minha lista. Está em casa, na primeira da minha escrivaninha.

A esposa de Chuck disse:

— Chuck me pediu para colocar a dele em nosso álbum de casamento.

— Eu tenho a minha também — disse Marilyn. — Está no meu diário. Então, Vicki, outra colega de classe, enfiou a mão no bolso, tirou a carteira e mostrou ao grupo sua lista gasta e deteriorada.

— Eu carrego isso comigo o tempo todo — disse Vicki, sem pestanejar. — Acho que todos nós guardamos nossas listas.[9]

Por quanto tempo nossas palavras ecoarão nos corações e mentes de nossos filhos, de nossos maridos, de nossos amigos, dos irmãos na fé e do mundo? Por toda a eternidade, minhas amigas. Até o fim dos tempos.

---

[9] Adaptado de Irmã Helen P. Mrosla, OSF, "All the Good Things". Publicado originalmente em *Proteus*, Primavera de 1991. Reimpresso com permissão conforme editado e publicado pela Reader's Digest em outubro de 1991.

3

O POTENCIAL DE UMA MULHER DE MUDAR UMA VIDA

Não há ocupação mais nobre no mundo do que ajudar outro ser humano a ter sucesso.

ALAN LOY MCGINNIS

Você já conheceu alguém que parece afugentar o vento de suas velas? Você tem uma pequena fagulha de empolgação, conta para uma amiga, e então ela aponta a mangueira do extintor, com palavras desencorajadoras, diretamente para suas esperanças e sonhos só para desanimar você.

Susan estava caminhando com uma amiga e compartilhando uma experiência incrível que tivera em um avião.

— Sentei-me ao lado de uma moça que passara por tantos traumas em seus poucos anos de vida — Susan explicou. — Ela fora abusada quando criança, negligenciada quando adolescente e espancada pelo namorado quando jovem. Eu sei que Deus nos colocou lado a lado naquele voo. Conversamos por duas horas, choramos e finalmente oramos juntas.

— Você acreditou nela? — perguntou a amiga.

— Sim — respondeu Susan. — Por que eu não acreditaria?

— Não sei. Acho que às vezes as pessoas inventam histórias sobre suas vidas. Às vezes é demais para acreditar.

Com essas palavras, o espírito exultante de Susan foi perdendo o brilho. Nada faz um coração exultar como quando se leva a esperança e a cura de Jesus Cristo a um coração ferido. Susan experimentara isso em primeira mão. Ela ainda inspirava o ar fresco daquela experiência, como o de o topo de uma montanha, quando as palavras de uma amiga chegaram como uma nuvem escura para chover palavras desencorajadoras que fizeram Susan correr para buscar abrigo. Caso a garota tivesse inventado a história, Susan então seria uma tola e toda a experiência teria sido uma farsa.

Seu desejo de compartilhar o evangelho no futuro tremulou pelas palavras descuidadas de uma amiga sem noção.

Você já notou que existem certas pessoas que realçam o melhor que há nos outros, e há outras que tendem a realçar o que há de pior? Já ouvi se referirem a elas como "pessoas do sótão" e "pessoas do porão". A primeira levanta você, já a segunda puxa você para baixo.

Eu posso pensar em pessoas que parecem ser a água oxigenada da alma. Em questão de poucos minutos na presença delas, todas as impurezas em meu coração começam a subir à superfície. Não é que eu não goste dessas pessoas. Eu apenas não gosto da pessoa que me torno quando estou perto delas. Há alguma coisa nas palavras e no tom de voz delas que desperta o que há de pior em mim.

Por outro lado, há mulheres das quais eu amo estar perto, porque eu gosto de quem sou quando estou com elas. As palavras e o tom de voz dessas mulheres trazem à tona o que há de melhor em mim. Parece terrivelmente egoísta, não é? Porém, honestamente, quem não gosta de estar perto de pessoas que seguram um espelho invisível de aceitação e nos inspiram a ser o melhor que podemos ser? A pergunta é: que tipo de pessoa queremos ser?

Quando nos tornamos mulheres que têm a melhor expectativa em relação às outras e usamos nossas palavras para dizer-lhes isso, elas geralmente se esforçam muito para atender a tais expectativas. Como mulheres, podemos decidir ser garimpeiras que usam as palavras para ir fundo na alma de uma pessoa a fim de desenterrar os tesouros escondidos sob a superfície. Eu tive essas garimpeiras em minha própria vida. Aposto que você também.

Lutei, durante a maior parte da minha vida, com sentimentos de inferioridade, insegurança e inadequação. Deus, porém, enviou várias mulheres a mim. Elas tinham o capacete de proteção do amor de Deus para desenterrar tesouros escondidos debaixo de minha capa protetora. Mary Marshal Young me ajudou a ver quem realmente sou como filha de Deus. Ela apontou a luz da Palavra de Deus para as cavernas escuras da minha alma para revelar as veias de ouro incrustadas nos penhascos rochosos de feridas passadas.

Gayle Roper leu algumas de minhas primeiras histórias e me encorajou a não desistir de escrever, mesmo que eu me deparasse com a rejeição.

— Você tem um dom — disse ela. — Não desista diante de um não. A diferença entre um escritor e um autor publicado é que o autor publicado não desiste. Você consegue. Vá em frente!

Antes de minha primeira palestra, minha amiga Lysa Terkeurst deu um tapinha nos meus joelhos trêmulos e disse:

— Elas vão amar você. Apenas diga a elas o que você tem me dito todos os dias.

Ginny teve a experiência oposta com sua mãe. Quando tinha dez anos, seu pai morreu. Foi difícil para ela porque sempre pensava nele como seu protetor. "Quem vai me amar do jeito que eu sou? Quem vai me amar por aquilo que sou?".

A irmã mais velha e o irmão caçula de Ginny eram crianças inteligentes. Eles sempre estavam no quadro de honra. "Você não é tão inteligente quanto sua irmã", comentava sua mãe. "Você jamais estará no quadro de honra."

"Nós satisfazemos ou frustramos as expectativas que as pessoas têm de nós", disse-me Ginny. "Eu não entrei no quadro de honra até depois de minha mãe morrer. Eu tinha quinze anos quando ela faleceu, e depois disso meu nome sempre esteve lá. Embora sentisse falta da minha mãe, com a remoção da baixa estima que ela tinha de mim eu pude desabrochar e me tornar a mulher que Deus pretendeu todo o tempo. As palavras negativas de minha mãe não tinham mais o poder de me deprimir."

No fundo, cada indivíduo acredita ter uma capacidade de sucesso maior do que vivencia no momento. Ele só precisa de alguém que acredite nele e lhe diga isso, alguém que intensifique a chama em vez de extinguir o fogo. Essa pessoa pode ser você.

No fundo, cada indivíduo acredita ter uma capacidade de sucesso maior do que vivencia no momento.

Empoderando outras mulheres para o sucesso

Jesus era Mestre em acreditar no melhor das pessoas e encorajá-las a ir além da própria visão limitada de suas habilidades. Ele fez isso pelo pequeno Zaqueu, pela obstinada Marta, e especialmente pelos seus 12 melhores amigos. Os discípulos haviam testemunhado Jesus ordenar a um coxo que andasse, restaurar a pele contaminada de um leproso rejeitado, cessar a febre da sogra de Pedro, acalmar uma tempestade furiosa, libertar um homem dos demônios e ressuscitar uma menina dos mortos. Jesus, no entanto, queria mais de seus amigos em vez de tê-los como meros espectadores do evangelho. Ele ansiava que fossem partícipes e participantes.

O POTENCIAL DE UMA MULHER DE MUDAR UMA VIDA

Certo dia de primavera, logo após a celebração da Páscoa, Jesus retirou-se para a margem norte do mar da Galileia. Porém multidões de pessoas logo seguiram esse operador de milagres a fim de testemunhar seu poder de ensino e cura. Quando o sol começou a se pôr no horizonte, os discípulos de Jesus perceberam que as pessoas estavam ficando com fome. Jesus voltou-se para Filipe e perguntou-lhe: "Onde compraremos pão para este povo comer?".

Jesus não estava preocupado com uma falta de provisões. Em vez disso, estava aproveitando a oportunidade para convidar os discípulos a participar de seu ministério. Ele não precisava da ajuda deles, no entanto, queria convidá-los a participar de um milagre para lhes intensificar a confiança e fé.

Filipe era inteligente. Em questão de instantes, calculou que seriam necessários oito meses de salário para alimentar as dez mil pessoas reunidas naquela colina. Jesus, porém, não estava buscando fatos; Ele estava buscando fé.

André era prático. Ele sondou a multidão para ver quais recursos havia disponíveis... e voltou com cinco pãezinhos de cevada e dois peixinhos. Jesus, porém, não estava buscando o prático; Ele estava buscando o eficaz.

Jesus disse aos discípulos que colocassem a multidão sentada em grupos. Então, Ele pegou os pães e os peixes, abençoou o alimento e deu aos discípulos para que distribuíssem.

Jesus precisou da ajuda dos discípulos? Não. Mesmo assim Ele escolheu incluí-los no milagre para que soubessem que acreditava neles a fim de capacitá-los com confiança para continuar a obra do próprio Cristo quando Ele partisse.

Agora, avancemos um pouco mais no ministério de Jesus. Como um treinador que acredita em sua equipe, Jesus reuniu os 12 e fez-lhes um empolgado discurso motivacional: "Antes, dirijam-se às ovelhas perdidas de Israel. Por onde forem, preguem esta mensagem: 'O Reino dos céus está

O PODER DAS PALAVRAS DE UMA MULHER

próximo'. Curem os enfermos, ressuscitem os mortos, purifiquem os leprosos, expulsem os demônios. Vocês receberam de graça; deem também de graça" (Mateus 10:6-8). Em outras palavras, "Vocês conseguem fazer isso! Eu acredito em vocês!".

Antes de ascender ao céu, Jesus fez-lhes um último discurso motivacional: "Portanto, vão e façam discípulos de todas as nações, batizando-os em nome do Pai e do Filho e do Espírito Santo, ensinando-os a obedecer a tudo o que eu lhes ordenei. E eu estarei sempre com vocês, até o fim dos tempos" (Mateus 28:19,20). Eles haviam observado, aprendido e praticado. Agora era hora de sair pelo mundo e pregar o evangelho sem a presença física de Jesus. Ele acreditava nos discípulos e os fez saber disso.

"Digo-lhes a verdade: Aquele que crê em mim fará também as obras que tenho realizado. Fará coisas ainda maiores do que estas, porque eu estou indo para o Pai" (João 14:12). Jesus não estava simplesmente encorajando os discípulos dizendo-lhes que eles teriam um alcance ainda maior do que Ele teve; Jesus estava encorajando você e eu também. Por causa da obra consumada de Jesus na cruz e do seu Espírito em nós, podemos ser o vento sob as asas daqueles que nos cercam.

Tornando-se o vento sob as asas de alguém

Assim como Jesus encorajou seus discípulos e, no fim das contas, a mim e a você, podemos usar nossas palavras para ser o vento suave sob as asas daqueles que são parte do nosso cotidiano. Jean Harper teve uma mulher assim em sua vida e isso mudou tudo. Vamos refletir sobre a história dela contada por Jean e Carol Kline.

Jean Harper estava no terceiro ano quando sua professora atribuiu à classe a tarefa de escrever um relatório sobre o que queriam ser quando crescessem. O pai de Jean era piloto de avião fumigador em uma pequena comunidade agrícola do norte da

Califórnia, onde ela cresceu, e Jean era completamente fascinada por aviões e voos. Ela abriu o coração no relatório e incluiu todos os seus sonhos; ela queria fumigar, fazer saltos de paraquedas, fazer semeadura de nuvens e ser piloto de avião. Seu trabalho recebeu uma nota muito ruim. A professora disse que aquilo era um "conto de fadas" e que nenhuma das profissões que ela listara era trabalho para mulher. Jean sentiu-se chocada e humilhada.

Ela mostrou o trabalho ao seu pai, e ele disse que, claro, ela poderia se tornar piloto.

— Veja Amelia Earhart — disse ele. — Essa professora não sabe do que está falando.

Com o passar dos anos, porém, Jean esgotou-se com o desânimo e a negatividade que encontrava sempre que falava sobre sua carreira: "As meninas não podem se tornar pilotos de avião, jamais se tornaram, jamais se tornarão. Você não é inteligente o suficiente, você é louca. Isso é impossível", até que certo dia, finalmente, Jean acabou desistindo.

No último ano do Ensino Médio, sua professora de inglês foi a senhora Dorothy Slaton. Ela era uma professora inflexível, exigente, com altos padrões e pouca tolerância a desculpas. Ela se recusava a tratar os alunos como crianças, em vez disso, esperava que se comportassem como os adultos responsáveis que precisariam ser para ter sucesso no mundo real após a formatura. Jean tinha medo dela no início, mas passou a respeitar sua firmeza e imparcialidade.

Certo dia, a senhora Slaton atribuiu uma tarefa à classe:

— O que vocês acham que estarão fazendo daqui há dez anos?

Jean pensou na tarefa: "Piloto? De jeito nenhum. Comissária de bordo? Eu não sou bonita o suficiente, jamais seria aceita. Esposa? Que rapaz iria me querer? Garçonete? Isso eu poderia fazer". Tal opção lhe pareceu segura, por isso a colocou no papel.

O PODER DAS PALAVRAS DE UMA MULHER

A senhora Slaton recolheu os papéis e não se falou mais nada. Duas semanas depois, a professora devolveu as tarefas colocando as folhas sobre a carteira, viradas para baixo, e fez esta pergunta:

— Se você não tivesse limitação financeira, tivesse acesso ilimitado às melhores escolas, tivesse talentos e habilidades ilimitados, o que você faria?

Jean viu seu antigo entusiasmo ressurgir e colocou no papel, com empolgação, todos os seus antigos sonhos. Quando os alunos pararam de escrever, a professora perguntou:

— Quantos alunos escreveram a mesma coisa nos dois lados do papel?

Ninguém havia levantado a mão.

O que a senhora Slaton disse em seguida mudou o rumo da vida de Jean. A professora inclinou-se para a frente em sua mesa e disse: "Tenho um segredinho para todos vocês. Vocês têm habilidades e talentos ilimitados. Vocês *têm* acesso às melhores escolas e *podem* providenciar financiamento ilimitado se desejarem muito algo. É isso! Quando saírem da escola, se vocês não forem atrás dos seus sonhos, *ninguém* fará isso por vocês. Vocês podem ter o que desejam se o desejarem o suficiente".

A dor e o medo de anos de desencorajamento desmoronaram mediante a verdade daquilo que a senhora Slaton havia dito. Jean sentiu-se exultante e um pouco assustada. Ela permaneceu na sala após a aula e dirigiu-se à mesa da professora. Jean agradeceu à senhora Slaton e contou-lhe sobre o sonho de se tornar piloto. A senhora Slaton levantou-se parcialmente da cadeira e bateu na mesa. — Então torne-se uma! — disse ela.

Assim fez Jean. Não aconteceu da noite para o dia. Levou dez anos de trabalho árduo, enfrentando oposição que variava desde o ceticismo silencioso à completa hostilidade. Não era da natureza de Jean se defender quando alguém a rejeitava ou humilhava, em vez disso, ela tentava silenciosamente encontrar outro caminho.

Jean se tornou piloto particular e depois conseguiu as classificações necessárias para pilotar aviões de carga e até mesmo de passageiros, mas sempre como copiloto. Seus patrões hesitavam claramente em promovê-la porque ela era mulher. Até seu pai a aconselhou a tentar outra coisa. "É impossível", dizia ele, "pare de dar murro em ponta de faca!".

Jean, no entanto, respondeu: "Pai, eu não concordo. Creio que as coisas vão mudar, e quero estar à frente dos que estão tentando fazer a mesma coisa quando elas mudarem".

Jean passou a fazer tudo que sua professora do terceiro ano disse que era um conto de fadas: pilotou avião fumigador, fez algumas dezenas de saltos de paraquedas e até semeadura de nuvens durante uma estação de verão trabalhando como piloto semeador de chuva. Em 1978, ela se tornou uma das três primeiras pilotos trainees aceitas pela United Airlines e uma dentre apenas 50 mulheres pilotos de companhias aéreas do país à época. Em 2013, a *capitã* Jean Harper se aposentou na United e pilotou seu último voo de Los Angeles para Denver. A bordo, estavam seu marido, o capitão Victor Harper, seus dois filhos e sua mãe. Sei que sua professora, senhora Slaton, ficaria orgulhosa.

Foi o poder de uma palavra positiva bem colocada, uma centelha de encorajamento proveniente de uma mulher que Jean respeitava, que deu a essa jovem insegura a força e a fé para perseguir seu sonho. Hoje Jean diz: "Eu escolhi acreditar nela".[1]

---

[1] Carol Kline with Jean Harper, "The Wind Beneath Her Wings", *Chicken Soup for the Woman's Soul* (Deerfield Beach, FL: Health Communications, Inc., 1996). Usado com permissão.

Despertando o que há de melhor nos outros

Tanto os abutres como os beija-flores são capazes de voar. Os abutres têm a habilidade natural de encontrar animais mortos e em decomposição porque é isso que estão procurando. Os beija-flores têm a habilidade natural de detectar néctar em lindas flores porque é isso que estão procurando. Quando se trata do modo como enxergamos os outros, provavelmente encontraremos o que estamos procurando. Quando lhes dissermos as qualidades admiráveis que enxergamos neles, provavelmente se esforçarão para satisfazer nossa autoestima.

Ouvi a história de um viajante que se aproximava de uma grande cidade. Ele parou e perguntou a uma mulher sentada próxima a um posto de gasolina:

— Como são as pessoas nesta cidade?

— Como eram as pessoas no lugar de onde você veio?

— Um bando terrível! — respondeu o viajante. — Más, desonestas, odiosas em todos os aspectos.

— Ah — disse a mulher — Você verá que as pessoas são assim na cidade adiante.

Não fazia muito tempo que o primeiro viajante havia se afastado quando outro carro parou e perguntou sobre as pessoas daquela mesma cidade. Novamente, a senhora idosa perguntou sobre as pessoas do lugar de onde o viajante viera.

— Elas eram boas pessoas, honestas, trabalhadoras e muito generosas. Fiquei muito triste por ter de partir — declarou o segundo viajante.

— Você verá que são assim na cidade adiante", sorriu a sábia mulher.

Os anos a haviam ensinado que tendemos a ver as pessoas pelas lentes que nós mesmos fabricamos. Seja lá o que for que estejamos procurando, isso é o que geralmente encontraremos.

O POTENCIAL DE UMA MULHER DE MUDAR UMA VIDA

Gayle experimentou tanto abutres, como beija-flores em sua vida. No primeiro ano, ela e sua melhor amiga, Jen, foram repreendidas por conversarem na aula.

— Se vocês duas não pararem de falar — repreendeu a professora, — vou fechar a boca de vocês com fita adesiva!

Algum tempo depois, Jen sussurrou algo a Gayle.

— Psiu! — disse Gayle, tentando não se encrencar.

A professora não viu Jen falar, mas viu os lábios de Gayle se mexerem. A fita realmente veio. "Eu ainda posso vê-la sorrindo por trás daqueles óculos de gatinho", recordou-se Gayle. "Ela não colocou fita adesiva na boca de Jen, apenas na minha. Fui humilhada, e assim começaram meus anos de timidez silenciosa. Retrai-me e me senti ferida durante os muitos anos que estavam por vir."

Uma experiência semelhante aconteceu no terceiro ano, quando Gayle foi enviada à diretoria por corrigir um erro de ortografia que um professor fizera na lousa. Sua insegurança também foi agravada pelas palavras desatentas de seu pai.

— Você é muito idiota! — dizia ele. —Por que você é tão burra? Você jamais se dará bem!

"Eu acreditei no meu pai", confidenciou Gayle. "Achei que eu fosse um fracasso em tudo. Quando entrei no Fundamental 2, eu era triste, solitária, tinha medo de confiar nas pessoas e de fazer novos amigos. Eu acreditava que era idiota e incapaz."

Contudo algo aconteceu e mudou a vida de Gayle. Ela foi para a faculdade e morou com um casal incrível que deu um banho de afirmação em sua autoimagem maltratada e menosprezada. Carole e Emmett falaram palavras de vida a Gayle e reconstruíram as ruínas de seu coração com bondade, amor e palavras de encorajamento. "Fiquei perplexa com o fato de as pessoas poderem ser tão gentis, acolhedoras e amáveis comigo", recordou Gayle. "Muitas vezes perguntei a mim mesma como uma mulher poderia dizer tantas palavras positivas e encorajadoras! Carole nunca dirigiu uma palavra negativa a mim, nem mesmo uma única vez. Ela acreditou em mim e em minhas habilidades. Suas palavras e ações positivas despertaram em mim o desejo de crescer em todas as áreas da vida. Eu sempre havia me sentido uma idiota, mas com seu encorajamento, como o vento sob minhas asas, voei para o topo da minha classe. Percebi que, afinal de contas, eu não era idiota. Como o espantalho de *O Mágico de Oz*, eu tinha um cérebro afinal, mas jamais percebera isso até que essa mulher maravilhosa me mostrasse. É incrível o modo profundo que as palavras de encorajamento de uma única mulher mudaram tão dramaticamente a vida de uma adolescente triste e destruída, que num lindo dia de outono, muitos anos atrás, apareceu na frente de sua casa. Suas palavras me transformaram em uma mulher confiante, com um coração voltado para Deus."

Isso é o que acontece quando acreditamos no melhor acerca das pessoas... e dizemos isso a elas. O rumo de suas vidas pode ser mudado por causa disso.

Reacendendo um fogo dormente

É quase sempre após um período de aparente fracasso que uma pessoa precisa desesperadamente de uma palavra de encorajamento. Diga-me, não tem sido assim na sua vida? Tem sido assim na minha, certamente. E certamente foi assim para Pedro.

Você conhece a história. Sentado à mesa da ceia na noite que antecedeu sua ida à cruz, Jesus teve uma conversa com o amigo Pedro. Ele se referiu a Pedro pelo nome que este tinha antes dos dias em que se tornara discípulo, Simão.

"Simão, Simão, Satanás pediu vocês para peneirá-los como trigo.

Mas eu orei por você, para que a sua fé não desfaleça. E quando você se converter, fortaleça os seus irmãos."

Mas ele respondeu: "Estou pronto para ir contigo para a prisão e para a morte".

Respondeu Jesus: "Eu lhe digo, Pedro, que antes que o galo cante hoje, três vezes você negará que me conhece" (Lucas 22:31-34).

Algumas horas depois, Pedro fez exatamente isso. Ele negou até mesmo que conhecia Jesus. Três vezes. Então, o galo cantou.

E Pedro "saindo dali, chorou amargamente" (22:62). Ele chorou e chorou e chorou.

Já passei por isso. Pergunto-me se você também já. Eu já cometi grandes erros, depois chorei, chorei e chorei. Ouvi aquele galo cantar em meu próprio coração como se dissesse: "Sei o que você fez".

O fogo que ardia por Jesus em Pedro havia se apagado. A vergonha entornou baldes de remorso nas chamas, e elas esfriaram.

Entretanto, três dias depois, Jesus ressuscitou dos mortos. O anjo no túmulo vazio disse a Maria Madalena que Jesus havia ressuscitado. Então Ele falou: "Vão e digam aos discípulos dele e *a Pedro*: 'Ele está indo adiante de vocês para a Galileia. Lá vocês o verão, como Ele lhes disse'" (Marcos 16:7). Jesus sabia que Pedro estava lutando com seu fracasso e o chamou pelo nome para assegurá-lo de seu amor.

Vários dias depois, Jesus reacendeu o fogo de Pedro de uma maneira mais notável. Eis aqui o que aconteceu.

Pedro reuniu alguns de seus amigos; e eles lançaram o barco às águas e foram pescar no Mar da Galileia. Depois de uma noite de redes vazias, quando o sol se erguia no horizonte, da margem um homem gritou:

—Vocês pescaram algum peixe?

— Não — respondeu Pedro. — Nenhum.

— Lance a rede do lado direito do barco e vocês encontrarão alguns — gritou o homem. Quando lançaram a rede, não conseguiram arrastá-la para dentro do barco, devido ao grande número de peixes.

Naquele momento, Pedro percebeu que era Jesus. Ele pulou na água e nadou até a margem onde ficou frente a frente com a graça. Jesus já tinha uma fogueira acesa. Depois do café da manhã, Jesus chamou Pedro de lado para reacender o fogo em seu coração.

"Simão, filho de João, você me ama realmente mais do que estes?"

Disse ele: "Sim, Senhor, tu sabes que te amo".

Disse Jesus: "Cuide dos meus cordeiros".

Novamente Jesus disse: "Simão, filho de João, você realmente me ama?"

Ele respondeu: "Sim, Senhor tu sabes que te amo".

Disse Jesus: "Pastoreie as minhas ovelhas".

Pela terceira vez, ele lhe disse: "Simão, filho de João, você me ama?"

Pedro ficou magoado por Jesus lhe ter perguntado pela terceira vez "Você me ama?" e lhe disse: "Senhor, tu sabes todas as coisas e sabes que te amo".

Disse-lhe Jesus: "Cuide das minhas ovelhas" (João 21:15-17).

Jesus removeu a mortalha da vergonha que pendia dos ombros cansados de culpa de Pedro e o encorajou a retornar ao ministério para o qual fora chamado: ser pescador de homens, não pescador de peixes. Jesus não permitiu que as brasas ardentes de Pedro se esvanecessem num monte de cinzas. Sou muita grata por Jesus ver nosso potencial em meio às ruínas e escolher reacender nossa chama quando os ventos intensos da vida ameaçam

O POTENCIAL DE UMA MULHER DE MUDAR UMA VIDA

extinguir o fogo dentro de nós, ou quando as pressões deste mundo tentam minar nossos sonhos. Contudo, eis aqui um porém: Ele nos diz para fazer o mesmo pelos outros. Jesus disse: "Acredito em você, Pedro; cuide de minhas ovelhas". Também podemos cuidar das ovelhas de Deus.

Certa vez, havia uma jovem afro-americana com grande potencial para cantar. Porém sua estreia numa famosa casa de espetáculos de Nova York foi precoce demais. Ela não estava pronta, e os críticos a destruíram. Então, ela voltou para casa, na Filadélfia, desafortunada. A igreja havia juntado poucos centavos e moedas destinados ao "Fundo para o Futuro de Marian Anderson", e depois de seu aparente fracasso, ela não sabia como os encararia novamente.

Por mais de um ano, a voz de Marian silenciou-se sob as tensões da depressão e do infortúnio. Contudo, embora suas esperanças estivessem praticamente extintas, sua mãe não deixava seu sonho morrer. As palavras que ela dizia mantinham o sonho vivo. "Você tem um dom", dizia ela. "Este fracasso é apenas temporário."

Finalmente, as palavras de sua mãe começaram a surtir efeito. "Marian, a graça deve preceder a grandeza", disse ela. "Por que você não pensa menos nesse fracasso e ora mais acerca dele?"

Marian Anderson, que se tornou uma grande vocalista que ajudou outros a alcançar seus sonhos, disse: "O que quer que minha voz tenha, a fé o colocou ali. A fé e as palavras de minha mãe: 'A graça deve preceder a grandeza'".[2]

Esse é o potencial das palavras de uma mulher. Assim como Jesus usou suas palavras para reacender a paixão de Pedro apagada pela vergonha, podemos usar nossas palavras para reacender os sonhos extintos pela vida.

---

[2] Alan Loy McGinnis, *Bringing Out the Best in People* (Minneapolis, MN: Augsburg Publishing House, 1985), p. 71-72.

Potencial de desbloqueio

Carolyn era uma garotinha que teve seus sonhos extintos pelas palavras descuidadas de uma professora altamente crítica. Ela adorava pintar e quando sua professora de artes pediu para que a classe pintasse um cavalo, ela pintou a imagem de um pônei com bolinhas rosa e roxa. Porém, em vez de elogiar a criatividade de Carolyn, a professora a repreendeu por "pintar uma mentira". "Não existe pônei de bolinhas rosa e roxa", disse-lhe a professora. "Falta talento."

Então, Carolyn tomou uma decisão, a saber: que ninguém jamais a veria pintando novamente.

Ela pintava somente as paredes de seu closet, um lugar que ninguém veria. Certo dia, no entanto, sua mãe levou algumas amigas ao armário de Carolyn para que vissem um vestido que ela fizera para a filha. Quando abriram a porta, elas ficaram encantadas com as lindas ilustrações que cobriam as paredes.

— Uau, Carolyn! — exclamou sua mãe. — Você é uma artista!"

Hoje, Carolyn Blish é um membro premiado da American Watercolor Society e da Allied Artists of America. Suas pinturas são reproduzidas em galerias de arte visual e suas gravuras têm recebido reconhecimento internacional.[3] Hoje em dia, seu livro *Drawing Closer* [Chegando mais perto] fica sobre minha mesinha de café.

Existe alguém em seu mundo com um talento escondido num armário? Talvez você tenha a chave para desbloquear o potencial dessa pessoa e libertá-la! Olhe em redor. Preste atenção. Libere uma palavra.

---

[3] A história de Carolyn é encontrada em *Treasures of Encouragement* de Sharon W. Betters (Phillipsburg, NJ: P&R Publishing, 1996), p. 160-161.

O POTENCIAL DE UMA MULHER DE MUDAR UMA VIDA

Dando esperança aos desesperançados

Às vezes, Deus, de forma misteriosa, coloca em nosso caminho pessoas que precisam de encorajamento. É por isso que temos de diminuir o ritmo e olhar ao redor. Seja sensível aos empurrõezinhos do Espírito Santo. Nunca se sabe quando seremos o agente de milagre para alguém.

Jon Robinson experimentou um milagre inesperado em um momento crucial de sua vida. Por muito tempo, ele foi uma celebridade local em minha cidade natal, mas ao ser preterido para um cargo de âncora que acreditava que seria dele, largou o emprego na rede de televisão local e afundou-se numa depressão. Ele estava ferido e sozinho, mas uma reviravolta do destino mudou sua vida. Tudo começou com um número errado.

Sentado no Waterfront Park em Charleston, Carolina do Sul, Jon observava as gaivotas voarem alegremente sobre o porto cuja limpeza era impecável. Ele conseguira um emprego em Charleston, mas sentia falta do filho que ficara em Charlotte e lamentava poder vê-lo somente nos fins de semana. Jon estava afundando em suas tristezas, meditando sobre as voltas e reviravoltas indesejadas da vida e perguntando-se qual deveria ser seu próximo passo. Jon não estava feliz com suas condições e sabia que estava bebendo demais. Algo precisava mudar.

Suas reflexões foram interrompidas pelo toque familiar de seu celular. Ele jamais atendia o telefone a menos que conhecesse a pessoa que estava ligando. Embora não reconhecesse o número, por algum motivo automaticamente atendeu a ligação e disse:

— Alô?

— Desculpe-me — disse a pessoa. — Devo estar com o número errado.

— Sem problemas — respondeu Jon.

— Bem, antes de desligar, quero que você saiba que Deus ama você e que estou orando por você — continuou a pessoa.

— Você deve estar maluca.

— Não. Esta é uma mensagem que Deus quer que você ouça.

Jon ficou intrigado com a mulher e eles começaram a conversar. Antes que desse conta, Jon estava abrindo o coração e compartilhando seus problemas pessoais e profissionais. Quando ele falou de sua dor, ela compartilhou sua esperança. Ele externou a miséria que entristecia sua alma, e a mulher compartilhou uma palavra de vida. Ela falou a Jon acerca da esperança e da cura de Jesus Cristo, e Deus começou a abrir os olhos de Jon para a possibilidade de uma nova vida.

Durante a maior parte de sua vida, Jon fora agnóstico. Porém, desde aquele "número errado" com a "resposta correta", Jon entregou sua vida a Jesus Cristo. "Sou cristão. Tive um despertar."[4] Esse é o poder das palavras de uma mulher. Embora nos desviamos do percurso com decisões equivocadas e números incorretos, nós temos a resposta certa! Temos o potencial de mudar o curso de uma vida por toda a eternidade.

Mostrando às pessoas a direção certa

Eu moro em Charlotte, Carolina do Norte, a 200 milhas da Costa. O Walmart local, no entanto, conta com um pequeno grupo de gaivotas aleatórias que sobrevoam e comem as batatas fritas e outras sobras de fast food das redondezas. A verdade é que as gaivotas estão perdidas. Elas tomaram a direção errada. Em vez de descobrir onde erraram, decidiram viver em um estacionamento asfaltado em vez de no mar. Elas aceitaram se alimentar dos restos e do lixo de um bando transeuntes apressados em vez de se alimentarem da boa comida a base de frutos do mar frescos de seus emplumados ancestrais.

---

[4] Adaptado de "When a Stranger Called, He Answered", de Mark Washburn, *The Charlotte Observer*, E1, 9 de dezembro de 2006.

O POTENCIAL DE UMA MULHER DE MUDAR UMA VIDA

Não são apenas as gaivotas que estão perdidas... que esqueceram a razão da própria existência, o habitat para o qual foram criadas para sobreviver e prosperar. Muitos seres humanos fizeram o mesmo. Alguns estão perdidos. Eles tomaram a direção errada e não sabem como voltar para o lugar onde deviam estar. Estão no estacionamento da vida, subsistindo do refugo da vida corrida.

Alguém precisa mostrar-lhes a direção do oceano de oportunidades e do mar de sucesso. E não estou falando de dinheiro ou bens materiais... essas coisas *são* meras batatas fritas comparadas à vida abundante que Deus tem para seus filhos. "Porque sou eu que conheço os planos que tenho para vocês", diz o Senhor, "planos de fazê-los prosperar e não de lhes causar dano, planos de dar-lhes esperança e um futuro" (Jeremias 29:11).

Vamos colocar o extintor de incêndio de volta no canto e nos tornar encorajadores que abanam até a menor centelha de potencial para que vire chama. Muitos estão apenas esperando que alguém acredite neles... e os encorajem. Esse alguém poderia ser você.

PARTE

2

As pessoas que impactamos

4

UM GRANDE IMPACTO NOS PEQUENINOS

O poder das palavras de uma mulher a seus filhos

Ame seus filhos de todo o seu coração... Elogie-os pelas coisas importantes... Elogie-os muito. Eles vivem disso como de pão e manteiga.

Lavina Christensen Fugal

Agora que conhecemos o poder de nossas palavras, vejamos como elas impactam diferentes pessoas no mundo. Primeiro, começaremos com as crianças, porque é nessa fase em que Deus começa a lidar conosco. Não estamos falando apenas de como nossas palavras afetam nossos filhos, mas crianças em geral. Ao longo da vida, teremos a oportunidade de lidar com crianças, e a simples palavra certa vinda de você pode mudar para sempre a vida delas.

Nascemos com almas maleáveis, as quais, aos poucos, são conformadas e moldadas pelas pessoas que nos cercam. E antes mesmo de percebemos, estamos sentados na roda do oleiro cercados por crianças.

Tenho ouvido muitas vezes que é melhor construir crianças do que reparar adultos; por isso, descobrir o poder das palavras de uma mulher e as pessoas que impactamos deve começar por aqueles que são mais vulneráveis — as crianças.

A partir do momento em que sai da segurança do ventre materno, a criança é moldada e conformada pelo poder das palavras de uma mãe. Com os olhos fixos em seu novo bebezinho e com um amor incontestável, enquanto mima, conforta e persuade esse presente milagroso de Deus, ela se torna verdadeiramente o espelho no qual a criança se vê, quer seja bom, que seja ruim.

Uma mãe bate palmas de alegria para seu bebê quando ele se vira, ri e chuta o ar com os pezinhos. Ela inclusive celebra quando seu precioso anjo arrota! Uma mãe encoraja seu bebê quando balança um chocalho, segura um copo, aponta uma cor e responde ao seu nome. Porém, acima de tudo, ela faz o filho saber: "Eu amo você simplesmente porque você é meu".

É uma responsabilidade incrível esse trabalho chamado maternidade. Temos o privilégio de formar e moldar uma existência por um período muito curto e muito fugaz. E uma das maneiras básicas de realizarmos essa façanha é por meio das palavras que dizemos.

Quando seguramos essa pequena bênção em nossos braços pela primeira vez, uma torrente de esperanças e sonhos emerge da água como uma grande baleia azul prestes a lançar um jato no ar. Porém, em algum lugar no corre-corre diário da vida, as palavras de encorajamento podem se perder em meio aos "Faça isso... não faça isso". Precisamos ter um novo olhar para a maternidade e reassumir o compromisso de sermos grandes encorajadoras durante a jornada de uma criança à idade adulta.

Quer tenha filhos ou tenha o privilégio de influenciar os de outras pessoas, você pode impactar o coração de uma criança para o bem ou para o mal. Marion observou o poder das palavras de *sua* mãe na vida de uma menininha que parecia ter perdido o rumo.

O plano da mamãe

Marion estava iniciando o primeiro ano quando foi testemunha de uma transformação. Ela amava tudo o que dizia respeito à escola: o cheiro do giz e a cor do lápis de cera, o cheiro do assoalho antigo depois de ser encerado por Jim, o zelador; adorava sua carteira sob medida e amava sua professora, a Edna. Marion decidiu que todos os anjos devem ter olhos azuis e pele perfumada, porque a professora Edna era assim. A única coisa que ela não gostava no primeiro ano era de Mildred.

Mildred já havia cursado o primeiro ano uma vez, e ela era maior que todas as outras crianças. Não tinha quaisquer amigos e parecia focar em fazer inimigos. Marion era uma das menores da sala, então Mildred a elegera como sua inimiga número um. Todos os dias, quando Marion caminhava da escola para casa, em seu pequeno bairro, Mildred a provocava. Ela vinha por trás e pisava-lhe no calcanhar, arrancando-lhe os sapatos do pé. Então, quando Marion parava para colocá-los no lugar, Mildred dava-lhe um forte tapa nas costas. Marion tinha medo do caminho de volta para casa.

Todos os dias, quando tocava o sinal de saída, Marion continha as lágrimas que ameaçavam cair de seus olhos temerosos. No final, a mãe de Marion acabou percebendo que algo estava errado na escola. Relutante, Marion contou-lhe sobre Mildred, mas implorou que ela não interferisse, sabendo que isso só pioraria as coisas.

— Você não pode fazer nada, mamãe — disse Marion chorando. — Não pode. Todo mundo vai pensar que eu sou um bebê.

O pai de Marion havia morrido alguns anos antes, e sua mãe trabalhava muito. Era impossível para ela levar Marion de carro ou acompanhá-la no caminho até a escola. Além disso, Marion não tinha irmãos ou irmãs para cuidar dela. Isso aconteceu na época em que uma garotinha caminhar alguns quarteirões sozinha até a escola não era nada incomum, e a maioria de seus amigos ia a pé ou de bicicleta para a escola também. Porém o problema com Mildred pesou muito no coração da mãe de Marion. No dia seguinte, a professora Edna pediu a Marion que ficasse depois do horário da aula para limpar os apagadores. O coração de Marion ficou aliviado ao pensar que talvez Mildred já teria partido há muito tempo quando ela fosse voltar para casa. No entanto, quando Marion saiu da escola, sua carrasca estava esperando no topo da ladeira.

Vendo a filha aos prantos mais uma vez, essa mãe sábia elaborou um plano. No dia seguinte, ela decidiu caminhar com a filha até a escola. Marion estava nervosa com o que aconteceria e constrangida pela insistência de sua mãe.

"Por que minha mãe não conseguia entender que nenhum plano que ela tivesse imaginado funcionaria?", contou Marion mais tarde. "Nós nos agasalhamos contra o terrível frio e começamos a subir a ladeira. Talvez não encontrássemos Mildred — foi o que desejei. Porém minha mãe estava com aquele olhar confiante. Eu conhecia bem aquele olhar e tive a sensação profunda de que veríamos Mildred e que mamãe colocaria seu 'plano' em prática.

"Como era de se esperar, avistamos Mildred assim que chegamos ao topo da ladeira onde eu tinha de tomar a direção para a escola enquanto minha mãe tomava a direção oposta para o banco onde trabalhava. Foram alguns terríveis momentos de espera até que Mildred se aproximasse. Ela fingiu não nos ver quando percebeu que minha mãe estava comigo.

— Olá, Mildred — disse mamãe baixinho.

"Mildred parou e permaneceu tão paralisada como uma estátua. Suas mãos e rosto estavam vermelhos do frio intenso. O casaco enorme estava aberto, pois tinha apenas dois botões — os outros não existiam. Por baixo, ela usava um vestido de algodão, como se fosse verão. Eu estava agasalhada com tantas roupas que mal conseguia andar. Eu tinha de usar até colete.

"Mamãe agachou-se até a altura de Mildred. No início, ela não disse nada. Em vez disso, abotoou rapidamente o casaco da menina e levantou a gola para proteger-lhe o pescoço. Em seguida, ela tomou aquela teimosa

Um grande impacto nos pequeninos

mecha de cabelo, que sempre ficava sobre o rosto de Mildred, e a colocou para trás. Fiquei ao lado, observando o ar que respirávamos condensar diante de nossos rostos por causa do ar frio da manhã, e orando para que nenhum aluno passasse e que o plano de minha mãe fosse concluído rapidamente.

— Sou a mãe de Marion. Preciso da sua ajuda, Mildred.

"Mildred olhou atentamente para minha mãe com uma expressão que não fui capaz de identificar. Seus rostos estavam a centímetros de distância.

"Enquanto minha mãe falava, suas mãos protegidas por luvas seguravam as mãos frias de Mildred.

— Marion não tem irmãos ou irmãs. Ela precisa de uma melhor amiga, uma amiga especial na escola. Alguém para subir a ladeira com ela depois da aula. Parece que você seria uma boa amiga para ela. Você seria amiga de Marion, Mildred?

Mildred mordia o lábio inferior ao mesmo tempo em que não parava de piscar; então, fez que sim.

— Ah, obrigada! — disse mamãe com certa confiança e gratidão. — Sei que você é alguém com quem posso contar. — Em seguida, ela deu um abraço longo e apertado em Mildred, deu-me um abraço rápido e se referiu a nós duas como se nada de anormal tivesse acontecido.

— Tchau, meninas. Tenham um bom dia.

As duas meninas continuaram a caminhada até a escola; elas nem se mexiam — eram como bonecas mecânicas olhando para frente. De repente, Marion lançou um olhar rápido sobre Mildred e viu algo que jamais vira antes: ela estava sorrindo.

O tempo passou e Marion e Mildred se tornaram amigas, melhores amigas. Na verdade, Mildred começou a ter muitos amigos. Ela começou a tirar boas notas e sua carteira já não era tão bagunçada. E ela sempre usava a gola do casaco virada para cima, além de colocar de lado aquela mecha de cabelo desalinhada, exatamente como a mãe de Marion havia ajeitado. No Dia da Amizade, quando todas as crianças confeccionam cartões de cartolina vermelha, rosa e branca, Mildred deu a Marion um cartão comprado e o assinou com as palavras: *De sua melhor amiga, Mil.*[1]

Qual era o plano da mamãe? Seu plano era oferecer encorajar uma garotinha que tinha sido nocauteada pela vida. Era dizer a uma criança com sérias dificuldades que alguém acreditava nela, confiava nela e entregou a ela seu bem mais precioso. Essas palavras mudaram o rumo da vida de Mildred.

O peso esmagador das palavras negativas

Estudos mostram que para cada palavra negativa falada são necessárias de cinco a sete palavras positivas para equilibrar. Isso significa que se uma criança ouvir algo negativo dito a ela ou a seu respeito, são necessárias de cinco a sete palavras positivas para neutralizar o efeito das palavras negativas. Ao mesmo tempo, estudos mostram que em uma casa comum são feitos dez comentários negativos para cada positivo.[2] Com essa proporção, é fácil entender por que tantas crianças são desencorajadas e sofrem problemas de autoimagem. A linguagem negativa faz as crianças se sentirem desencorajadas e produz um ambiente de baixa autoestima.

Nem sempre percebemos o potencial destrutivo de nossas palavras, mas vamos imaginar o seguinte cenário: seu filho se levanta de manhã e se veste com uma fantasia muito parecida com um mural de recados. A única diferença é que a roupa é feita de folhinhas adesivas, aqueles conhecidos post-its. Toda vez que você questiona o valor dele, critica suas ações e sua aparência, desaprova suas escolhas, aponta sua fraqueza ou o faz se sentir

---

[1] "Mama's Plan" é reeditado com permissão da revista *Guideposts*.
[2] https://kidblog.org/home/the-power-of-words-positive-vs-negative/. Ou: Neil Anderson, *Victory Over the Darkness* (Ventura, CA: Regal Books, 1990), p. 63.

culpado, as palavras ofensivas são registradas em um dos post-it, que se desprende e flutua até cair no chão. Talvez, ao ver o post-it caindo, você perceba o efeito de suas palavras ofensivas e tente colá-lo novamente com uma palavra positiva. Tarde demais; ele não vai mais colar, pois perdeu a aderência. Então, a criança sai para a escola e ouve mais palavras desencorajadoras, e mais post-it caem no chão. No final das contas, a criança vai para casa exposta, fragilizada e insegura, e com razão.

Como mãe, podemos cobrir nossos filhos com palavras positivas de modo que quando as negativas fizerem o post-it se soltar, eles nem percebam sua falta. Fazer isso, porém, dá muito trabalho.

Paulo escreveu aos colossenses: "Pais, não provoquem ou irritem ou amedrontem seus filhos [não sejam duros com eles ou os importunem], para que eles não sejam desencorajados e fiquem emburrados e taciturnos e se sintam inferiores e frustrados [não abata seu espírito]" (Colossenses 3:21). Posso acrescentar algo à exortação de Paulo? Mães, não façam isso também.

É terrível fazer parte de uma família em que as únicas coisas que são observadas são os erros. A dor das críticas e correções constantes pode se tornar uma fonte crônica de insegurança muito tempo depois de a criança se tornar um adulto. É nosso trabalho como pais instruir e corrigir nossos filhos, mas quando estamos apontando continuamente suas falhas e defeitos, eles tendem a desistir de tentar.

Devemos sempre nos lembrar de que crianças são crianças e agirão como tais. Crianças não são miniaturas de adultos. Lembro-me de quando meu marido estava na faculdade de odontologia na madura idade de 23 anos. Era a primeira vez que ele tratava uma criança de quatro anos e não estava preparado para a enxurrada de lágrimas que escorriam pelo rosto dela.

— Vai ficar tudo bem — Steve assegurou-a com um tapinha no ombro. — Seja uma boa mocinha agora.

Então, ela olhou para ele com enormes olhos azuis que derreteram seu coração.

— Mas eu não sou uma mocinha — disse ela. — Sou apenas uma garotinha.

É isso que devemos lembrar sempre. Não importa o quanto nos frustramos ou ficamos com raiva — crianças são crianças, e agirão como tais.

Aqui está uma ideia. Tente apanhar uma criança fazendo algo correto e então a elogie por isso. "Keesha, eu vi o jeito que você ajudou seu irmão com a lição de casa! Ótimo trabalho!" "Tyler, percebi como você limpou bem a lama dos seus sapatos antes de entrar em casa. Obrigada." Considere as palavras deste poema:

Conto de duas famílias

"Eu tirei dois ás", disse o garotinho.
Sua voz estava repleta de alegria.
Rispidamente, perguntou-lhe o pai:
"Por que você não tirou três?"
"Mãe, eu lavei a louça",
Lá da porta, falou a menina.
Calmamente, respondeu-lhe a mãe:
"Você varreu o chão?"
"Cortei a grama", disse o garotão,
"E guardei o cortador."
Dando de ombros, perguntou-lhe o pai:
"Você tirou o barro do aparelho?"
As crianças da casa ao lado
Pareciam felizes e contentes.
As mesmas coisas aconteciam lá,
Porém era assim que se davam:
"Eu tirei dois ás", disse o garotinho.
Sua voz estava repleta de alegria.
Orgulhosamente, disse-lhe o pai: "Que ótimo;

Um grande impacto nos pequeninos

Que felicidade ter você como filho".
"Mãe, eu lavei a louça",
Lá da porta, falou a menina.
Sorrindo, a mãe disse-lhe gentilmente:
"Eu te amo cada dia mais".
"Eu cortei a grama", disse o garotão.
"E guardei o cortador."
Com imensa alegria, respondeu-lhe o pai:
"Você alegrou meu dia!".
As crianças merecem elogios simples
Pelas tarefas que lhes são solicitadas.
Para que vivam uma vida feliz,
Muito depende de você!
Autor desconhecido

Lembro-me de levar meu filho, Steven, a um parque de diversões pouco antes de ele começar o quarto ano. Estava quente, as filas eram longas e eu estava começando a ficar zonza com os giros, solavancos e paradas repentinas a 90 quilômetros por hora. Sentindo-me uma heroína, eu estava prestes a lembrar Steven de como ele era sortudo por ter uma mãe como eu para levá-lo a um parque de diversões. Porém, antes que as palavras escapassem da minha boca, o Espírito Santo gentilmente me deteve. Era isso mesmo que eu queria dizer? Essas palavras fariam Steven se sentir "com sorte" ou o fariam se sentir culpado, como se me devesse algo?

Em vez de dizer o que eu havia pensado inicialmente, envolvi meu precioso filhinho em meus braços e disse: "Steven, tenho tanta sorte de ter um filho como você, a quem posso trazer a um parque de diversões". Com essas palavras, um sorriso, com covinhas, tomou conta de seu lindo rostinho, e eu agradeci pelos respingos de água da montanha-russa que escondiam as lágrimas que escorriam pelo meu rosto.

Se eu tivesse dito aquela primeira frase, Steven não teria se sentido sortudo por ter uma mãe como eu. Ele teria se sentido culpado e com o sentimento de que precisaria retribuir minha "bondade". Por outro lado, a versão revisada o fez se sentir especial, estimado e amado.

Agora, quem foi encorajado? Na verdade, nós dois.

Talvez você tenha algumas fitas antigas do seu passado que você costuma reproduzir com os filhos. Sua mãe fazia comentários que faziam você se sentir culpado ou como se estivesse em dívida pelo cuidado que ela lhe ofereceu? Talvez ainda faça. Muitas mães podem ser agentes de viagens para passeios de culpa. É assim que você quer ser lembrada?

Fazer nossos filhos se sentirem culpados é como causar azia emocional. Ela continua voltando e voltando. Contudo, mãe, podemos mudar o cardápio verbal e decidir servir um prato de palavras que não causem indigestão!

Fui bem-sucedida em minhas palavras naquele dia no parque de diversões, mas nem todo dia tem sido um grande dia. Às vezes ainda uso minhas palavras para destruir em vez de fortalecer. Falhei muitas vezes. "A língua é um fogo, um mundo de iniquidade", como aponta Tiago com tanta aptidão (Tiago 3:6). Somente o poder do Espírito Santo, a oração e prática são capazes de domar a língua. Assim como um leão selvagem que é treinado por horas e horas de disciplina, nossa língua também pode ser domada para se comportar. Falaremos mais de como domar essa fera em outro capítulo.

***

É nosso trabalho como pais instruir e corrigir nossos filhos, mas quando apontamos continuamente suas falhas e fracassos, eles tendem a simplesmente parar de tentar.

***

A escolha de se tornar a principal apoiadora ou a principal crítica

Todos os dias temos uma escolha. Devemos fortalecer nossos filhos ou destruí-los? Devemos falar palavras de vida ou de morte? Somos a principal apoiadora ou a principal crítica de uma criança?

William Barclay conta a história de uma mãe que tomou a decisão de falar palavras de vida. Um dia, a mãe de Benjamin West saiu para fazer algumas tarefas e o deixou encarregado de cuidar de sua irmã mais nova, Sally. Na ausência da mãe, ele descobriu alguns potes de tinta colorida e, para divertir Sally, começou a pintar o retrato dela. Ao fazê-lo, ele causou certa bagunça espalhando manchas de tinta aqui e ali. Ao retornar, a mãe viu a bagunça, mas não disse nada a respeito. Pelo contrário, ignorou propositalmente a tinta derramada ao apanhar o papel. Sorrindo, exclamou: "Uau, é Sally!". Então, ela se inclinou e beijou o filho. Daquele momento em diante, Benjamin West diria: "O beijo da minha mãe me tornou um pintor".[3]

Não tenho certeza se essa teria sido minha reação inicial, mas que inspiração a mãe de Benjamin é para mim. Será que muitas crianças desistem de seus sonhos porque ouvem mais acerca de suas bagunças do que de suas obras-primas?

Manifestações de apoio realmente fazem a diferença. Meu filho corria *cross-country* no Ensino Médio. A caminho de uma das corridas de Steven, eu me perdi, o que não é surpresa para qualquer um que me conhece. Fiquei tão agradecida por ele ter ido no ônibus da equipe. As corridas duravam apenas cerca de 20 minutos, por isso era importante chegar a tempo. Cheguei exatamente quando os atletas estavam deixando a pista, pois eu havia perdido toda a corrida.

---

[3] William Barclay, "Letters to the Galatians and Ephesians", *The Daily Study Bible* (Edimburgo, Escócia): St. Andrews Press, 1962), p. 211.

No caminho para casa, Steven disse: "Sabe, havia tantos pais e fãs torcendo pelos outros times e quase ninguém gritando por nós. Quando passei correndo e os ouvi torcendo por seus filhos, isso realmente me fez desacelerar. Não achei que importasse tanto, mas importava".

O pesquisador Tim Rees relatou que "o apoio contínuo de amigos e familiares pode ser um dos fatores mais importantes a influenciar o desempenho nos esportes. Ele acredita que o incentivo e o apoio de amigos e familiares é um fator-chave para fortalecer a confiança de um atleta, e é essa confiança que pode levar ao sucesso em um evento esportivo de intensa pressão".[4]

Se deixarmos de torcer por nossos filhos, se nosso banco ficar vazio, a criança buscará outra pessoa para ocupá-lo. Essa pessoa geralmente é um colega que pode ter os próprios problemas. A criança começa a tentar agradar quem estiver ocupando aquele lugar na arquibancada. Então tire o pó daqueles pompons! Prepare aquele megafone! Seja extremamente habilidosa em se tornar a maior fã de seu filho!

Será que muitas crianças desistem de seus sonhos porque ouvem mais acerca de suas bagunças do que de suas obras-primas?

Meu sobrinho Stu também corre *cross-country*. Ele começou a correr na equipe da escola quando estava no oitavo ano. Visto que morávamos a 322 quilômetros de sua casa, não pude assisti-lo competindo. Contudo, ouvi

---

[4] https://www.verywellfit.com/support-athletes-for-success-3120701.

dizer que a principal atração nas corridas de Stu não eram os atletas, mas as mães empolgadas.

Por fim, quando Stu estava no último ano do Ensino Médio, seu time veio à minha cidade natal para uma competição estadual. Não sei se você já esteve em uma corrida de *cross-country*, mas não é exatamente um esporte para espectadores. Os atletas se alinham na linha de largada. Um homem dispara uma arma para dar a partida na corrida. Então, os competidores desaparecem por uma trilha na floresta e reaparecem cerca de dezesseis minutos depois.

Antes da corrida, minha família e eu nos posicionamos nas linhas laterais observando pernas se esticarem, costas se curvarem e braços balançarem num esforço de se aquecer. Setenta rapazes ansiosos agrupavam-se ao redor da linha de partida em posição de preparação. O tiro foi disparado no ar e o bando de meninos começou a corrida de cinquenta quilômetros pela floresta. Assim que o pé de Stu deixou a posição inicial, sua mãe, Pat, pegou o megafone de 36 polegadas e começou a gritar mais alto do que qualquer mulher que eu já ouvira antes.

"VAI, STU!", torcia ela, não uma única vez, mas em intervalos de dez segundos. Quando ele não estava à vista, ela corria para outro ponto estratégico ao longo da trilha sinuosa por onde os atletas acabariam passando. E mesmo quando os meninos não podiam ser vistos, Pat continuava torcendo: VAI STU!

— Pat, você tem de gritar tão alto? — perguntava-lhe o marido, Steve.

— Sim — respondia ela. — VAI, STU!

Steve mantinha os passos alguns centímetros atrás de nós e fingia não ter ideia de quem éramos.

— VAI, STU!

Devo admitir que era um pouco constrangedor. Ela não se envergonhava.

A certa altura, ela gritou "VAI STU!", e um homem na multidão gritou de volta "ELE NÁOOO CONSEGUE TE OOOUUUVVVIIIRRR!".

— Pat, Stu não consegue te ouvir quando está no meio da floresta. Por que você não dá uma maneirada? — perguntei.

— Não sei se ele pode me ouvir ou não, mas se essa possibilidade existir, quero que ele ouça minha voz torcendo por ele — respondeu Pat. Então, durante dezesseis minutos, este pequeno dínamo continuou a bombear confiança e inspiração no coração do seu filho.

Depois da corrida, perguntei ao meu sobrinho:

— Stu, quando está correndo por aquela trilha na floresta, você consegue ouvir sua mãe torcendo por você?

— Ah, sim — ele respondeu. — Posso ouvi-la por todo o trajeto.

— E o que isso causa em você? — perguntei.

— Faz com que eu não queira desistir — respondeu. — Quando minhas pernas doem e meus pulmões queimam, quando sinto que vou vomitar, ouço a voz da minha mãe me incentivando e não quero parar.

Alguns anos depois, quando meu filho se tornou atleta de *cross-country*, aprendi alguns fatos sobre a corrida. Ao se aproximar do final de uma corrida, sua garganta queima, suas pernas doem e todo o seu corpo grita para você parar. É aí que os amigos e fãs têm o maior valor. O encorajamento deles ajuda a superar a dor até o fim. Esse é o poder das palavras de uma mãe.

O apoio de uma mãe significa muito para os filhos. Ela é uma incentivadora cuja voz pode ser ouvida ecoando à distância, bombeando coragem e confiança no coração de seus filhos. Ela é a líder de torcida posicionada à margem que sabe que uma palavra edificante, dita na hora certa, pode fazer a diferença entre seus filhos terminarem bem ou tombarem ao longo do caminho.

A obra-prima criada de modo singular

Toda criança deseja saber que é única e especial, diferente de qualquer outra criança já criada. A maioria dos adolescentes pensa que é diferente, mas não no sentido bom. Eles não se veem tão bonitos, inteligentes, atléticos, populares, engraçados e legais quanto outros adolescentes. Eles tendem a se ver pelas lentes críticas da cultura pop e das mídias sociais. Instagram, Twitter, Facebook, Snapchat e muitos outros que estão por vir sustentam expectativas irreais que dizem às crianças que elas não são tão legais quanto seus colegas. Não importa que a foto do Twitter só tenha ficado boa o bastante para ser postada depois de vinte tentativas. Vivemos em uma cultura de comparação que diz constantemente às crianças que elas não são aceitáveis. E não estou falando apenas de adolescentes. A média de idade para se ter o primeiro celular é aos 10 anos, e a maioria dos que têm 12 anos tem contas nas mídias sociais.[5]

Suponha, porém, que uma criança tenha uma mãe ou uma pessoa de influência que lhe tenha falado sobre sua singularidade. Suponha que uma criança tenha alguém que lhe comunique vida e a faça lembrar do desígnio e plano especiais de Deus para sua vida — que ela possui características e talentos que nela foram criados para um propósito específico, ordenado por Deus. Fico me perguntando se as palavras serviriam de defesa para as inseguranças que tendem a atingir os adolescentes no ringue de boxe da desordem social?

Deus coloca dons e talentos em cada criança, e são os pais e adultos de influência que a ajudam a descobrir o tesouro escondido sob rostos sardentos, cabelos emaranhados e pés enlameados. Uma mulher sábia olha para além das tiaras cor de rosa, dos beicinhos e das bochechas rosadas. Ao sermos específicos com nossos elogios, a criança acredita no que é percebido acerca dela. Mais uma vez, você se torna o espelho no qual seu filho se vê.

---

[5] "Kids and Tech: The Evolution of Today's Digital Natives", *Influence Central*, acessado em 25 de junho de 2019, influence-central.com/kids-tech-the-evolution-of-todays-digital-natives/.

O PODER DAS PALAVRAS DE UMA MULHER

Minha amiga Glynnis tem cinco filhos. Ela e o marido são especialistas em descobrir a singularidade de cada um. Eles estudam, observam, ouvem e refletem sobre essas criaturas fascinantes e então as ajudam a reconhecer seus dons especiais. Eis aqui suas palavras de sabedoria para nós.

Ter três meninos, que são competitivos por natureza, desafiou-me a ser criativa no modo de encorajar seus pontos fortes individuais. À medida que começaram a se comparar uns aos outros nos esportes e nos estudos, começaram a focar as próprias fraquezas pessoais. Uma coisa que fizemos para ajudá-los a ver seus pontos fortes foi comparar cada um com um animal que compartilhava uma característica semelhante. Josh é firme e forte, e se tornou nosso leão. Robbie é magro e ágil, e se tornou nosso guepardo. Dylan é rápido e inteligente, e era nosso jaguar. Os meninos amavam ser comparados a um belo animal e obtiveram um vislumbre de suas habilidades singulares.

Quando eu era criança, meu pai costumava contar minhas sardas com prazer. Como resultado, cresci gostando das minhas sardas. Para ajudar meus filhos a se sentirem melhor com suas características físicas, sempre disse a eles o quanto gosto de partes muito específicas de sua constituição. "Eu amo seus olhos castanhos", eu dizia. "Eles me lembram o chocolate, e você sabe o quanto eu amo chocolate!" "Dylan, eu amo seu cabelo ondulado", eu ponderava. "Ele me lembra o oceano." "Robbie, amo seu cabelo liso", observava eu. "Ele brilha como ouro quando refletido pelo sol."

Agora que adotamos duas menininhas da África, estou encontrando novos desafios para ajudá-las a enxergar sua singularidade. A caçula, Ruth, começou logo de início a falar sobre o quanto amava nossa pele branca e o quanto queria ser branca. "Mas, veja como o sol brilha em sua linda pele morena quando eu passo a loção", disse eu. Seu sorriso e sua atitude se equipararam rapidamente ao brilho de sua bela pele morena. Já tem meses que ela não menciona sua pele e adora passar loção.

Acima de tudo, ensinei cada um de meus filhos a ser o melhor que Deus os fez para ser. "Joshua", eu dizia, "seja o melhor Joshua que puder ser". "Dylan, seja o melhor Dylan que puder ser." "Robbie, seja o melhor Robbie que puder ser." "Ruth, seja a melhor Ruth que puder ser." "Cathrine, seja a melhor Cathrine que puder ser." É uma alegria ver cada um dos meus filhos desabrochando em jovens confiantes que Deus planejou que fossem. Felizmente, eles não tentam ser ninguém mais.

Ao sermos específicos ao elogiar, a criança acredita no que é percebido acerca dela.

Deus tem planos específicos para cada ser humano. Embora não saiba quais são esses planos específicos para seus filhos, uma mãe pode lhes dar as ferramentas de descoberta, mostrar-lhes o mapa do tesouro e ajudá-los a encontrar as pistas ao longo do caminho.

As palavras de uma mãe podem ser a brisa que estende as velas da esperança e dos sonhos de uma criança para impulsioná-la a novos horizontes. Devemos, contudo, ter cuidado para que o vento que estende as velas a envie na direção que Deus planejou e na direção que gostaríamos que ela fosse. Você notou como Glynnis foi específica em seu elogio? "Bom trabalho", "Você é demais" e "É assim que se faz!" são todos tapinhas maravilhosos nas costas. Apesar disso, fazer elogios específicos é ainda mais poderoso e causa um impacto maior. "Eu não pude acreditar na distância que você acertou aquela bola de beisebol. Cara, você tem um equilíbrio incrível."

"Aquela pirueta foi incrível. Suas pernas pararam retinhas no ar como uma ginasta profissional." "Eu percebi a maneira como você ajudou Mary com a lição de casa. Você tem um coração tão generoso. Eu quero me parecer mais com você."

Você vê a diferença? Ser específico muda as palavras de encorajamento de *bom* para *excelente*.

Uma ótima mãe descobrirá os dons e talentos de um filho e então usará suas palavras para adubar esse dom. Ela o ajudará a compreender que as palavras do salmista — "Eu te louvo porque me fizeste de modo especial e admirável" (Salmos 139:14) — são destinadas especificamente a ele. Se uma criança se tornar boa em alguma coisa, ela acreditará que o sucesso pode ser alcançado em outras áreas da vida também e não terá medo de tentar. Não precisamos ser milionários para que nossos filhos saibam que são ricos. Palavras de encorajamento são dadas gratuitamente, com resultados abundantes.

Thomas Edison, um dos maiores inventores da América, tinha o seguinte a dizer sobre a influência positiva das palavras de sua mãe em sua vida:

> Eu não tive minha mãe por muito tempo, mas ela exerceu sobre mim uma influência que durou toda a minha vida. O bom efeito de seu treinamento inicial eu jamais poderei perder. Se não fosse por sua estima e sua fé em mim num momento crítico de minha experiência, eu provavelmente jamais teria me tornado um inventor. Sempre fui um menino desatento e, tendo uma mãe com uma capacidade mental diferente, eu poderia ter me dado muito mal. Porém sua firmeza, sua doçura, sua bondade foram forças poderosos para me manter no caminho certo. Minha mãe foi quem me preparou.[6]

---

[6] Mabel Bartlett and Sophia Baker, *Mothers-Makers of Men* (New York: Exposition Press, 1952),92.

Embora queiramos descobrir a singularidade de cada criança, nosso elogio deve consistir em aplausos verbais que excedem a aparência e o talento. Os traços mais importantes a elogiar são aqueles que exibem um caráter piedoso. A Bíblia os chama de "fruto do Espírito": amor, alegria, paz, paciência, amabilidade, bondade, fidelidade, mansidão e domínio próprio (Gálatas 5:22,23). Se ao menos um broto desse fruto despontar no solo, uma mãe sábia o fertilizará com palavras positivas na esperança de uma colheita abundante.

O poder de acreditar no melhor

Às vezes, tudo o que uma criança precisa é que alguém acredite no melhor acerca dela, em vez de no pior. Esse alguém pode ser um pai, um professor, um treinador ou um vizinho. Howard Hendricks viu como um simples comentário de um professor sábio mudou todo o curso de sua vida.

No quinto ano, Howard dava todos os sinais de que era uma criança insegura, sem amor e com raiva da vida. Em outras palavras, ele estava detonando o ambiente. No entanto, Simon, sua professora, aparentemente achava que ele não enxergava o problema, pois o lembrava regularmente: "Howard, você é o garoto que tem o pior comportamento nesta escola!".

"Então, me diga algo que eu ainda não saiba!" Pensava consigo mesmo ao mesmo tempo em que agia à altura (ou baixeza) da opinião da professora acerca dele. Vou deixar o Dr. Hendricks contar o restante de sua história.

É desnecessário dizer que o quinto ano foi provavelmente o pior da minha vida. Finalmente me formei, por razões óbvias. Porém saí com as palavras da professora Simon ressoando em meus ouvidos: "Howard, você é o garoto que tem o pior comportamento nesta escola!".

O PODER DAS PALAVRAS DE UMA MULHER

Você pode imaginar quais eram minhas expectativas ao entrar no sexto ano. No primeiro dia de aula, Noe, minha professora, estava fazendo a chamada e não demorou muito até que chegasse ao meu nome. "Howard Hendricks", ela chamou tirando os olhos da lista e focando-os onde eu estava sentado, de braços cruzados e esperando para entrar em ação. Depois de fitar-me por um momento, ela disse: "Ouvi falar muito de você". Em seguida, sorriu e acrescentou: "Porém, não acredito em uma palavra!".

Eu lhe digo, aquele momento foi um ponto de virada crucial, não apenas na minha formação, mas na minha vida. De repente, inesperadamente, alguém acreditava em mim. Pela primeira vez na minha vida, alguém viu potencial em mim. A professora Noe deu-me atribuições especiais. Ela deu-me pequenas tarefas a fazer. Depois da aula, trabalhávamos em melhorar minha leitura e aritmética. Ela me desafiou com padrões mais elevados.

Eu tive dificuldade em decepcioná-la...

O que fez a diferença entre o quinto e o sexto ano? O fato de que alguém estava disposto a me dar uma chance. Alguém estava disposto a acreditar em mim enquanto me desafiava com expectativas mais altas.[7]

Muitas vezes, uma criança não age como alguém capaz porque é tratada como se não fosse. Goethe disse: "Trate um homem como ele parece ser e você o tornará pior. Porém trate um homem como se ele já fosse o que poderia potencialmente ser e você fará dele o que ele deveria ser". Howard Hendricks experimentou o poder das palavras de uma mulher para mudar o curso de sua vida. Ele se tornou um professor que ensinou por

---

[7] "I Don't Believe a Word of It" de Alice Gray, *More Stories for the Heart* (Sisters, OR: Multnomah Publishers, 1997), p. 46.

muito tempo no Seminário Teológico de Dallas [Texas, EUA]. Eu imagino a quantos homens e mulheres o Dr. Hendricks deu uma chance, em quantos acreditou e desafiou com grandes expectativas.

Vi isso acontecer com meu próprio filho quando ele estava no sétimo ano. Ele estava estudando matemática avançada, inglês avançado, ciências avançadas e latim. Também era seu primeiro ano jogando em um time da escola, e ele chegava em casa por volta das 18 horas. Nada estava dando certo. Era difícil fazer as tarefas da escola quando chegava em casa exausto. Algumas vezes, ele trabalhava duro numa tarefa e acabava descobrindo que fizera a página errada. Latim era grego para ele, e não havia sinal de que entenderia a língua tão cedo.

Certo dia após o treino, eu o ouvi clamando a Deus no chuveiro: "Senhor, eu não sou bom em nada. Ajude-me simplesmente a ser bom em alguma coisa. Apenas em uma coisa".

Isso partiu meu coração. Na verdade, Steven era excelente em muitas coisas, mas suas emoções e carga de trabalho eram demais para suportar. Tive uma reunião com o diretor, e Steve deixou um dos cursos avançados (latim), mas seu ano realmente mudou depois de um bilhete de uma de suas professoras que sabia que ele estava com dificuldades e precisava de um tapinha extra nas costas. Ela escreveu:

Prezados Senhor e Senhora Jaynes,

Steven tem feito um excelente trabalho em ciências. Seu nome está no topo da lista em testes e questionários recentes. Sem dúvida, ele lhes contou sobre a nota excelente em nosso último teste. Ele é um bom rapaz. Eu adoraria ter uma sala cheia de Stevens!

Sinceramente,

Profª. Connie Roads

Embora fosse dirigida a mim e ao pai de Steven, esta nota de encorajamento era, na verdade, para o nosso filho. A professora Roads é uma mulher muito sábia, que ignorou o exterior rijo da adolescência e viu um coração sensível e fragilizado. Foi o momento decisivo no ano do nosso filho. Em seu bilhete, ela deu a Steven o encorajamento de que ele precisava, e ele estava pronto para permanecer no curso e terminar bem.

Ah, amiga, temos tanto poder em nossas palavras. Quer sejam ditas pelos lábios de uma mulher sábia, quer escritas pela mão de um escritor determinado, nossas palavras podem mudar o curso de uma vida.

O legado que deixamos para trás

Todos os dias, centenas de pessoas pegam a balsa para o porto de Nova York a fim de ver a Estátua da Liberdade, que dá as boas-vindas aos viajantes cansados na costa americana. A Senhora Liberdade foi um presente de amizade do povo da França em 1886, e se coloca como um símbolo de liberdade para milhares de pessoas que escaparam da tirania e da pobreza de terras distantes. Segurando a tocha bem alto, ela proclama: "Dê-me os seus homens cansados, os seus pobres, as suas multidões amontoadas que anseiam respirar livremente".

E quem o famoso escultor usou para modelar o rosto inspirador para esse farol de liberdade e fé? Sua mãe. Frederic Bartholdi escolheu o rosto de sua própria mãe como modelo para a Estátua da Liberdade a fim de representar a liberdade e a fé para todos os que entram nos Estados Unidos pelo porto de Nova York. Como um farol imponente que guia embarcações com segurança à costa, as mães se colocam como sentinelas no litoral acidentado da vida para guiar sua pequena frota em segurança para casa e de volta ao mar.

Quando nossos filhos chegarem à maturidade, em quem pensarão quando refletirem sobre a própria herança de liberdade e fé? Qual será o nosso legado de palavras? Ah, amiga querida, espero que eles, como Frederic Bartholdi, pensem em suas mães, que ergueram bem alto a luz de Jesus Cristo e lhes deram raízes para os manter realistas e asas para voar.

Ideias divertidas para incentivar uma criança

- Coloque bilhetes na lancheira.
- Escreva um recado no espelho do banheiro usando um sabonete.
- Coloque um recado debaixo do travesseiro.
- Prenda um bilhetinho no bicho de pelúcia favorito.
- Coloque um bilhete no meio de um livro didático.
- Envie um e-mail.
- Envie uma mensagem de texto.
- Poste algo sobre ela no Facebook e marque-a.
- Mande um cartão para ela.
- Comemore com a gravura "Você é especial".
- Faça uma lista de 25 razões pelas quais você é feliz por tê-la como filha ou filho.
- Escreva orações bíblicas para ela.
- Mostre os traços de caráter bíblico que você vê nela.

Palavras repletas de poder

Palavras que ferem o coração de uma criança

- Você deveria…
- Você tem de…
- Você não consegue fazer nada certo.
- Você está me deixando louca!

O PODER DAS PALAVRAS DE UMA MULHER

- Você me deixa tão chateada!
- Você me deixa tão irritada!
- Por que você fez isso?
- Por que você não consegue tirar boas notas como sua irmã/seu irmão?
- Por que você não consegue ser amável como sua irmã/irmão?
- Você é uma mentirosa. (Mude para: "Você mentiu".)
- Você é uma ladra. (Mude para: "Você roubou algo".)
- Veja tudo o que fiz por você.
- Você não me ama.
- Você não tem apreço por mim.
- Já disse isso a você mil vezes.
- Você nunca vai aprender, vai?
- O que há de errado com você?

Resumindo, evite sarcasmo, zombaria, esculacho e piadas sutis à custa de uma criança. Se tiver de adicionar "Eu só estava brincando" a qualquer declaração feita a uma criança, provavelmente tal declaração a machucará e não será engraçada de jeito nenhum.

Palavras que uma criança anseia ouvir

(Há 50)

- Excelente trabalho!
- Sou feliz por você ser meu filho / minha filha.
- Eu amo passar tempo com você.
- Jamais me esquecerei do dia em que você nasceu.
- Você foi um presente maravilhoso de Deus... e ainda é.

Um grande impacto nos pequeninos

- Eu gosto de você!
- Isso foi muito legal!
- Você é fantástico(a).
- Gosto do jeito que você arrumou o cabelo!
- Boa ideia!
- Você dá os melhores abraços!
- Você é tão corajoso(a)!
- Você é uma pessoa incrível!
- Você tem um ótimo senso de humor.
- Você tem um coração tão grande!
- Essa camiseta ficou ótima em você!
- Você tocou aquela música de um jeito tão lindo!
- Você é um grande amigo/uma grande amiga!
- Um dia você será uma esposa maravilhosa /um marido maravilhoso!
- Obrigado por limpar seu quarto. Você fez um ótimo trabalho.
- Você me ensina muito sobre a vida.
- Você é tão forte!
- Eu sempre posso contar com você.
- Confio em você.
- Você é um presente especial de Deus para mim.
- Você ilumina meu dia.
- Minha hora favorita do dia é quando vou te pegar na escola.
- Senti falta de ter você por perto hoje.
- Você é um/uma superajudante.
- Estou tão orgulhosa de você!
- É assim que se faz!

- Eu sabia que você conseguiria fazer isso!
- Deus fez uma obra-prima quando criou você.
- Você é um tesouro!
- Você é um dos maiores presentes de Deus para mim.
- Estou apoiando você.
- Estou orando por você.
- O que você fez foi tão responsável.
- Você é uma alegria.
- Como você ficou tão inteligente?
- O que você fez foi tão criativo.
- Um viva pra você!
- Eu tenho apreço por você!
- Uau! Olha esses músculos!
- Você traz tanta alegria às pessoas.
- Você é tão atencioso(a)!
- Obrigado por ser tão esforçado(a)!
- Deus caprichou quando criou você!
- Excelente ideia!
- Como eu consegui o melhor filho/a melhor filha do mundo?
- Obrigado(a).

5

A TORNEIRA QUE PINGA OU O POÇO QUE REFRESCA

O poder das palavras de uma mulher a seu marido

Gosto não só de ser amado, mas também de que me digam que sou amado.

JORGE ELIOT

Nossa família foi abençoada durante treze anos por uma golden retriever chamada Ginger. Ela foi o presente de Natal ao nosso filho, Steven, quando ele tinha cinco anos, e até hoje ela mantém o laço azul que sinaliza "o melhor presente de todos". Ainda me lembro do olhar de surpresa no rostinho infantil de Steven quando o "bicho de pelúcia" começou a se mexer.

— É um cachorrinho! — ele exclamou. — Não é um brinquedo!

E embora Ginger fosse oficialmente a cadelinha de Steven, e eu fosse sua principal cuidadora não oficialmente, era meu marido, Steve, que tinha um lugar especial em seu coração, pois desde o início, ela o amava mais.

O PODER DAS PALAVRAS DE UMA MULHER

Ginger passava seus dias dormindo num lugar em que batia sol na entrada da casa, ou descansando nos degraus da escada dos fundos. Contudo, quando o carro do meu marido entrava na vizinhança e dobrava a esquina de nossa rua, as orelhas de Ginger se levantavam e seus olhos se iluminavam. Em uma explosão de energia, ela pulava nos pés dele e corria em círculos. "Ele está em casa! Ele está em casa!", ela parecia dizer.

Quando Steve entrava na garagem e abria a porta do carro, Ginger corria para saudá-lo e apoiava a cabeça sobre sua perna esquerda enquanto ele chamava por seu nome e acariciava suas orelhas. A chegada de Steve em casa era o ponto alto do dia de Ginger.

Não é de surpreender que o cachorro seja chamado de "o melhor amigo do homem". Ginger era leal, não importunava Steve e o amava independentemente da pouca ou muita atenção que ele lhe desse, fosse o dia que fosse. Ela era muito complacente e esquecia imediatamente qualquer injustiça como retermos seu jantar enquanto comíamos em sua presença ou a deixarmos para trás quando viajávamos de férias. Muitas vezes, só de ver Steve, Ginger rolava sobre as próprias costas e acenava para ele acariciar sua barriga. Ela sempre respondia ao seu toque como se fosse o céu na terra. Que homem não amaria uma resposta assim de "sua garota"?

E, no entanto, quando Deus criou Adão e o colocou no Jardim determinando que "não é bom que o homem esteja só" (Gênesis 2:18), Ele não criou um cachorro para ser seu fiel companheiro. Deus criou uma mulher, uma mulher com palavras. Ela foi chamada *ezer* em hebraico, a língua original do Antigo Testamento. A maioria das traduções da Bíblia traduz a palavra *ezer* como "auxiliadora", mas a palavra tem muito mais significado do que apenas uma auxiliadora.

Ezer aparece 21 vezes no Antigo Testamento. Duas vezes em Gênesis, ela descreve a mulher (Gênesis 2:18,20). Porém, a maioria das ocorrências (16 para ser exata) referem-se a Deus, ou Yahweh

[Senhor], como o auxiliador do seu povo. As três referências restantes aparecem nos livros dos profetas que a usam para se referir à ajuda militar.[1]

Seríamos relapsos se considerássemos a palavra *ezer* ou "auxiliadora" apenas para definir alguém que cuida da casa. Adão não precisava de ninguém para cozinhar, limpar ou cuidar dele. Não havia mantimentos para comprar, montes de roupa para lavar ou chão para varrer. Não era esse o problema dele. A carência na vida de Adão era que ele não tinha uma companhia para trabalhar com ele, governar a terra com ele, amar com ele, procriar com ele e, após a queda no pecado, lutar com ele. Um cachorro poderia ter representado um ajuste mais fácil para Adão, mas Deus decidiu que ele precisava de alguém com palavras.

"Então disse Deus: 'Façamos o homem à nossa imagem [...]. Criou Deus o homem à sua imagem, à imagem de Deus o criou; homem e mulher os criou" (Gênesis 1:26,27). Ao longo da Bíblia, vemos a palavra *homem* usada para se referir à "humanidade". Como nessa tradução da palavra hebraica, *homem* não significa "masculino". Do mesmo modo que filhote é *cria de animal*, a palavra *homem* significa filho de "humano". Eu ressalto isso porque muitos dos versículos que examinaremos neste livro usarão a palavra *homem*, mas também se referem a mulheres.

Vi recentemente um pôster que dizia: "Sempre tenho a última palavra com minha esposa: 'Sim, querida'." Nós rimos, mas não é engraçado, é? Talvez Adão tenha dito essas mesmas palavras a Eva quando ela lhe deu o fruto proibido.

---

[1] Carolyn Custis James, *When Life and Beliefs Collide* (Grand Rapids, MI: Zondervan, 2001), p. 181.

No capítulo 2 deste livro, analisamos Tiago 3:3-6. Não mudando a Palavra de Deus de forma alguma, mas simplesmente aplicando-a ao casamento, podemos parafrasear a passagem da seguinte forma:

"Quando colocamos freios na boca dos cavalos para que eles nos obedeçam, podemos controlar o animal todo." *Da mesma forma, podemos mudar o curso do nosso casamento, de um lado, para a harmonia, e do outro, para a discórdia. Um simples puxão nas rédeas da língua bastará.*

"Tomem também como exemplo os navios; embora sejam tão grandes e impelidos por fortes ventos, são dirigidos por um leme muito pequeno, conforme a vontade do piloto." *Do mesmo modo, os ventos da responsabilidade e da vida cotidiana conduzem o casamento pelo curso terreno da vida, mas uma palavrinha de uma esposa pode direcionar o casamento a mares calmos de amor e respeito, ou a águas agitadas de raiva e ressentimento amargo.*

"Semelhantemente, a língua é um pequeno órgão do corpo, mas se vangloria de grandes coisas." *Sim, a língua é uma pequena parte do corpo; você não pensaria que ela tem tanto poder para afetar um casamento. Ela faz um tremendo discurso. Faz grandes promessas. No dia do nosso casamento, fazemos votos solenes de amar, honrar e obedecer, mas o que acontece depois da lua de mel geralmente é bem diferente.*

"Vejam como um grande bosque é incendiado por uma simples fagulha." *Considere quantos casamentos são consumidos pelo fogo por causa de palavras descuidadas e impensadas; quantos casamentos são destruídos porque alguém se recusou a filtrar, pelo crivo da bondade, as palavras ditas.*

"Assim também, a língua é um fogo; é um mundo de iniquidade. Colocada entre os membros do nosso corpo." *Não há nada pior em um casamento do que palavras difamatórias. O comportamento ofensivo pode ser perdoado e esquecido, mas as palavras de ódio perduram.*

"Contamina a pessoa por inteiro, incendeia todo o curso de sua vida, sendo ela mesma incendiada pelo inferno." *Sim, as palavras são poderosas. Elas podem fazer do casamento um céu ou um inferno na terra.*

Assim como os incêndios nos bosques começam com uma simples fagulha, os casamentos são destruídos com a pequena fagulha de uma palavra difamatória.

Eu cresci em um lar muito negativo. Deixe-me relatar um pouco sobre minha vida. Eu me tornei cristã aos 14 anos. Minha mãe veio a Cristo três anos depois de mim. Meu pai se tornou um seguidor de Cristo três anos depois de minha mãe. Nos anos que se seguiram à conversão deles, houve bastante perdão e redenção.

Porém durante meus anos de crescimento, estive imersa em conversas negativas. Meus pais usavam as palavras como armas para tentar destruir um ao outro. E, infelizmente, eles voltavam aquelas mesmas armas contra seus filhos. Palavras ácidas tornaram-se um modo de vida. Então eu sei como é viver em uma atmosfera de discussões violentas, silêncio passivo-agressivo, sarcasmo abrasador, críticas constantes e brigas depreciadoras. Ainda tenho as cicatrizes para provar isso.

Quando me tornei esposa, não queria repetir os padrões que aprendi quando criança, mas não tem sido tão simples quanto tomar uma decisão. Mudar as palavras na minha cabeça antes de elas escaparem dos meus lábios têm exigido oração e prática.

Como uma *ezer* ou uma auxiliadora forte, de que modo usaremos nossas palavras? Nós as usaremos para defender ou derrotar, completar ou competir, elogiar ou menosprezar? A escolha começa em nossa mente, percorre nosso coração e responde com nossos lábios. Vejamos alguns exemplos bíblicos e modernos do poder das palavras de uma mulher sobre os homens na vida delas.

As palavras podem destruir um homem

Sansão foi um homem escolhido de Deus num tempo em que os juízes governavam Israel. Desde o seu nascimento, ele foi destinado a libertar Israel dos filisteus zombadores. Embora fosse incrivelmente forte em seu porte físico, Sansão era muito fraco no caráter. Entre suas falhas de caráter estava a fraqueza por mulheres, especialmente as filisteias. Quando era jovem, ele viu uma filisteia, gostou dela e decidiu tomá-la para si. Apesar das advertências de seus pais, ele se casou com a jovem megera, e então, de modo lento, porém certeiro, ela usou suas palavras para desviá-lo.

Tudo começou quando Sansão estava conversando com alguns dos companheiros na festa de casamento.

> "Vou propor-lhes um enigma", disse-lhes Sansão. "Se vocês puderem dar-me a resposta certa durante os sete dias da festa, então eu lhes darei trinta vestes de linho e trinta mudas de roupas. Se não conseguirem dar-me a resposta, vocês me darão trinta vestes de linho e trinta mudas de roupas."
>
> "Proponha-nos o seu enigma", disseram. "Vamos ouvi-lo." Disse ele então: "Do que come saiu comida; do que é forte saiu doçura" (Juízes 14:12-14).

Os homens ficaram perplexos com o enigma e com medo de perder as vestes que cobriam seus lombos, então convenceram a noiva de Sansão a persuadi-lo a dar-lhe a resposta. Ela choramingou. Ela chorou. Ela manipulou. Ele enfraqueceu. Ele cedeu. Ele se rendeu. Sansão revelou a resposta do enigma para sua recém-esposa, e ela, por sua vez, contou a seus amigos. Os filisteus mantiveram suas vestes e Sansão perdeu as dele. Quando Sansão partiu enfurecido, seu pai deu a noiva de presente a um amigo dele, o qual fora seu acompanhante no casamento.

Vinte anos depois, o poder das palavras difamatórias de uma mulher havia diminuído na memória de Sansão, e ele se apaixonou por outra filisteia, Dalila. Os filisteus viram a paixão de Sansão com uma pessoa da tribo deles como um caminho para descobrir o segredo de sua força sobrenatural.

Cada um dos oficiais filisteus ofereceu a Dalila treze quilos de prata para descobrir o segredo de sua força sobrenatural. "Veja se você consegue induzi-lo a mostrar-lhe o segredo da sua grande força e como poderemos dominá-lo, para que o amarremos e o subjuguemos" (Juízes 16:5). Três vezes ela implorou para que ele lhe contasse a fonte secreta de sua força, e três vezes ele a ludibriou. Porém na quarta vez ela choramingou. Ela chorou. Ela manipulou. Ele enfraqueceu. Ele cedeu. Ele se rendeu.

Ouça as palavras dela e imagine o tom: "Como você pode dizer que me ama, se não confia em mim? Esta é a terceira vez que você me fez de boba e não contou o segredo da sua grande força". Você ouviu a voz de choramingo? Soa um pouco familiar a você? Pisaram no meu calo.

E então vem o versículo que me faz parar imediatamente: "Importunando-o o tempo todo, ela o esgotava dia após dia, ficando ele a ponto de morrer" (Juízes 16:15,16). Respiro profundamente. Ai, ai...

Infelizmente, Sansão contou a Dalila o segredo de sua força. Ele não podia mais aguentar a importunação.

"'Jamais se passou navalha em minha cabeça', disse ele, "pois sou nazireu, desde o ventre materno. Se fosse rapado o cabelo da minha cabeça, a minha força se afastaria de mim, e eu ficaria tão fraco quanto qualquer outro homem'" (Juízes 16:17).

Depois que Sansão revelou o segredo de sua força, Dalila o convenceu a colocar a cabeça no colo dela, o fez dormir e chamou os inimigos para vir e raspar-lhe a cabeça. A força de Sansão se esvaía a cada passada da lâmina. Ele foi amarrado, cegado e passou o restante de seus dias em cativeiro — tudo porque sucumbiu ao poder das palavras difamatórias de uma mulher.

Ah, o poder das palavras de uma mulher sobre o homem que a ama. Esse não é o único exemplo na Bíblia de uma mulher que usou suas palavras para fazer mal ao marido. Sarai usou suas palavras para convencer seu marido, Abrão, a dormir com sua serva em vez de esperar a promessa de Deus de prover um herdeiro por meio dela. Suas palavras resultaram no nascimento de Ismael e no consequente conflito entre as nações árabes e judaicas que ainda persiste. Eva usou suas palavras para convencer seu marido, Adão, a comer o fruto proibido. Suas palavras resultaram em pecado, condenação e morte espiritual para todo homem e mulher nascidos sob a maldição.

Agora, antes que você desanime com exemplos de como as mulheres usaram suas palavras de maneiras destrutivas, deixe-me dar-lhe um pouco de esperança. Assim como o pecado entrou no mundo pelas palavras de Eva, a salvação e a esperança entraram no mundo pelas palavras de Maria. Quando o anjo Gabriel se aproximou da jovem virgem e anunciou que ela conceberia um filho pelo poder do Espírito Santo, ela respondeu: "Sou serva do Senhor; que aconteça comigo conforme a tua palavra" (Lucas 1:38). Ela abraçou a vontade de Deus para sua vida e usou suas palavras para glorificá-lo em uma das mais belas canções de louvor registradas na Bíblia (veja Lucas 1:46-55). Três vivas para Maria!

As palavras podem debilitar um homem

Minha amiga Nancy, assim como Dalila, usou suas palavras para manipular e debilitar o marido. Contudo, ela não viu o dano que estava causando até ouvir suas palavras saírem da boca de outra pessoa. Deixemos Nancy contar a história nas próprias palavras poderosas:

Meu irmão Dan disse:

— Vou para casa! Suas rixas estão me deixando louco. Essa briga constante é mais irritante do que mastigar papel alumínio!

Eu defendi nosso comportamento:

— Ei, não é que discordamos em *tudo*. Ron e eu concordamos em todas as questões mais importantes. Raramente brigamos por "coisas importantes", como de que modo gastar nosso dinheiro, como criar o Nick ou quem é o melhor motorista (eu). São apenas as coisas pequenas que pegam para nós.

Ele suspirou e disse:

— Bem, estou cansado de ouvir você fazer guerra sobre onde colocar o toalheiro, a quais programas de TV assistir ou sobre quem deixou as luzes acesas. São todas coisas bobas. Nada disso vai importar daqui a um ano. Por que você teve de criticar o modo que ele aparou a grama? Eu sei que não ficou perfeito, mas você não poderia simplesmente deixar passar?

— Não! — respondi. — Temos visitas amanhã e quero que o quintal esteja perfeito. Então pedi para ele arrumar. Grande coisa! Nós nos casamos nos anos 70 e Helen Reddy me disse que eu tinha de rugir se quisesse ser ouvida, então eu rujo, e funciona, porque ele cortou a grama de novo e eu fui a vencedora.

Dan parou, meneou a cabeça e disse:

— Se continuar assim, você pode ganhar as discussões, porém vai perder seu marido.

Eu dei um tapa no braço dele e disse:

— Ah, pare de ser tão melodramático!

Na noite seguinte, Ron e eu saímos para jantar com alguns amigos que não víamos há vários anos. Nós nos lembrávamos de Carl como alguém divertido e extrovertido, mas ele parecia um tanto triste e exausto. Sua esposa, Beth, foi quem conversou mais. Ela nos contou sobre suas fabulosas conquistas no trabalho e depois gabou-se infinitamente dos filhos brilhantes que estavam na faculdade.

Ela não mencionou o marido, exceto para criticá-lo.

Depois que pedimos nosso jantar, ela disse:

— Carl, eu vi você flertando com aquela garçonete! — (Ele não estava.)

O PODER DAS PALAVRAS DE UMA MULHER

— Caarrrlll — esbravejou ela pouco mais tarde — você não consegue fazer nada certo? Você está segurando o garfo como uma criança! — (Ele realmente estava.)

Quando ele pronunciou errado um item do menu de sobremesas, sua esposa disse:

— Não é de admirar que você teve de desistir da faculdade. Não sabe ler!

Ela riu tanto que resfolegou, mas era a única que estava rindo.

Carl não respondeu. Ele apenas olhou para nós com o rosto inexpressivo e um olhar indiferente. Então, encolheu os ombros caídos e desviou o olhar.

O restante da noite foi ainda mais opressivo, visto que ela continuou a repreendê-lo e fustigá-lo acerca de quase tudo o que ele dizia ou fazia. Eu pensei: "Fico imaginando se *é assim que meu irmão se sente quando* eu critico Ron".

Nós nos despedimos de Beth e Carl e saímos do restaurante em silêncio. Quando entramos no carro, fui a primeira a falar:

— Eu pareço com ela?

Ron disse:

— Você não é *tão* ruim *assim*.

Perguntei-lhe:

— Sou ruim quanto?

— Um pouco ruim — respondeu ele quase sussurrando.

Na manhã seguinte, enquanto despejava água na cafeteira, olhei no meu calendário de "Frases famosas para esposas".

"A mulher sábia edifica a sua casa, mas com as próprias mãos a insensata derruba a sua." *Ou com sua própria boca*, pensei.

"A esposa briguenta é como o gotejar constante num dia chuvoso." *Como me tornei tamanha resmungona?*

"Coloca, Senhor, uma guarda à minha boca." *Oh, Senhor, mostre-me como!*

Enquanto eu colocava cuidadosamente as colheres de café descafeinado, sabor castanha e baunilha, no pote, lembrei-me do dia em que me esqueci do filtro. O café ficou amargo e repleto de grãozinhos intragáveis. Eu tive de jogar o café fora.

Então, de repente, eu entendi: *o café sem filtro é como meu discurso áspero e amargo.*

Eu disse: "Oh, Deus, por favor, instale um filtro entre meu cérebro e minha boca. Ajude-me a escolher minhas palavras com cuidado e falar em tons suaves e agradáveis. Obrigado por me ensinar a lição do filtro de café. Não a esquecerei".

Uma hora depois, Ron perguntou timidamente:

— O que você acha de colocar o sofá mais perto da janela? Será melhor para assistirmos à televisão.

Meu primeiro pensamento foi: "Essa ideia é estupida! O sofá vai desbotar se você o colocar *à* luz do sol e, além disso, você já assiste à TV demais".

Porém, em vez de a habitual resposta rápida, deixei os pensamentos grosseiros escorrerem pelo filtro recém-instalado e sorri dizendo:

— Essa pode ser uma boa ideia. Vamos experimentá-la por alguns dias e ver se gostamos. Eu ajudarei você a mudar o sofá de lugar!

Ele levantou a ponta do sofá num silêncio atordoante. Quando já estava no lugar, perguntou-me preocupado:

— Você está bem? Está com dor de cabeça?

Dei uma risadinha.

— Estou ótima, querido. Nunca estive melhor. Aceita uma xícara de café?

Ron e eu celebramos recentemente nosso vigésimo sétimo aniversário de casamento, e tenho o prazer de informar que meu "filtro" ainda está instalado, embora, eventualmente, ele dê uma vazada! Eu também expandi o princípio do filtro para além do meu casamento, e tenho visto que é incrivelmente útil quando falo com operadores de telemarketing, guardas de trânsito e adolescentes.[2]

Quando ouviu suas palavras saindo da boca de outra pessoa, Nancy ficou horrorizada e envergonhada. Talvez você tenha se sentido do mesmo jeito algumas vezes. Porém, graças a Deus, nós podemos ouvir, aprender e tomar a decisão de deixar para trás o espírito crítico e instalar, com segurança, o filtro da graça.

As palavras podem edificar um homem

Billy Graham foi um dos maiores evangelistas e líderes cristãos do nosso tempo. Durante toda a vida, sua missão de oferecer esperança por meio de um relacionamento com Jesus Cristo o levou a pregar ao vivo a um público que somou 210 milhões de pessoas em mais de 185 países. A partir de 2008, o público estimado ao longo de toda sua vida, incluindo rádio e televisão, superou 2,2 bilhões. O que começou numa sala de escritório em Minneapolis, Minnesota, em 1950, tornou-se a Associação Evangelística Billy Graham e tem levado o evangelho aos cantos mais distantes do mundo. E embora tenha sido celebrado por presidentes, imprensa e milhões de pessoas por sua paixão por pregar o evangelho, o senhor Graham foi rápido em dizer que era sua esposa, Ruth, quem merecia o elogio.

"Ruth e eu fomos chamados por Deus como uma equipe", disse ele. "Ela me aconselhava a ir enquanto dizia: 'Deus te deu o dom de um evangelista.

---

[2] Nancy Anderson, "I am a Woman: Hear Me Roar", 2004. Usado com permissão.

Estarei na retaguarda. Criarei nossos filhos e você viajará e pregará...'. Eu chegava em casa, e ela tinha tudo tão organizado e sob controle que todos eles pareciam me amar. Porém assim foi porque ela os ensinou a me amar."[3]

Sim, era ao rosto de Billy Graham e a seus sermões calorosos que as multidões assistiam, mas era Ruth, sua esposa, que dava a ele a coragem e a força para descer o longo caminho de acesso à garagem e deixar o lar para fazer o que Deus o chamou para fazer.

"Eles [os filhos] ficavam tranquilos com sua partida porque sabiam a razão de ele partir", recordou Ruth. [4] E como eles adquiriram esse entendimento profundo da razão de o papai partir? Por causa do poder das palavras de uma mulher de incutir a paixão pelo evangelho e a urgência da mensagem que o pai deles pregava. "Sem a parceria e o encorajamento de Ruth ao longo dos anos, meu próprio trabalho teria sido impossível", disse o senhor Graham.

Em 14 de junho de 2007, Ruth Bell Graham, essa maravilhosa mulher de Deus, que usou suas palavras para dar força e coragem a um menino que trabalhava no campo em Charlotte, Carolina do Norte, foi para o lar para estar com Deus. Em seu funeral, Billy Graham se levantou para agradecer ao Senhor pelo dom precioso de Ruth. "Minha esposa, Ruth, foi a mulher mais incrível que já conheci", disse ele. "Toda vez que me pediam para nomear o melhor cristão que eu havia conhecido, eu sempre dizia: 'Minha esposa, Ruth'. Ela era uma gigante espiritual cujo conhecimento inigualável da Bíblia e compromisso com a oração eram um desafio e inspiração a todos que a conheciam."[5]

---

[3] Da Billy Graham Evangelistic Association, *Billy Graham, God's Ambassador* (Nashville, TN: Word Publishing Group, 1999).

[4] Ibid.

[5] www.bgea.org/News_Article.asp?ArticleID=163.

Este é o poder das palavras de uma mulher para edificar um homem: ajudá-lo a ser tudo o que Deus almejou.

Meu dicionário define *encorajamento* como "o ato de inspirar os outros com coragem renovada, espírito renovado ou esperança renovada". De um modo belo, essas palavras descrevem o poder de Ruth Graham em relação ao marido.

"Sim, o amor acredita em tudo. Ele dá apoio aos sonhos aparentemente impossíveis, torcendo enquanto eles lutam para avançar e aplaudindo quando finalmente se tornam realidade."[6] Assim como Dalila usou as palavras para destruir o marido, Ruth usou as palavras para construí-lo. E nós também podemos fazê-lo.

As palavras podem devastar um homem

Talvez você esteja segurando este livro com pesar no coração porque sabe que as palavras que fala ao seu marido não têm sido amorosas, gentis, encorajadoras ou compassivas. Talvez você tenha se esquecido da emoção dos primeiros anos quando ele entrava no ambiente, o calor escaldante quando ele ligava ou a alegria emocionante de se tornar um quando corpo e alma se uniam. Talvez você perceba que suas próprias palavras construíram um muro entre os amantes em vez de uma ponte entre os amigos. A mudança é possível? Certamente!

Se você leu meu livro *Becoming the Woman of His Dreams: Seven Qualities Every Man Longs For* [Tornando-se a mulher dos seus sonhos: 7 qualidades que todo homem deseja], então você está familiarizada com a história de Don e Jona. Ela vivenciou uma mudança dramática no modo que falava com seu marido; contudo, quase que foi tarde demais.

---

[6] Extraído de Ed Wheat, *Love Life for Every Couple* (Grand Rapids, MI: Zondervan, 1980), p. 177.

Don tinha 27 anos quando Jona o conheceu em um retiro de outono da igreja realizado numa praia. Ela soube de cara que ele era exatamente o que ela sempre sonhara em um marido. Don tinha uma fé sólida em Deus, um bom emprego, um diploma universitário, motivação e sonhos para o futuro. Ele possuía boa condição física, era espirituoso, aventureiro, sexy e simplesmente lindo. Além disso, estava constantemente cercado por mulheres no retiro que disputavam sua atenção.

Jona mal pôde acreditar em sua sorte quando Don a convidou para sair ao retornarem do retiro para casa. Don e Jona namoraram apenas três meses até que ele a pedisse em casamento, e antes do retiro de praia da primavera, em 30 de março de 1985, eles eram marido e mulher.

O primeiro ano de casamento deles foi uma maravilhosa nuvem de jantares à luz de velas, de amor feito espontaneamente e de conversas intermináveis. A cereja do bolo do primeiro aniversário de casamento foi a compra da primeira casa deles. No segundo aniversário, Don deixou o emprego para iniciar o próprio negócio. A vida estava indo bem, num ritmo constante rumo à aquisição do sonho americano. No terceiro aniversário, Jona teve o primeiro filho e entrou nas estatísticas de "mães que ficam em casa". Porém, após 24 meses do novo empreendimento de Don, o casal se deparou com uma segunda hipoteca, uma conta bancária cada vez menor e empréstimos pessoais ameaçadores. Jona foi obrigada a voltar ao trabalho e sementes de descontentamento, desrespeito e desencanto começaram a criar raízes.

"Eu estava muito brava com Don pelos erros que eu sentia que ele havia cometido", explicou Jona. "No fundo, eu queria que ele fosse Deus e suprisse todas as minhas necessidades. Mas ele era um deus fraco. Quando minha mãe morreu, entrei numa depressão clínica. Passava a maior parte do tempo em casa, na cama. E embora eu tivesse dois filhos na época, deixei de ser mãe e de ser esposa. Então, comecei a comer... e comer. Passei de 63 para 108 quilos.

"Don e eu tivemos o noivado perfeito, um casamento lindo e uma lua de mel fantástica. Porém, quando vieram os obstáculos, eu não estava preparada. Eu pensava: 'Não devia ser assim. O que aconteceu com o conto de fadas?'.

"Embora Don mudasse de emprego a cada dois anos, ele sempre supriu nossas necessidades. O fato de ele não conseguir parar no mesmo emprego simplesmente me deixava maluca.

"Lembro de que um dia Don disse:

— Por que você está comendo e ganhando tanto peso?

Eu retaliei:

— Estou fazendo isso porque não quero que você me toque. Além disso, posso perder peso se quiser, mas você sempre será um perdedor.

"Pouco a pouco, palavra a palavra, olhar de raiva a olhar de raiva, rejeição a rejeição, iniciei o processo de destruir meu marido. Comentários como: 'Você é tão idiota', 'Não me diga!' e 'Você não consegue fazer nada certo?' esguichavam constantemente da minha boca. Eu estava sofrendo e queria que Don também sofresse. Certo dia, fiz uma lista de todos os defeitos dele. Don encontrou a lista, mas eu nem me importei."

Jona sempre pensou que, por ser um cristão, Don jamais a deixaria. No entanto, chegou um ponto em que ele não conseguia mais suportar a turbulência emocional. Em 6 de maio de 2001, Don partiu. Jona havia destruído a si própria, seu casamento e seu marido. Em 31 de janeiro de 2003, o resultado foi o divórcio.

"Pouco depois de Don partir, acordei com a voz mansa e delicada de Deus", explicou Jona. "Ele parecia dizer: 'É isso que você quer? Você quer o divórcio? Você quer que Don se case com outra mulher e que seus filhos se dividam entre passar o tempo em duas casas diferentes? Você quer ficar sozinha?'." "Oh, Deus", exclamei, "o que eu fiz?".

Embora Don e Jona estivessem oficialmente divorciados, Deus não havia terminado o processo com nenhum deles. Deus levou Jona a um lugar de arrependimento e começou a amolecer, remodelar e refazer seu coração. Isso é o que Deus faz. Ele não tenta encobrir nossas falhas; Ele começa do zero e nos faz novos. Embora o divórcio fosse definitivo, Deus estava apenas começando a trabalhar no coração de Jona.

"Deus me trouxe a um lugar de arrependimento", explicou ela. "Pela primeira vez, por meio de um grupo de apoio, vi claramente o que eu tinha feito para destruir meu casamento. Eu sempre culpara a frequente troca de emprego de Don por nossos problemas, mas o verdadeiro problema era minha falta de respeito pelo líder que Deus designara para meu lar. Eu era o verdadeiro problema, e Don simplesmente não foi capaz de suportar. Eu o rejeitara com minhas palavras, com minha aparência e com meu abandono do contato físico."

Podendo Deus ou não salvar o casamento, Jona firmou o compromisso de que ela permitiria que Deus a salvasse.

O coração de Jona ansiava por se unir novamente a Don, mas seu objetivo final era se tornar a mulher que Deus queria que ela fosse. Ela mergulhou no estudo bíblico e na oração, e começou a atentar para sua aparência. É curioso que à medida que os quilos começaram a diminuir, assim também começaram a diminuir as escamas que cobriam seus olhos.

"Comecei a entender o que a Palavra de Deus diz sobre o relacionamento entre marido e mulher. Eu não era o Espírito Santo de Don. Eu não era a líder do meu lar. Deus me chamou para respeitar Don como líder, honrá-lo como filho de Deus e amá-lo com todo o meu ser. Certo dia, quando Don veio buscar as crianças, compartilhei com ele o que estava aprendendo.

"Eu disse a Don que sabia que estávamos divorciados, mas que eu estava me comprometendo a me submeter a ele. Eu não o fiz quando estávamos casados, mas fiz a partir daquele momento."

— Legal, disse ele – mas você precisa saber que estou seguindo adiante com minha vida.

— Você pode seguir adiante — eu disse, — mas eu vou ficar exatamente aqui.

Jona continuou a encorajar Don e oferecer-lhe seu MELHOR.

"O MELHOR quer dizer abençoar, edificar, compartilhar e tocar", explicou ela. "Comecei a tocá-lo quando ele passava em casa. Eu dava um tapinha nas costas ou um breve abraço. Quando sabia que ele estava vindo, eu colocava um vestido bonito e arrumava o cabelo. Eu lhe dizia que estava orgulhosa do modo que ele estava lidando com as crianças e compartilhava com ele o que Deus estava me ensinando. Algumas pessoas lhe disseram que eu estava tentando enganá-lo e que ele deveria me ignorar, mas não se tratava de uma armadilha. Deus mudara meu coração e eu tinha o compromisso, não importava o que acontecesse entre nós no futuro, de jamais voltar a ser a mulher que eu fora antes.

— Sharon, eu odeio te dizer isso — disse ela —, mas pela primeira vez eu orei a favor do Don. Eu jamais havia orado por ele antes, mas agora eu oro por ele o tempo todo.

Jona perdeu 45 quilos e ganhou um semblante belo e iluminado. Foi incrível. Mais do que a mudança em sua aparência física, o esplendor de Jesus Cristo brilhou por meio de seu rosto radiante.

Certo dia, Don disse:

— Jona, você parece tão bem.

— Don, eu sei que pareço melhor, mas o que eu quero que você veja é meu coração.

— Eu vejo, Jona — disse ele com lágrimas nos olhos —, mas estou seguinte em frente.

Jona sabia que Don havia conhecido outra pessoa, e embora jamais tivesse dito uma palavra desencorajadora acerca de seu novo relacionamento, ela continuou a amar Don e deu-lhe o seu MELHOR. Quando sua mente se direcionava à outra mulher, Deus sussurrava: "Você não precisa saber os detalhes. Deixe comigo. Simplesmente o ame".

Don ficava confuso às vezes e um pouco desconfiado da mudança.

— Por que de repente você acha que eu sou maravilhoso? — ele perguntou a ela.

— Porque agora eu te vejo pelos olhos de Deus — explicou ela. — Vejo que você é um homem maravilhoso.

Don se apaixonou por Jona novamente. Não, não era uma armadilha, era um milagre. Deus lhes deu uma segunda chance. Eles se casaram novamente em 24 de agosto de 2003. Ele é o Deus das segundas chances.

Queridas amigas, Jona permitiu-me gentilmente contar sua história porque ela decidiu que fará qualquer coisa para ajudar nem que seja uma única mulher a não cometer os mesmos erros que ela cometeu. Ela chorou muito durante todo tempo em que contou a história novamente e reviveu a dor por você. "Deus permitiu que eu fosse a um lugar terrível", explicou Jona. "Minha oração é para que outras mulheres não precisem ir àquele lugar antes de acordarem e perceberem o que estão fazendo com seus maridos." [7]

---

[7] Extraído de Sharon Jaynes, *Becoming the Woman of His Dreams* (Eugene, OR: Harvest House Publishers, 2005), p. 42-44, 69-73.

Se vir um vestígio de você mesma na história de Jona, saiba que nunca é tarde demais para mudar! Da morte, Deus traz vida, e Ele pode certamente nos dar o poder de mudar a maneira como falamos. Tenha ânimo, minha amiga. Se você estiver disposta a usar suas palavras para comunicar vida ao seu casamento, Ele é mais do que capaz de lhe dar poder para fazê-lo.

As palavras podem motivar um homem

Susan assistiu a uma aula sobre como valorizar o marido. Parte da tarefa da semana seguinte era dizer-lhe acerca de algo que ela admirava nele. Seu marido era muito bonito, mas durante todos os anos que viveram juntos, ela jamais expressara sua admiração em palavras. Era um passo grande para ela, e não sabia bem como começar, embora amasse o marido. Naquela noite, enquanto ele lia o jornal, ela sentou-se ao seu lado no sofá e começou a lhe acariciar o braço. Depois de certo tempo, ela deteve-se à altura do bíceps e apertou. Ele flexionou inconscientemente o músculo e ela disse: "Oh, eu não sabia que você era tão musculoso!". Ele largou o jornal, olhou para ela e perguntou: "O que mais?". Ele estava tão faminto pela admiração de sua esposa que queria ouvir mais.

E quanto ao seu homem? Quando foi a última vez que você disse que amava seu sorriso ou admirava seu talento? Você não consegue se lembrar? Bem, hoje pode ser o dia! Essa é a sua lição de casa. Use suas palavras para edificar seu marido. Se você precisar de um empurrãozinho, vá para o final do capítulo e veja as palavras que seu marido deseja ouvir.

Sophia usava suas palavras para erguer e motivar o marido. Certo dia, ele chegou em casa muito desanimado e derrotado. Ele acabara de perder o emprego e estava com medo de dar a má notícia à esposa. Porém, depois de ele explicar a situação, Sophia teve uma reação inesperada. Ela estava empolgada, na verdade!

— Agora — disse ela triunfantemente enquanto batia palmas de alegria — você pode escrever seu livro!

— Sim — respondeu o homem, com uma confiança vacilante — e do que viveremos enquanto escrevo?

Para sua surpresa, ela abriu uma gaveta e tirou uma quantia substancial de dinheiro.

— Onde foi que você conseguiu isso? — ele exclamou.

— Eu sempre soube que você era um homem excepcional — disse-lhe ela. — Eu sabia que um dia você escreveria uma obra-prima. Por isso, toda semana eu guardava um pouquinho do dinheiro que você me dava para as coisas da casa. Há o suficiente para nos suprir por um ano inteiro.

De sua confiança, certeza e palavras de encorajamento surgiu um dos maiores romances da literatura americana. Aquele foi o ano em que Nathaniel Hawthorne escreveu *A letra escarlate*.[8]

Que sonhos seu marido tem escondido nos recônditos do coração? De que modo você pode usar suas palavras para mostrar-lhe que você acredita nele e para ajudar a tornar esses sonhos realidade? Pode ser que tudo o que ele precisa é ouvir suas palavras: "Eu acredito em você".

As palavras podem cativar um homem

O livro de Provérbios tem muito a dizer sobre esposas e palavras:

> Como anel de ouro em focinho de porco, assim é a mulher bonita, mas indiscreta (Provérbios 11:22).

> A esposa briguenta é como uma goteira constante (Provérbios 19:13).

---

[8] Jack Cranfield e Mark Victor Hansen, "Encouragement", de *Chicken Soup for the Soul* (Deerfield Beach, FL: Health Communications, Inc., 1993), p. 213.

O PODER DAS PALAVRAS DE UMA MULHER

Melhor é viver num canto sob o telhado do que repartir a casa com uma mulher briguenta (Provérbios 21:9; vale a pena repetir, Provérbios 25:24).

Melhor é viver no deserto do que com uma mulher briguenta e amargurada" (Provérbios 21:19).

A esposa briguenta é como o gotejar constante num dia chuvoso; detê-la é como deter o vento, como apanhar óleo com a mão (Provérbios 27:15,16).

Bem, isso é o bastante!

O livro de Provérbios começa com um pai advertindo o filho sobre os caminhos das mulheres perversas e termina com uma mãe ensinando ao filho as bênçãos de encontrar uma esposa piedosa.

Uma esposa exemplar; feliz quem a encontrar! É muito mais valiosa que os rubis.

Seu marido tem plena confiança nela e nunca lhe falta coisa alguma. Ela só lhe faz o bem, e nunca o mal, todos os dias da sua vida [...]. Seu marido é respeitado na porta da cidade, onde toma assento entre as autoridades da sua terra [...]. Seus filhos se levantam e a elogiam; seu marido também a elogia, dizendo: "Muitas mulheres são exemplares, mas você a todas supera" (Provérbios 31:10-12,23,28,29).

Você não consegue enxergar agora? Seu marido está sentado em sua escrivaninha, perdido em pensamentos de como é abençoado por tê-la como esposa. Ele segura um porta-retrato com sua foto e seus olhos começam a se encher d'água. Ele está encantado. *Todas as riquezas do mundo não devem ser comparadas à joia que tenho nesta mulher. O que fiz para merecê-la? Deus me deu tamanho presente. Por toda nossa vida de casados, tudo que ela fez foi* me amar, estimular o que há de melhor em mim e buscar o meu bem. Todos os rapazes do escritório têm inveja do nosso relacionamento. Eu vejo a forma como seus olhos embrandecem quando ela passa apenas para dizer olá, segura minha mão quando estamos trabalhando no escritório, ou me dá um beijinho no rosto sem motivo aparente. Percebo que suas palavras amorosas a mim estão em completo contraste com alguns dos comentários cortantes de outras esposas... e de meus amigos também. Eu olho para as conquistas da minha vida, mas ter essa mulher como minha esposa é a maior delas. Claro, há muitas mulheres no mundo que estão realizando grandes coisas, mas minha esposa... bem, ela supera todas elas.*

Que retrato! Essa é a mulher que eu quero ser. Nossas palavras têm o poder de fazer com que seja assim.

Palavras repletas de poder

Vinte e cinco coisas que um marido espera jamais ouvir:

- Eu falei pra você.
- Você está sempre de mau humor.
- Você simplesmente não pensa.
- É tudo culpa sua.
- O que está acontecendo com você?
- Tudo que você faz é reclamar.
- Não consigo fazer nada que agrade você.
- Quem semeia vento colhe tempestade.
- Você deveria ter pensado nisso antes.
- Você nunca me ouve.
- Tudo o que importa é você mesmo.

- Eu não sei por que eu aguento você.
- Posso falar com você até ficar roxa de raiva e não adianta nada.
- Se você não gosta, é só sair pela porta.
- Que coisa idiota.
- Qual é o seu problema?
- Você acha que sempre está certo.
- Você não é meu dono.
- Você nunca me ajuda com as coisas da casa.
- Quem você pensa que é?
- Você é impossível.
- O que você quer agora?
- Você é um bebezão.
- Tudo se resume a você, não é?
- Quantas vezes eu tenho que dizer isso pra você?

Vinte e cinco coisas que um marido anseia por ouvir:

- Eu pensei em você o dia todo.
- O que eu posso fazer por você hoje?
- Como posso orar por você hoje?
- A melhor parte do meu dia é quando você chega em casa.
- Você é um dos presentes mais preciosos de Deus para mim.
- Obrigada.
- Sinto muito.
- Você é tão maravilhoso.
- Você está tão bonito hoje.
- Você abrilhanta mais o meu dia.

- Não me sinto completa sem você.
- Você é meu melhor amigo.
- Eu amo passar tempo com você.
- Obrigada por cuidar tão bem de mim.
- Você é meu cavaleiro de armadura brilhante.
- Eu sempre vou amar você.
- Eu confio em suas decisões.
- Eu sempre posso contar com você.
- O que você gostaria de fazer?
- Valorizo cada momento em que estamos juntos.
- Eu vejo as impressões digitais de Deus em você todo.
- Você é uma inspiração para tantas pessoas.
- Você é um pai tão maravilhoso.
- Você poderia dar aulas de como ser um ótimo marido.
- Acredito em você.

6

VENHA SENTAR-SE AO MEU LADO

O PODER DAS PALAVRAS DE UMA MULHER ÀS SUAS AMIGAS

Encorajamento é oxigênio para a alma.
GEORGE MATTHEW ADAMS

Foi o pior telefonema da vida de Ann.

— Olá.

— Oi, mãe. É o Hugh.

— Olá, filho. O que há que você está me ligando no meio do dia? Está tudo bem?

— Não, não está. Você pode vir aqui?

Impotente, a mãe de Hugh o assistia afundar numa depressão profunda durante o verão que sucedeu o primeiro ano de faculdade do filho. Uma nuvem escura tragou suas emoções, e ele não conseguia ver uma saída ou senti-la. Ann e seu marido deram o que pensavam ser passos positivos para ajudar, mas quando levaram Hugh de volta à escola no outono seguinte, tudo em Ann clamava para que pudesse envolver o filho em seus braços e o manter por perto.

Três meses depois, a escuridão ficou tão desoladora que Hugh soube que estava com problemas e se internou em um hospital. Tentando ser um raio de luz do sol a penetrar na escuridão, Ann mudou-se para um apartamento mobiliado próximo ao campus e abriu suas asas como um lugar seguro para ele se curar. Eles terminaram o semestre juntos.

Por que estou contando a você essa história em uma seção sobre amigas? Porque Ann disse que ela não poderia ter superado aquele ano difícil sem um presente incrível de Deus... sua amiga Mary.

"Deus enviou Mary para ser suas mãos e pés, braços que abraçam, ouvido que ouve, e uma amiga encorajadora", recorda Ann. "Foi Mary quem fez as reservas de hotel para meu marido e eu enquanto nos dirigíamos rapidamente ao hospital. Foi Mary quem clamou a Deus por nós quando eu estava cansada demais para me ajoelhar. Foi Mary quem me lembrou de que Deus ainda estava em seu trono e que Ele foi bom quando eu tive momentos de dúvida. Foi Mary quem entendeu porque já havia passado por aquilo ela mesma."

"Quando eu não sabia o que se passava na cabeça de Hugh, Mary podia me dizer o que havia se passado na dela quando lutou contra a depressão", continuou Ann. "Quando Hugh não tinha esperança de que a vida pudesse ser diferente do que era naquele momento, foram as palavras de Mary, uma companheira de viagem e amiga, que provaram o contrário. Quando senti o desespero tomar conta de mim com suas amplas pinceladas de cinza, Mary me garantiu que melhoraria e que as cores brilhantes acabariam retornando."

Emily Dickinson disse certa vez: "A esperança é uma coisa com penas que se empoleira na alma, e canta a melodia sem palavras, e jamais para". Podemos ser a canção de esperança quando uma amiga esquece a melodia do seu coração. Mary era aquela amiga para Ann. Esse é o poder das palavras de uma mulher para suas amigas.

A amizade foi ideia de Deus

Já vimos que quando Deus disse: "Não é bom que o homem esteja só", Ele criou a mulher (Gênesis 2:18). E embora não esteja na Bíblia, acho que Ele deve ter pensado: "Não é bom que a mulher esteja só", então Ele criou amigas. Ao longo da Bíblia, vimos como Deus uniu mulheres com o objetivo de apoio mútuo e comunhão. Assim como trouxe Maria a Isabel e Rute a Noemi, Ele ainda une as mulheres com o objetivo de apoio mútuo, prestação de contas e amizade com laços que duram a vida toda.

Noemi, na Bíblia, foi uma mulher que perdeu tudo o que era importante para ela, exceto sua amiga mais próxima. Ela era uma jovenzinha quando conheceu e se casou com Elimeleque, cujo nome significava "Deus é Rei", e ela sabia que ele sempre serviria ao Deus vivo de Israel. O jovem casal teve dois filhos, cujos nomes sugeriam que eles decepcionariam um pouco: Malom significava "débil ou fracote" e Quiliom significava "abatido".

Quando os meninos ainda eram jovens, uma fome atingiu os arredores de Belém, e a cidade cujo nome significava "Casa do Pão" não tinha pão para alimentar os seus. Então, Elimeleque juntou sua família de quatro e partiu para Moabe na esperança de dias melhores.

Não temos certeza dos detalhes que se seguiram, mas sabemos que os dois rapazes se casaram com mulheres moabitas. Nos dez anos seguintes, Elimeleque, Malom e Quilion morreram deixando Noemi sozinha com suas duas noras moabitas. Triste, derrotada e desanimada, Noemi decidiu voltar para sua terra natal e seu povo. A fome havia acabado e, embora não houvesse esperança de ter netos para levar o nome de sua família, ou um marido ou filho para cuidar dela no crepúsculo da vida, pelo menos ela estaria entre rostos familiares.

— Meninas — disse Noemi certo dia —, ouvi notícias da minha terra natal. Deus se lembrou de Belém e a fome passou. Não há razão para eu ficar em Moabe e decidi voltar para a terra do meu povo. Quero que vocês duas voltem para a casa de suas mães e encontrem outros rapazes bons para se casar. Eu oro para que Deus seja tão gentil com vocês quanto vocês têm sido comigo.

Noemi beijou cada uma das meninas enquanto elas pranteavam.

— Nós voltaremos com você para o seu povo — clamavam elas.

— Não, minhas filhas — disse Noemi. — Voltem para casa. Não há razão para vocês virem comigo. Eu sei que é costume vocês se casarem com outro filho na família se o marido morrer, mas eu não terei mais filhos. Mesmo que os tivesse, eu não iria querer que vocês esperassem até que eles tivessem idade suficiente para se casar. Agora, voltem para a casa da mãe de vocês. Essa é a melhor solução. A mão do Senhor se voltou contra mim. Meus sonhos estão enterrados com Elimeleque, Malom e Quilion.

As duas mulheres amavam muito a sogra e choraram amargamente. Depois do que pareciam horas, uma delas, Orfa, deu um beijo de despedida na sogra e deu meia-volta para partir. A outra, Rute, agarrou-se às vestes de Noemi e implorou para ir com ela.

"Não insistas comigo que te deixe e não mais a acompanhe. Aonde fores irei, onde ficares ficarei! O teu povo será o meu povo e o teu Deus será o meu Deus! Onde morreres morrerei, e ali serei sepultada. Que o Senhor me castigue com todo o rigor, se outra coisa que não a morte me separar de ti!" (Rute 1:16,17).

Noemi e Rute sabiam que a maioria dos israelitas desprezava os moabitas. Os israelitas jamais haviam perdoado os moabitas por contratar Balaão para amaldiçoá-los depois que eles deixaram o Egito rumo à Terra Prometida, muitos anos antes (Números 22:1-6). Contudo, apesar da oposição que sabia que enfrentaria, Rute ainda queria ir e cuidar de sua amiga.

Então, Noemi cedeu e permitiu que Rute voltasse com ela. Depois de uma árdua jornada, as mulheres, cobertas de poeira e exaustas, chegaram ao seu destino. As duas causaram uma grande comoção, e as pessoas da cidade começaram a sussurrar entre si: "Poderia ser Noemi? Parece com ela, mas não é".

Ela estava tão deprimida que seu próprio semblante encobria a mulher que fora antes. Noemi ouvia os sussurros ao passar e parar pelo caminho. "Mas ela respondeu: Não me chamem Noemi [que significa *agradável*], chamem-me Mara [que significa *amarga*], pois o Todo-poderoso tornou minha vida muito amarga! De mãos cheias eu parti; mas de mãos vazias o SENHOR me trouxe de volta. Por que me chamam Noemi? O Senhor colocou-se contra mim! O Todo-poderoso me trouxe desgraça!" (Rute 1:20,21).

Imagino que Rute sentiu uma fisgada no coração com as palavras "de mãos vazias o SENHOR me trouxe de volta". Parte dela deve ter pensado: "E eu? Eu não valho para alguma coisa?" Porém, outra parte dela sabia que Noemi estava falando sobre sua perda e dor. Noemi estava cega pela amargura e não reconhecia a esperança que caminhava ao seu lado na forma de uma moabita.

Por todo o livro de Rute, vemos como Deus usou essa nora para encorajar sua amiga desesperada. Ela saiu ao campo para colher cevada para alimentá-la, ela ofereceu um ouvido atento para consolá-la e palavras para acalmá-la. Deus até usou Rute para refrescar a memória de Noemi e lembrá-la de que ela não estava sozinha no mundo. Ela tinha um parente resgatador chamado Boaz, um parente distante que estava mais do que disposto, sim, até mesmo ansioso, para cuidar dela. Boaz casou-se com a viúva Rute e juntos eles colocaram esperança nos braços de Noemi: um bebê chamado Obede. Talvez você não esteja familiarizado com o nome Obede, mas aposto que já ouviu falar de seu neto, o rei mais poderoso da história de Israel, o rei Davi.

Suspeito que Noemi pediu aos seus amigos que parassem de chamá-la de Mara depois de Rute ter se casado com Boaz e lhe dado um neto. Imagino que ela reivindicou seu título de "agradável". Seus amigos proclamaram:

"Louvado seja o SENHOR, que hoje não a deixou sem resgatador! Que o seu nome seja celebrado em Israel! O menino lhe dará nova vida e a sustentará na velhice, pois é filho da sua nora, que a ama e que lhe é melhor do que sete filhos" (Rute 4:14,15).

Quando Noemi voltou à cidade, seus velhos conhecidos ficaram surpresos com sua aparência abatida. Ela saiu casada e rica, mas voltou para casa viúva e pobre. Não vemos, no entanto, nenhum sinal de que eles se ofereceram para aliviar sua dor ou auxiliar em sua situação. Espalhavam fofocas, mas não levantavam um dedo para aliviar a carga dela.

Ao contrário disso, Rute nos dá um exemplo maravilhoso de como cuidar de um amigo cujo espírito está desolado. Ela não repreendeu Noemi dizendo-lhe para "reagir", não a admoestou lembrando-a de tudo o que ela tinha para agradecer, ou a envergonhou dizendo-lhe para parar de sentir pena de si mesma. Ela não a censurou com palavras do tipo: "Você não é a única que sofre por aqui, sabe? Eu também perdi meu marido!".

Não, Rute amava Noemi incondicionalmente, cuidava dela incessantemente e a apoiava generosamente. Rute é um exemplo maravilhoso das palavras de Paulo aos gálatas: "Alegrem-se com os que se alegram; chorem com os que choram" (Romanos 12:15). Curiosamente, Rute significa "amiga".

Você já reparou que pessoas feridas ferem pessoas? Muitas vezes, um amigo que está sofrendo pode lançar palavras como dardos, e o mundo inteiro se torna o alvo. Uma mulher sábia estende graça a uma amiga ferida sabendo que suas palavras estão sendo filtradas por uma peneira de dor. Imagino que Rute aguentou mais do que ser ignorada... talvez ela também tenha servido de alvo de palavras agudas. Contudo, ela foi persistente e coerente em seu amor por Noemi.

Gálatas 6:2 diz: "Levem os fardos pesados uns dos outros". A palavra *fardos* é traduzida mais corretamente como "sobrecargas".[1] É mais do que

---

[1] Charles Caldwell Ryrie, *Ryrie Study Bible* (Chicago, IL: Moody, 1977), p. 1778.

simplesmente ter muitas tarefas a cumprir, uma casa suja que precisa ser limpa ou uma pilha interminável de roupa para lavar. Uma sobrecarga é quando as cargas da vida se tornam pesadas demais para uma pessoa carregar sozinha, tais como a perda do cônjuge, a morte de um familiar, a rebelião de um adolescente, a demissão do emprego, o laudo ruim de uma biópsia ou uma doença crônica.

Rute nos dá um exemplo de como carregar a carga de alguém. Ela cuidou das necessidades emocionais de Noemi simplesmente ficando com ela, cuidou de suas necessidades físicas fornecendo comida e de suas necessidades espirituais lembrando-a da providência de Deus. Tudo começou com suas palavras, uma declaração de determinação e amor: "Não insistas comigo que te deixe e não mais a acompanhe. Aonde fores irei, onde ficares ficarei! O teu povo será o meu povo e o teu Deus será o meu Deus! Onde morreres morrerei, e ali serei sepultada" (Rute 1:16,17). Em outras palavras: "Noemi, eu não vou deixar você. Pode esquecer isso. Você é minha amiga, e eu estou neste relacionamento por longo prazo. Você não pode se livrar de mim simplesmente mudando de cidade. Vou contigo!".

As circunstâncias de Noemi eram desesperadoras, mas qualquer amizade vivenciará períodos em que alguém passa por um período de escassez durante o qual não pode acrescentar muito ao relacionamento. O teste de um verdadeiro amigo é se podemos ou não amar o suficiente para esperar passar. Walter Winchell disse certa vez: "O amigo é aquele que vem quando os outros se vão".

E se uma amiga ferida afastar você como Noemi tentou afastar de sua vida as duas noras? Podemos escolher, como Orfa, dar meia-volta e ir embora. Ou podemos escolher, como Rute, ficar perto.

Rute estava sofrendo e, ainda assim, era capaz de se concentrar em sua querida amiga. Ela viveu à altura de seu nome. Ela nos dá um exemplo vívido de como segurar um guarda-chuva emocional sobre uma amiga durante as tempestades da vida.

Deus ainda une as mulheres com o objetivo de apoio mútuo, prestação de contas e amizade com laços que duram a vida toda.

Palavras que revigoram o cansado

Quando eu era adolescente, fui mergulhar com alguns amigos. Eu não tinha treinamento e provavelmente não deveria ter entrado em águas profundas, mas eu era adolescente e joguei a cautela ao vento. O cara que me levou para o fundo, um outro adolescente, devo acrescentar, prendeu um cilindro de oxigênio nas costas com um cinto, colocou uma máscara no rosto e nadadeiras nos pés. Eu tinha somente uma máscara e nadadeiras.

— Onde está meu oxigênio? — perguntei.

— Está aqui comigo — respondeu ele dando um tapinha no cilindro que estava em suas costas.

Assim, pulamos no oceano. Ele passou o braço em volta da minha cintura como se eu fosse um saco de batatas e descemos. John puxou oxigênio do cilindro e então me passou o aparelho de respiração. Nós revezamos respirando o oxigênio, o que ele chamou de "respiração amiga". Então, ocorreu-me que eu estava totalmente dependente daquele garoto para me manter viva!

Esta não foi uma ideia muito inteligente, mas me deixou uma ótima lição de vida... "Respiração amiga". Por toda a minha vida, as palavras dos meus amigos foram como oxigênio quando senti como se estivesse me afogando. Ainda hoje, tenho registradas em minha mente as palavras doadoras de vida que me foram dadas quando senti que estava me asfixiando.

No Ensino Médio, viajei para a Europa com um grupo de estudantes para estudar no exterior. Minha família estava desmoronando e parecia uma boa hora para fazer uma pausa de toda aquela tensão. A parte difícil foi deixar meus grupos de amigos cristãos sólidos que constantemente me revigoravam e me mantinham livre de dificuldades. Deus, porém, estava tentando me ensinar a nadar sozinha.

Antes de partir, meu grupo de amigas cristãs me deu um presente. Elas pegaram um frasco grande de remédio e o encheram com um remédio caseiro. Um rótulo escrito à mão foi afixado na parte externa com as seguintes instruções:

Para: Srta. Sharon Edwards PBP 71240

Tome conforme necessidade para se sentir mais alegre.

Pode ser seguido de oração e fé para um alívio mais rápido.

Vitamina LSma

Responsável técnico: IC

Dentro do frasco de remédio havia 100 versículos bíblicos escritos em tiras de papel no formato de rolos de pergaminho. Esses versículos foram meu remédio. Os "responsáveis técnicos" foram minhas **I**rmãs em **C**risto, e as vitaminas eram da marca **L**ouve ao **S**enhor **m**esmo **a**ssim. Esse presente do coração me foi dado há mais de quarenta anos, e eu o carreguei comigo durante o Ensino Médio, a faculdade, o casamento e em muitas outras situações. Guardo esse frasco de amor comigo em cada encruzilhada e em cada curva na estrada. Esse é o poder das palavras de uma mulher para suas amigas. Não sabemos de que modo um pequeno ato de bondade tocará o coração de alguém pelos muitos anos por vir.

Kim descobriu esse fato simples quando estava descendo ao fundo de seu mar emocional. "Provavelmente, eu estava no lugar mais baixo, emocional e espiritualmente, que já estivera desde que convidei Jesus para entrar em meu coração", explicou Kim. "Eu chamo isso de meu 'tempo de sepultura', um tempo de solidão, escuridão e morte."

Deus parecia distante e alheio para Kim, e a vida simplesmente não estava saindo do jeito que ela esperava. Ela duvidava de suas habilidades, de sua fé e de seus relacionamentos.

"Neste período, dei de cara com uma velha amiga que não via há muito tempo", continuou Kim. "Eu a admirava muito. Sue era alguns anos mais velha do que eu, e era exatamente o tipo de mulher que eu sempre quis ser. Ela percebeu meu semblante triste e me perguntou o que estava acontecendo na minha vida. Compartilhei os detalhes da minha dor, e ela me envolveu em seus braços e em oração."

Alguns dias depois, Kim recebeu uma carta de Sue. Ela citava Isaías 42:3: "Não quebrará o caniço rachado, e não apagará o pavio fumegante". No final da carta, Sue escreveu quatro palavras simples e poderosas: "Eu acredito em você".

"Chorei ao ler essas palavras", recordou Kim. "É incrível como lágrimas ainda vêm aos meus olhos quando penso nessas palavras hoje. Eu não conseguia acreditar em mim mesma, mas essa mulher, a quem eu amava e admirava, acreditava em mim. Essas palavras me colocaram numa rota de esperança de que de alguma forma a vida melhoraria... e melhorou. Deus é fiel, e sou muito grata por Ele ter enviado Sue para me dar esperança. Ainda hoje, quando me sinto ferida ou percebo que minha luz está meio apagada, sinto as mãos de Deus me envolvendo para evitar que eu me esfacele ou que minha luz fraca se apague, e me lembro de que minha querida amiga acredita em mim. As mãos de Deus e o coração de Sue são tudo de que preciso para continuar até que o sol volte a brilhar. Lembro-me do poder dessas palavras e as tenho dito e escrito a outras pessoas, esperando que elas também sejam encorajadas a continuar."

Enquanto Kim me contava sua história, lágrimas brotavam em seus olhos. O episódio se passara 27 anos atrás.

Tenho percebido, ao longo dos anos, que uma amiga verdadeira é alguém que sabe o que preciso antes mesmo de eu pedir. Ela é alguém que se oferecerá para colaborar e me ajudar quando percebe que estou ficando exausta. Uma verdadeira amiga jamais enxerga a bagunça em minha casa, mas, sim, o amor em meus olhos. Ela ouve sem julgar, mas me corrige quando vê que estou me desviando da rota. Ela jamais ridiculariza meus filhos ou meu marido e me encoraja a amá-los mais. Ela não diz simplesmente: "Vou orar por você", mas sim: "Vamos parar e orar agora mesmo". Uma verdadeira amiga diz: "Acredito em você e serei a primeira a comemorar sua conquista!".

O rei Salomão pintou um belo retrato do poder das palavras de uma mulher às suas amigas em Eclesiastes 4:9,10,12:

> É melhor ter companhia do que estar sozinho, porque maior é a recompensa do trabalho de duas pessoas. Se um cair, o amigo pode ajudá-lo a levantar-se. Mas pobre do homem que cai e não tem quem o ajude a levantar-se! [...] Um homem sozinho pode ser vencido, mas dois conseguem defender-se. Um cordão de três dobras não se rompe com facilidade.

Podemos abraçar uma amiga com palavras que aqueçam a alma fria, com palavras que preencham o coração vazio e com palavras que a levantem quando estiver caída imóvel, sentindo-se derrotada. Estou tão feliz que a amizade foi ideia de Deus.

Palavras que fortalecem os fracos

Era apenas uma pontinha de saco de juta despontando do solo, mas para nossa golden retriever, Ginger, tratava-se de um desafio que precisava ser vencido.

O PODER DAS PALAVRAS DE UMA MULHER

Logo depois de plantar um bordo em nosso quintal, saímos de férias. Foi a primeira vez que deixamos Ginger sozinha em casa; uma vizinha a alimentou e cuidou dela enquanto estávamos fora. No segundo dia de nossa viagem, liguei para Cathy para saber como Ginger estava.

— Bem, Ginger está bem — relatou Cathy. — Mas sabe aquela árvore que vocês plantaram na semana passada? Ela desenterrou!

— Ela fez o quê?! — exclamei.

— Ela desenterrou. A árvore está tombada lá no quintal.

Quando chegamos em casa, fomos até a árvore tombada. Ginger abaixou o rabo e esgueirou-se para a garagem.

Quando plantamos a árvore, deixamos um pedacinho de saco de juta exposto em volta do torrão. Ginger percebeu aquele resto de saco despontando do solo e o desejou... muito. Várias vezes, a pegamos passando a pata no pedacinho de saco e a repreendemos com um duro "Não!". Ela inclinava a cabeça, saía de fininho e esperava por um momento mais oportuno.

Imagino que o momento em que nos viu colocando as malas no carro e saindo da garagem, ela caminhou na ponta dos pés até a árvore proibida e começou a cavar. (Os cães conseguem andar na ponta dos pés? Acho que sim.) Ela deve ter cavado por horas, com toda sua vitalidade, espalhando sujeira para todo lado. "Eu tenho que chegar até o fundo desse negócio", ela deve ter pensado. Tem de ficar exposto!"

Ela finalmente cumpriu sua missão, e o saco de juta ficou totalmente descoberto! Exposto! Claro, ela não pensou na árvore que derrubou nesse meio tempo. A questão jamais foi a árvore.

Enquanto olhava o pobre bordo que jazia indefeso sob o sol escaldante do verão, pensei em quantas amigas, e eu naquele caso, estiveram no mesmo estado: tombadas e deixadas a murchar sob o calor de olhares ferozes. Talvez, uma pessoa tenha uma pequena falha que desponte na superfície de seu caráter, então, alguém vem e decide que a falha é um incômodo e precisa ser exposta a todo custo. Esse alguém começa a cavar e cavar, e espalha sujeira para todo lado sem pensar no que toda essa escavação está causando ao coração da pessoa. Antes que você perceba, o saco de juta áspero, a falha feiosa de caráter, está desenterrada e exposta para todos verem. E a vítima dessa escavação é tombada no processo. Sem vida, ferida, exposta, e com que propósito? Para satisfazer a determinação obstinada de alguém de desenterrar uma pequena imperfeição?

Há momentos em qualquer amizade em que o confronto é necessário, mas devemos sempre nos certificar de que o confronto seja envolto em oração e amarrado com a fita do amor. Se tivermos algum deleite, seja qual for, no processo, devemos parar e rever nossos motivos e nossa atitude.

Ann Hibbard, em seu livro *Treasured Friends* [Amigas estimadas], descreve a diferença entre uma amiga que tende a descobrir informações sobre nós e uma que tenta nos apoiar e evitar que caiamos:

> A verdadeira amiga é alguém que buscamos para nos apoiar. Ela está sempre no nosso time, nos encorajando para a vitória. Quando temos um problema, ela não tenta resolvê-lo para nós. Ao invés disso, ouve e expressa sua solidariedade. Quando nosso ponto de vista se distorce pela autopiedade, ela nos encoraja, não com respostas forçadas, mas nos apontando gentilmente para a verdade.

Jamais há uma insinuação de crítica vinda de uma verdadeira amiga. Isso não significa que às vezes ela não diga coisas duras. Ela é quem faz as perguntas difíceis. Sabemos, porém, que suas intenções para conosco são somente boas. Qualquer um pode dizer o que queremos ouvir. Uma amiga verdadeira nos diz o que precisamos ouvir. Contudo cada palavra é gerada por amor.[2]

---

[2] Ann Hibbard, *Treasured Friends* (Grand Rapids, MI: Baker, 1997), p. 16-17.

Steve e eu removemos delicadamente o que ainda restava do saco de juta preso ao torrão e colocamos o bordo cuidadosamente de volta no solo preparado, ajeitando a terra carinhosamente ao redor das raízes ressecadas. Então, por causa do estado debilitado da árvore, nós a sustentamos com cordas presas a três estacas fincadas no chão. Reguei diariamente o bordo abatido sem saber se ele se recuperaria do trauma. No final, a árvore não somente sobreviveu, mas vicejou.

Oh, se fizéssemos o mesmo por nossas amigas que estão "tombadas". Quando vimos uma amiga que foi ferida por palavras, podemos ampará-la cuidadosamente, firmar amorosamente suas raízes de volta no bom solo da Palavra de Deus, envolvê-la gentilmente com bondade e regá-la diariamente com oração. Quem sabe você possa ajudá-la não só a sobreviver, mas também a vicejar?

Felizmente, Ginger deixou a árvore em paz depois desse episódio. Afinal de contas, para começar, ela jamais se importou com a árvore.

Palavras que permanecem na brecha

Certa noite eu estava no banheiro retocando minha maquiagem antes de palestrar para centenas de mulheres. Eu estava num daqueles momentos em que olhei no espelho e meus pensamentos começaram a girar em minha mente. "O que estou fazendo aqui? O que eu posso ter a dizer a essas mulheres que poderia fazer alguma diferença em suas vidas? Eu não sou capaz de caminhar até aquele palco esta noite."

Enquanto refletia acerca das mentiras, dos dardos inflamados que Satanás estava lançando em minha mente, meu celular tocou.

— Olá.

— Olá, Sharon. Aqui é a Mary. Onde você está?

— Na verdade, estou no banheiro, preparando-me para subir ao palco de uma palestra. Esqueci de desligar meu celular!

— Quero que você saiba — continuou Mary — que Deus me interrompeu enquanto eu estava fazendo o jantar e me disse para orar por você. Não só isso, Ele me disse para ligar para você agora.

Eu estava imaginando Mary na cozinha com o molho do espaguete cozinhando em fogo brando e ela parando de mexer o molho. Deve ter ocorrido uma breve conversa com Deus mais ou menos assim:

— Ligue para Sharon e ore por ela — deve ter dito Ele.

— O Senhor poderia esperar um minuto, Deus? O molho está quase pronto.

— Ligue para Sharon e ore por ela.

— Ok, ok, vou fazer isso agora.

A obediência instantânea de Mary foi muito poderosa. Se ela tivesse esperado, eu não saberia que ela estava orando. Deus não a fez apenas orar naquele momento, Ele queria que ela me dissesse que estava fazendo isso. Por quê? Deus sabia que havia poder na oração dela, e Ele queria que eu soubesse que não estava indo para a batalha sozinha. Ele havia feito Mary se colocar na brecha por mim, batalhar em oração por mim e lutar comigo. Naquele momento, Mary e eu travamos nossos escudos da fé por meio de palavras e marchamos juntas para a batalha.

O profeta Ezequiel registrou estas palavras provenientes de Deus em Ezequiel 22:30: "Procurei entre eles um homem que erguesse o muro e se pusesse na brecha diante de mim e em favor da terra, para que eu não a destruísse, mas não encontrei nem um só". Essas palavras se referiam a Deus procurando alguém para orar ou se colocar na brecha pela pecaminosa Jerusalém, mas creio que podemos aplicá-las em nossas vidas também. Pode ser que você seja essa *pessoa*, ou que eu seja essa *pessoa*, que pode usar as palavras para se colocar na brecha por uma amiga.

O apóstolo Paulo entendeu o poder de nossas palavras quando nos colocamos na brecha por nossos amigos. Ele implorou para que seus amigos orassem por ele:

Recomendo-lhes, irmãos, por nosso Senhor Jesus Cristo e pelo amor do Espírito, que se unam a mim em minha luta, orando a Deus em meu favor (Romanos 15:30).

Orem também por mim, para que, quando eu falar, seja-me dada a mensagem a fim de que, destemidamente, torne conhecido o mistério do evangelho, pelo qual sou embaixador preso em correntes. Orem para que, permanecendo nele, eu fale com coragem, como me cumpre fazer (Efésios 6:19,20).

O Novo Testamento foi escrito originalmente em grego e, às vezes, olhar para as definições originais das palavras pode nos dar uma visão excelente. A palavra grega que Paulo usa para *luta* em Romanos 15:30 é *sunagonizomai*, que significa "lutar na companhia de; isto é, ser parceiro (assistente), lutar com". O radical da palavra significa "se esforçar para realizar algo: lutar, trabalhar fervorosamente, batalhar". Por exemplo, competir por um prêmio ou lutar com um adversário.

Orar por outra pessoa não é apenas um clichê ou um tapinha nas costas. Quando dizemos a uma pessoa que vamos orar por ela, estamos concordando em vestir a armadura e ir para a linha de frente da batalha em favor dessa pessoa.

Muitos escudos antigos tinham ganchos nas laterais. Esses ganchos eram um tipo de trinco que os soldados usavam para travar seus escudos durante a batalha. Quando travados, os soldados se moviam como um só, formando uma barricada contra o inimigo. Sozinho, o escudo era insuficiente. Travados uns aos outros, eles eram uma parede humana. Você vê o significado? Quando andamos de braços dados em oração com nossas amigas, estamos travando nossos escudos e formando uma poderosa frente defensiva. Foi isso que Mary fez por mim naquela noite pelo telefone. Isso é o que podemos fazer por nossas amigas.

Pare agora mesmo e pergunte a Deus por quem Ele está chamando você para orar hoje.

Depois, envie uma mensagem de texto a ela ou ligue para contar-lhe.

Palavras que afiam e desafiam

Dale Carnegie, autor do livro *Como fazer amigos e influenciar pessoas*, disse: "Você pode fazer mais amigos em dois meses interessando-se por outras pessoas do que em dois anos tentando fazer as pessoas se interessarem por você". [3] Todo mundo tem uma necessidade inata de se sentir importante. Quando ouvimos uma amiga e nos envolvemos na conversa fazendo perguntas que mostram que estamos interessadas em sua vida, ela sente que tem importância neste mundo. A Bíblia ensina: "E consideremo-nos uns aos outros para incentivar-nos ao amor e às boas obras" (Hebreus 10:24).

Em minha gaveta de talheres em casa, tenho cerca de quinze facas de vários formatos e tamanhos. Eu, porém, uso somente umas quatro delas, as outras estão simplesmente ocupando espaço. O problema é que as outras facas são cegas e eu nunca tirei um tempo para afiá-las. Eu deveria simplesmente jogá-las no lixo. De certo que elas não estão fazendo bem a ninguém.

Isso também pode ser verdadeiro em nossa vida. A Bíblia diz: "Assim como o ferro afia o ferro, o homem afia o seu companheiro" (Provérbios 27:17). Quando não temos amigas para nos desafiar e nos encorajar a crescer, nós nos tornamos "sem corte". Em última análise, nós nos tornamos "a faca mais cega disponível na gaveta" e outras são escolhidas para tarefas que adoraríamos fazer. Porém temos de ter cuidado. A afiação sempre deve ser feita com amor.

---

[3] Dale Carnegie, *How to Win Friends and Influence People* (New York: Simon and Schuster, 1981), p. 52.

Bonnie é uma das amigas que me mantém afiada. Sua honestidade, por vezes brutal, é expressa em tamanho amor por mim que eu posso aguentar ser afiada mesmo que doa. É um amor duro que passei a apreciar e admirar. Às vezes, a honestidade dela me faz cais na gargalhada.

Bonnie e eu não moramos no mesmo estado, e aproveitamos todas as oportunidades para conseguir encaixar uma visita na agenda. Certo final de semana, nós duas participamos da mesma reunião e dividimos um quarto de hotel. Depois de um dia exaustivo de seminários, ela e eu estávamos aconchegadas, conversando em nossas camas, uma ao lado da outra. Confidenciei-lhe acerca de uma luta interna que eu estava passando com uma pessoa em particular.

— Isso é apenas um velho pecado — disse Bonnie.

— O quê? — perguntei.

— Sharon, isso é pecado. Você tem de orar acerca disso — respondeu categoricamente.

Eu tenho que dizer que ri até chorar. Quem mais além de Bonnie falaria sem rodeios e chamaria meu choramingo pelo nome correto? Eu a amo de verdade. Ela não tem medo de puxar a pedra de amolar quando percebe que estou ficando um pouco "sem fio".

Não são todas as pessoas, contudo, que podem ser uma Bonnie em nossa vida, e nós, certamente, não podemos ser uma Bonnie na vida de todas as pessoas. Essa é uma maneira infalível de perder amigos e afastar as pessoas.

Bonnie ganhou o direito de me afiar porque ela me ama. Do mesmo modo, não podemos sair por aí esperando usar nossas palavras para afiar os outros ao nosso redor sem amá-los primeiro. Temos de conquistar esse direito.

Certo dia, fiz uma experiência. Na verdade, não foi intencional, mas foi muito eficaz. Enviei meu blog semanal sem revisá-lo. Que péssima ideia! Quando foi publicado no meu site, o blog estava com vários erros de digitação.

"Oras", pensei, "misericórdia, Senhor!".

Porém a parte interessante do pseudoexperimento foram as respostas de e-mail que recebi. Uma mulher respondeu: "Verifique a ortografia! Passe o corretor gramatical!". Outra mulher comentou: "O blog de hoje significou tanto para mim. Obrigado por ministrar-me por meio de suas palavras". Ainda, uma outra escreveu: "Sharon, odeio ver erros de digitação em seus blogs maravilhosos. Sei que você está ocupada. Aqui vai uma ideia: por que você não os envia a mim e eu os reviso para você?".

Ao olhar os e-mails, vi o poder das palavras de uma mulher para suas amigas encapsulado nas três respostas.

- Uma mulher simplesmente apontou meus defeitos.
- Uma mulher ignorou minhas falhas e me encorajou pelas formas como eu a abençoei.
- Uma mulher reconheceu minhas falhas, mas me encorajou pelas formas como eu a abençoei e então deu um passo adiante: ofereceu ajuda.

Podemos ser um desses três tipos de amigas. Podemos ser do tipo que simplesmente aponta as falhas, do tipo que ignora as falhas e foca os aspectos positivos, ou do tipo que elogia os pontos fortes de alguém e se oferece para ajudar nos pontos fracos com a pedra de amolar do amor.

Todos nós cometemos erros, eles apenas são diferentes. O profeta Isaías escreveu: "Todos nós, tal qual ovelhas, nos desviamos" (Isaías 53:6). O filósofo Goethe observou: "Basta envelhecermos para nos tornarmos mais tolerantes. Não vejo falha que já não tenha cometido eu mesmo".

Se sentirmos que devemos usar nossas palavras para exortar ou corrigir uma amiga, devemos estar severamente conscientes de que há áreas muito prováveis em nossa própria vida que também precisam ser corrigidas. Jesus disse:

> Por que você repara no cisco que está no olho do seu irmão, e não se dá conta da viga que está em seu próprio olho? Como você pode dizer ao seu irmão: "Deixe-me tirar o cisco do seu olho", quando há uma viga no seu? Hipócrita, tire primeiro a viga do seu olho, e então você verá claramente para tirar o cisco do olho do seu irmão (Mateus 7:3-5).

Não estou sugerindo que deixemos de usar a ferramenta de afiar quando for necessário, mas apenas que nos certifiquemos de que esteja bem lubrificada com amor e um espírito brando antes de começar a amolar.

Como mulheres, adoramos curtir banhos de espuma quentinhos, ensaboar-nos com sabonetes perfumados e nos hidratarmos com óleos aromáticos. Porém, com muita frequência, quando a questão é limpar a sujeira de uma amiga, nós pegamos a escova de cerdas duras, de palavras duras, e esfregamos, esfregamos e esfregamos. O resultado, muitas vezes, não é a remoção da sujeira, mas uma alma arranhada e esfolada, clamando pelo bálsamo reconfortante de uma amiga carinhosa. Palavras poderosas não são palavras ácidas. Elas são doces, ternas, envoltas numa atitude de amor. Paulo escreveu aos colossenses: "Portanto, como povo escolhido de Deus, santo e amado, revistam-se de profunda compaixão, bondade, humildade, mansidão e paciência" (Colossenses 3:12). Revista-se de amor. Envolva suas palavras em amor.

Palavras que inspiram a continuar firme

Meu filho era rápido e corria com uma turma rápida. Na realidade, toda a sua equipe de corrida era rápida! No nono ano, Steven participou do campeonato de atletismo correndo os 1.600 metros. (São quatro voltas ao redor do círculo grande.) Eu estava tão orgulhosa porque ele havia corrido como um antílope na primeira volta, cerca de dois metros atrás do primeiro colocado. Porém, no início da segunda volta, vimos um objeto voador não identificado passar sobre a cabeça de Steven.

— O que foi isso? — meu marido perguntou.

— Eu acho que foi o tênis dele! — Respondi rindo.

Todos os fãs estavam rindo e apontando ao perceberem o tênis esquerdo de Steven voando em direção ao céu e pousando no campo gramado. Porém, surpreendentemente, Steven continuou correndo e não perdeu um passo. Com um pé calçado e outro descalço, ele continuou na pista. O ambiente da corrida incendiou-se com o alvoroço, e o foco pareceu mudar, passou a ter menos importância quem venceria e mais importância se Steven, o garoto sem um tênis, chegaria à linha de chegada. Todos os olhos curiosos agora estavam sobre um atleta que corria torto. Ele pararia? Ele desaceleraria? A meia dele ficaria no pé?

Seus colegas de equipe começaram a correr em volta da pista, encorajando-o. "Vamos Steven! Não se renda! Não desacelere! Continue!"

Surpreendentemente, a pedido de seus colegas de equipe, Steven acelerou. Na terceira volta, ele já havia ultrapassado o primeiro colocado por vários passos. E então, previsivelmente, sua meia começou a escorregar até o tornozelo e ficou com a ponta pendurada como se fosse a sola solta de um sapato velho e gasto. Resoluto, Steven continuou correndo, a meia continuava pendurada.

Quando Steven cruzou a linha de chegada em primeiro lugar, a multidão explodiu em aplausos e risos. Ele havia batido seu melhor recorde pessoal de tempo de corrida!

— Filho, talvez você devesse ter arrancado os dois sapatos — disse meu marido com uma risadinha. — Não dá para imaginar a velocidade com que você poderia ter corrido. Você fez o seu melhor tempo. O que fez a diferença?

— Eu sabia que todos estavam me olhando — respondeu Steven. — Não se tratava apenas de uma corrida mais; eles estavam observando para ver o que eu iria fazer. Isso me fez ir mais rápido, me fez querer fazer melhor.

Ao longo de nossa vida, perceberemos amigas ou "companheiras de corrida", que perderam mais do que um sapato, elas perderam suas esperanças, seus sonhos e sua vontade de terminar a corrida. O que faremos? O que podemos fazer? Podemos animá-las oferecendo uma palavra oportuna de encorajamento e podemos correr ao lado delas gritando: "Vamos, amiga! Não se renda! Não desacelere! Continue!".

Quem sabe aquela amiga pode fazer mais do que simplesmente terminar a corrida. Ela pode até obter o primeiro lugar! Olhemos para uma amiga que perdeu o tênis. Bem, talvez não um tênis, mas a esperança. Então, corra ao lado dela encorajando-a a não desistir e a terminar a corrida.

Palavras que colocam um sorriso no rosto de alguém

Mesmo quando estou enfiada no quintal dos fundos da minha casa, posso distinguir quando um vizinho está saindo para caminhar ou um praticante de corrida está descendo a rua. Começa a um quarteirão de distância, com Mitzi, uma cacatua branca. Iiiip. Iiiip. Iiiip. Então, passa para duas casas mais abaixo, com Duchess, o labrador negro. Um cachorro. Áo, áo. A onda vem chegando mais perto com Pal, uma poodle. Au, au, au, e continua até Sprout, o *collie*. Arf, arf, arf.

Por fim, o pedestre vira na rua latera à minha. De repente, o coro de aleluias caninas irrompe com Alice, uma cadela labradora branca, Maple, o vira-lata da casa da frente, e Duchess, a cadela pastor alemão da casa ao lado. Normalmente, eu não vejo a pessoa que está passando, mas é certo que posso ouvir o latido dos cães enquanto ela percorre a rota.

Quando faço minha caminhada costumeira de cinco quilômetros pelo bairro, também sou saudada pela onda de cães que latem indignados por eu ousar passar por seu gramado. Tento não deixar que isso fira meus sentimentos, mas a reação em cadeia dos latidos, rosnados e ranger de dentes sempre me deixa nervosa.

A verdade é que eu gostaria que os cachorrinhos abanassem o rabo quando eu passasse, como se dissessem: *Oh, aí está a doce senhora Jaynes. Poxa, como eu gosto dela. Quem dera ela fosse minha dona e pudéssemos caminhar juntos. Senhora Jaynes! Senhora Jaynes! Você não vem aqui acariciar minha cabeça?*

Quem dera eles corressem até a cerca, dessem pulinhos e então repousassem as patinhas como num apelo para eu parar para vê-los. Porém, nestes vinte anos que percorri a mesma rota, isso jamais aconteceu. Sempre teve rosnados, ganidos e latidos. Você poderia pensar que me acostumei com os latidos, mas jamais me acostumei.

Odeio admitir, mas às vezes na vida também é assim. À medida que trilho o caminho dos anos, especialmente por aquela trilha menos percorrida, tenho ouvido alguns latidos inamistosos, alguns ganidos de desaprovação e alguns rosnados. Aposto que você também. Às vezes é uma reclamação porque não estou correspondendo às expectativas de alguém. Às vezes é porque não estou seguindo o plano que outra pessoa tem para minha vida. E às vezes é porque estou quebrando as regras impostas pelas pessoas.

Espere aí! Vamos chamar isso pelo nome correto: latido. Honestamente, tudo o que alguns humanos precisam é usar focinheiras, uma coleira antilatidos.

Felizmente, entre os latidos dos cães da minha vizinhança há algumas saudações amigáveis. "Bom dia, Sharon", grita de longe uma amiga que está regando o jardim. "Tenha um bom dia", diz a vizinha que passa a caminho do trabalho. "Olá, senhora Jaynes", fala um garoto enquanto acelera na bicicleta. Essas são as palavras que valorizo ao longo do caminho.

Como amigas, temos a oportunidade de animar alguém em seu dia atarefado ou simplesmente latir, ganir e rosnar. Uma boa amiga usará suas palavras para dar boas-vindas aos outros, não para fazê-los querer ir embora.

Ouvi, muitas vezes, que existem dois tipos de pessoas: aquelas que iluminam um ambiente ao entrarem e aquelas que iluminam um ambiente ao saírem. Aquelas que latem e choramingam levam a nuvem escura com elas ao partirem. As positivas e alegres refletem a luz de Deus quando chegam. Essa é a mulher que eu quero ser.

Palavras cheias de poder

Palavras que uma amiga amaria ouvir

Jesus ensinou: "Façam aos outros a mesma coisa que querem que eles façam a vocês" (Lucas 6:31, NTLH). Faça uma lista das palavras que *você* gostaria de ouvir e então use essas mesmas palavras para levar vida à outra pessoa. Se há palavras que você gostaria de ouvir, é provável que haja outras pessoas por aí que também gostariam de ouvi-las.

Seguem algumas das minhas favoritas:

- Você realça o que há de melhor em mim.
- Você é uma inspiração para mim.
- Eu amo ouvir como Deus está trabalhando em sua vida.
- Como posso orar por você hoje?
- Eu posso ajudar você com isso.
- Eu gostaria de saber sua opinião.
- O que você acha?
- Você me ensina muito sobre amizade.
- Você me inspira a ser uma pessoa melhor.

Venha sentar-se ao meu lado

- Você é uma ótima esposa, mãe, amiga etc.
- Posso trazer o jantar para você esta noite?
- Acredito em você.
- Você é capaz de realizar qualquer coisa que Deus te chamou para fazer.
- Sou tão feliz por sermos amigas.
- Sim, você cometeu um erro. Agora, vamos deixar isso para trás e seguir em frente.
- Você não me verá atirando a primeira pedra.
- Todos cometemos erros.
- Obrigada por...
- Estou sofrendo com você.
- Eu também não entendo.
- Você vai me ajudar a _ _ _ _ _ _ _ _ _ ? Você é tão boa nisso.
- O que posso fazer para ajudá-la a alcançar seu objetivo?
- Você é uma grande amiga.
- Eu aprendo muito com você.
- Quero ser como você quando eu crescer.

7

TORCENDO DA LINHA LATERAL

O PODER DAS PALAVRAS DE UMA MULHER A SEUS FILHOS ADULTOS

Pense em tudo o que diz, mas não fale tudo o que pensa.
PATRICK DELANEY

Talvez você perceba que não coloquei este capítulo logo após o que diz respeito a falar com filhos pequenos. Foi intencional. As palavras que falamos aos nossos filhos adultos devem ser mais comparáveis às palavras que dizemos às nossas amigas do que à maneira como falamos a eles quando crianças, então preferi que você tivesse lido o capítulo "amigas" primeiro. Grande parte dele se aplica aos filhos adultos.

Vários psicólogos e autores escreveram sobre os estágios da maternidade. Bob Hostetler chama esses estágios de fase do comandante (de 1 a 5 anos), fase do coach (de 6 a 12 anos), fase do conselheiro (de 13 a 18 anos) e fase do consultor (de 19 em diante).[1] Outra fonte refere-se a eles como fase da disciplina amorosa, fase de treinamento, fase de coach e fase da amizade.[2]

---

[1] https://www.focusonthefamily.com/parenting/parenting-roles/phases-of-parenthood.
[2] http://www.pursuegod.org/parenting-in-stages/.

O PODER DAS PALAVRAS DE UMA MULHER

Sejam quais forem os rótulos escolhidos por você, todos eles concordam que os filhos adultos se encaixam numa categoria que lhes é peculiar, e se aquele leme no navio do qual Tiago 3:4 fala não mudar de direção, estamos fadados ao mar agitado.

Hostetler disse o seguinte acerca da fase final:

> Não há palavras que descrevam adequadamente a mescla de emoções que um pai ou uma mãe experimenta ao sair do dormitório da faculdade de um filho. É aterrorizante em muitos aspectos. É menos assustador, porém, se o pai tiver navegado com sucesso nas três primeiras fases. A tarefa da paternidade não é realizada nessa fase; não se trata mais de um envolvimento proativo, mas de disponibilidade paciente. Do mesmo modo que Salomão disse ao filho: "Seja sábio, meu filho, e traga alegria ao meu coração" (Provérbios 27:11), os pais que se encontram nesta fase devem ter esperança, orar e aguardar.
>
> Cada fase tem seus próprios desafios, mas a fase quatro pode ser a mais difícil, porque exige o desapego. Por quase duas décadas, os pais são o comandante, o *coach* ou o conselheiro do filho, mas tentar prolongar qualquer um desses papéis atrairá resistência e talvez até ressentimento. Assim como fiz nas outras fases, encontrei uma frase que tem me ajudado em minhas interações com meus filhos: "Avise-me se eu puder ajudar". Esta frase me permitiu reforçar minha disponibilidade ao mesmo tempo em que respeito a independência dos meus filhos.[3]

O fator crucial é que quando os filhos se transformam em jovens adultos, as palavras dos pais devem se transformar juntamente com eles. O

---

[3] https://www.focusonthefamily.com/parenting/parenting-roles/phases -of-parenthood.

fracasso em enxergar e tratar um filho adulto como um amigo adulto arruinará o relacionamento, às vezes de modo irreparável.

É complicado

Sempre achei que responder à pergunta de alguém com um "É complicado" era tirar o corpo fora. É como dizer: "Só não quero falar sobre isso", ou: "Pode ser que você jamais entenda". Porém, as palavras de uma mulher para os filhos adultos *são* complicadas. Há tantas variáveis a se considerar quando falamos com essas criaturas... e eu sou uma delas. Vamos ver apenas algumas.

Em primeiro lugar, eu já disse que devemos falar com os filhos adultos do modo que falaríamos com uma amiga mais do que o modo que falaríamos com uma criança. Os pais, muitas vezes, têm a fantasia de serem os melhores amigos de seus filhos adultos. E embora o relacionamento possa ter muitas facetas de uma grande amizade, existem diferenças. Conseguimos escolher nossas amigas, mas não podemos escolher nossos filhos. E uma vez que os tenha tido, você não poderá devolvê-los ou trocá-los por um modelo mais compatível. Um pai ou mãe investe tempo, emoções, dinheiro e energia num filho ano após ano. Os pais não se comprometem tanto com uma amizade como se comprometem com seus filhos. Se uma amiga nos decepciona ou nos magoa, podemos optar por deixar de ter esse relacionamento. Não é assim com os filhos! A maternidade é permanente. Como disse Elizabeth Stone: "Tomar a decisão de ter um filho é importante. É decidir para sempre ter seu coração andando por aí, fora de seu corpo". Porém, em algum momento, temos de permitir que esse coração bata sozinho.

Em segundo lugar, na maioria das vezes, nossas amigas são como nós. Temos interesses, opiniões, visões de mundo e hobbies semelhantes. Não é bem assim com filhos adultos. Um filho adulto pode ser drasticamente diferente de seus pais ao terem crenças políticas, sociais e morais opostas.

Seus hobbies, interesses e objetivos podem não ser compartilhados. Um filho adulto pode fazer escolhas de estilo de vida que vão contra o que foi ensinado quando estavam debaixo do teto de seus pais. Em algum momento, os pais podem se perguntar de que lugar do mundo veio essa pessoa e quem sequestrou aquele menino de dez anos, obediente, e o substituiu por essa versão maior, mais velha e muito diferente. A transformação relacional de criança para adulto é como um girino se transformando em sapo, e a última fase é, às vezes, irreconhecível quando comparada à primeira.

Outro fator ao decifrar o código da "fala do filho adulto" são as diferenças de personalidade. Uma mãe pode dizer a mesma coisa a dois filhos adultos diferentes e obter duas respostas diferentes. Um filho adulto interpreta uma mãe dizendo: "Você quer que eu a ajude a lavar a roupa?" como uma oferta bem-vinda para aliviar a pressão de administrar uma casa. Outro filho adulto ouve a mesma afirmação e a interpreta como: "Você não é capaz de estar em dia com as tarefas domésticas. Eu não gosto do modo como você é tão desorganizada. Você precisa que eu intervenha e assuma a tarefa". Eu sei. É complicado. Outra mãe me contou como suas quatro filhas responderam às simples palavras "Cuidado com o trânsito!" ao saírem de casa. Três das meninas interpretaram suas palavras de despedida como um carinhoso "Adeus". A quarta interpretou desta forma: "Você acha que sou uma má motorista". O segredo é entender as tendências do filho adulto e escolher nossas palavras com cuidado. E mesmo assim, o que funciona em uma situação pode não funcionar em outra.

Outra peça do quebra-cabeça é que meninos e meninas, ou seja, homens e mulheres, percebem as palavras de maneira diferente. Em termos de estereótipo, os homens tendem a aceitar as palavras pelo seu valor real, enquanto as mulheres tendem a se perguntar o que você realmente quer dizer. A ordem de nascimento também pode entrar em jogo. Um primogênito pode tender a interpretar as palavras de maneira diferente do filho do meio, que é sensível. Você já está zonza?

E, por fim, não podemos ignorar o fato de que as palavras são filtradas pelo crivo de feridas e obstáculos do passado. O filho sofreu abandono ou bullying quando criança? O adolescente experimentou dependência de drogas ou abuso sexual? O jovem adulto experimentou problemas financeiro, rejeição ou perda? Mesmo sendo adulta, sempre tenho que me perguntar se estou interpretando as palavras dos outros pelo filtro da dor do passado. Experiências do passado afetam a percepção do presente.

Às vezes, os pais se sentem muito frustrados e confusos quanto ao modo de usar suas palavras com filhos adultos; eles simplesmente desistem e deixam fluir, permitindo que as palavras os levem para onde quiserem. Tenho uma ideia melhor. Embora não devamos necessariamente usar nossas palavras para guiar o filho adulto, podemos usá-las para guiar nosso relacionamento com ele. Então, se eles se sentirem seguros o suficiente para pedir orientação, podemos fazer sugestões e usar o mapa da sabedoria e da experiência adquirida com o tempo.

Por enquanto, tenho certeza de que você consegue concordar: *é complicado*. Dito isto, este capítulo será um pouco diferente dos outros. Darei algumas orientações gerais e sugestões que reuni ao entrevistar filhos adultos. Entrevistei principalmente os *millennials* e a geração X, porque essas são as criaturas maravilhosas com as quais muitos que estão lendo este livro estarão conversando. O outro grupo que está lendo este livro são os próprios *millennials* e a geração X; se for esse o caso, pode ser que você queira que sua mãe leia este capítulo também. Então, vejamos o que dizer, quando dizer e quando não dizer nada.

❋

Experiências do passado afetam a percepção do presente.

❋

Privando o filho adulto da alegria da realização

Quando somos crianças, aprendemos muitos ditados bonitinhos: "Deus ajuda quem cedo madruga." "Não coloque todos os ovos numa mesma cesta." "Não cultive inimizades." Lembro-me de um ditado de infância que eu costumava recitar quando os meninos da vizinhança me importunavam sem dó: "Paus e pedras podem quebrar meus ossos, mas palavras jamais me machucarão", ou seja, podem falar o que quiserem pois essas palavras não me afetam. Ah, que bela e grande mentira. A dor das palavras ofensivas permanece muito tempo depois de a dor de um osso quebrado ser esquecida. Quer sejam garotas malvadas zombando de uma colega da escola no refeitório ou uma mãe rebaixando um filho adulto, os ecos podem durar uma vida inteira.

Bob contou-me como as palavras dolorosas de sua mãe enraizaram-se ao seu coração por muitos anos. Aos vinte anos, Bob trabalhou em uma empresa familiar com seu pai. Ele era muito diligente e foi reconhecido como o "Jovem empresário do ano". Ele, sua jovem noiva e os pais dela viajaram para Washington, DC [Distrito de Colúmbia], onde ele receberia seu prêmio. Sentou-se ansiosamente à mesa do jantar esperando ouvir seu nome ser anunciado no pódio. Então, sua mãe inclinou-se e disse: "Você tem de agradecer ao seu pai por isso. Você sabe que, de fato, não foi você que ganhou este prêmio. Seu pai o ganhou por você".

A mãe furou com o alfinete da crítica o balão da conquista de Bob, e a autoestima dele pousou encolhida no chão do salão de baile. Ao ouvir seu nome ser chamado, Bob caminhou em direção ao pódio, mas o sorriso em sua face dissimulava a dor no coração. Esse comentário foi o último prego em seu caixão relacional. As mães jamais deveriam dar tapinhas nas próprias costas pelas conquistas dos filhos adultos, mas, sim, proporcionar um desfile em carro aberto, com direito a confetes e serpentinas em sua comemoração.

Para começar, Bob e sua mãe jamais tiveram um relacionamento muito bom. As palavras da mãe de Bob eram precisamente afiadas; mas aquele comentário fez um corte tão profundo que ele jamais passou muito tempo com ela novamente. As visitas escassearam. Os telefonemas não existiam. Vinte anos se passaram até que Bob me contasse essa história, mas a dor gravada em seu rosto era como se o episódio tivesse acontecido no dia anterior. "Palavras jamais me machucarão?" Nada poderia estar mais longe da verdade.

Meghan entende a decepção de Bob. A vida toda ela ansiou por ouvir sua mãe dizer: Meghan, você é tão linda!". Embora jamais tivesse ouvido quando criança, ela pensou que no dia de seu casamento seu sonho se tornaria realidade. Essas palavras, contudo, jamais foram ouvidas de sua mãe enquanto estendia bem o véu e fazia pose para a foto com a filha que estava vestindo um magnífico vestido de noiva com miçangas. Como alguém que se esquece de acender as velas de um bolo, Meghan passou o dia sem ouvir as palavras que seu coração infantil ansiava por ouvir.

Você pode estar pensando, como eu pensei: "Bem, eu não sou tão ruim assim. Eu jamais disse algo tão imprudente como a mãe de Bob, e certamente diria à minha filha que ela estava linda". Porém, eu fico imaginando comigo mesma: O que meu filho adulto teria a dizer?

As mães jamais deveriam dar tapinhas nas próprias costas pelas conquistas dos filhos adultos, mas sim proporcionar um desfile em carro aberto, com direito a confetes e serpentinas em sua comemoração.

Não ponha de lado aqueles pompons ainda

Quando cresceremos a ponto de não precisarmos de encorajamento? Quando deixarmos esses corpos corruptíveis e nos sentarmos aos pés de Jesus. Então, até que passe pelas portas do céu, cada pessoa anseia por ter alguém ao seu lado para encorajá-la. Quando um filho adulto se casa, o principal apoiador é o cônjuge, no entanto, a necessidade de um pai ou mãe que o encoraje e dê apoio é algo que ele jamais cresce a ponto de não necessitar.

Quando a filha de Ruth nasceu, sua mãe começou a lhe falar de toda a labuta que envolvia a criação de uma menina. Enquanto dava conselhos de como lidar com os anos de namoro, sua mãe disse: "Mas eu não precisei me preocupar com isso em relação a você porque você não era bonita o suficiente para os rapazes se interessarem". Foi um comentário desacautelado feito por uma mãe insensível. Ela já partiu, mas as feridas de suas palavras continuam muito além do túmulo.

"Eu não sei o que mais minha mãe disse depois disso", recordou Ruth. "Meu coração parou naquela frase e ali congelou. Ainda sinto a frustração como se fosse ontem. Agora eu entendo o motivo de tantas das minhas inseguranças. Toda a minha vida, minha mãe me criticou. Com os olhos fitos em minha bebezinha perfeita, tomei a decisão de que ela sempre saberia que é uma criação de Deus, amada, linda e incrível, e que poderia realizar qualquer coisa que se determinasse a fazer. Hoje, essa menina é uma Ph.D. formada na Universidade de Washington. Eu a amo profundamente. Um dos meus maiores arrependimentos é de não ter sido capaz de protegê-la dos comentários ácidos de sua avó. E quando pensa em sua avó, é da língua afiada e das palavras humilhantes de que mais se lembra."

Ruth mudou o fluxo de palavras desencorajadoras que abafaram sua autoestima. Como resultado, sua filha foi inundada com uma inspiração que jorrava coragem para viver o potencial máximo de sua vida.

Quando pedi aos *boomers* que me falassem do modo que suas mães usavam bem as palavras quando eles já eram adultos, a resposta geral foi o silêncio. Eles pensam. Eles refletem. Eles respiram fundo. Algumas de minhas amigas disseram que realmente não conseguiam nem pensar em algo. Posso dizer o quanto isso me deixa triste? Trata-se de um truque infeliz da mente o fato de que o cérebro humano tende a se lembrar mais dos episódios negativos do que dos positivos. Diferentes hemisférios do cérebro administram essas emoções contrastantes, e as emoções e os episódios negativos exigem mais pensamento, processamento e ruminação.[4] É por isso que episódios desagradáveis se enraízam tão profundamente em nossas mentes, enquanto os positivos fogem dela.

Uma mulher respondeu à minha pergunta: "Minha mãe me disse que eu fazia os melhores picles de endro que ela jamais comera".

Picles? Sério? Aquela era a única palavra de encorajamento que ela, enquanto adulta, conseguia se lembrar de sua mãe lhe ter dado?

Amiga, podemos fazer melhor do que isso. Usemos nossas palavras com sabedoria para que se alguém perguntar ao nosso filho adulto como sua mãe usava as palavras de encorajamento, ele diga: "Minha mãe me deu tantas palavras de encorajamento quando eu já era adulto que nem sei por onde começar".

Embora não devamos usar nossas palavras necessariamente para guiar o filho adulto, podemos usá-las para guiar o relacionamento entre nós.

---

[4] https://www.nytimes.com/20124/03/24/your-money/why-people-remember-negative-events-more-then-positive-ones.html.

Acredito em você

Jonathan era um jovem adulto que estava se arrastando pelas águas turvas da rejeição que recebera de seu pai, o qual deixara a família quando Jonathan estava no Ensino Médio. Jonathan guardava a lembrança do relacionamento do pai com seu irmão e irmã mais velhos, mas não com ele próprio. Ele e seu pai tiveram uma discussão durante o segundo ano de faculdade, e seu pai não falou mais com ele. Suas feridas eram profundas e sangraram por um bom tempo. Parecia que cada parte de sua vida fora afetada pelo abandono e pelo sentimento de não ser amado pela única pessoa que deveria amá-lo, independentemente da circunstância.

Jonathan, no entanto, tinha (e ainda tem) uma mãe incrível. Pat entendia as feridas e as tratava com unguentos de amor, oração e palavras de encorajamento da melhor maneira que podia. Houve certo Dia de Ação de Graças, em particular, que o pai convidou os dois irmãos de Jonathan para acompanhá-lo. A faca da rejeição intensificou seu corte. Na noite que antecedeu ao feriado que passaria com sua mãe, Jonathan foi a uma festa de velhos amigos do Ensino Médio. Antes de sair, Pat, sua mãe, olhou o filho nos olhos e disse: "Ligue para mim se precisar, por qualquer motivo, em qualquer momento. Estou aqui para o que der e vier.

Jonathan, envolto em dor, entrou tranquilo e confiante na festa, e foi direto em busca de álcool. Por volta da meia-noite, ele estava abraçado ao vaso sanitário, mais bêbado do que jamais estivera na vida. Às 2h30, ele telefonou para sua mãe vir buscá-lo.

"Mamãe veio até o local, me pegou nos braços e me ajudou a entrar no carro. Eu era uma mescla de álcool, vômito e lágrimas. Durante todo o tempo, ela esfregava minhas costas e dizia: 'Oh, querido, você não tem nada para provar àquelas pessoas. Você não tem nada para provar a ninguém. Você é tão amado. Eu te amo muito. Você vai ficar bem'".

Eis aqui o que Pat não fez. Ela não fez cara feia para Jonathan e disse a ele que estava decepcionada, mas o consolou e disse-lhe que ela estava ali para ajudá-lo e apoiá-lo. Ela não adicionou mais um item à crescente lista de autoaversão do filho ao apontar o fracasso dele, mas adicionou a importância dele como filho de Deus ao apontar o grande valor dele. Ela não gritou com ele por tomar a decisão ruim de beber, mas o elogiou por ter tomado a boa decisão de ligar para ela. Dez anos depois, Jonathan ainda se lembra do momento em que sua mãe o levantou do chão da rejeição com suas palavras.

Perguntei a Jonathan como sua mãe continua usando as palavras de maneira positiva agora que ele está na faixa dos trinta e poucos anos, e ele foi rápido em responder, "Oração. Quando acordo de manhã", disse ele, "minha mãe já está postando fotos de sua Bíblia aberta com versículos destacados e orações que ela está fazendo por mim e minha esposa. Suas palavras têm sido a maior fonte de encorajamento em nossa vida de casados".

Uma das melhores maneiras que a mãe de um filho adulto pode usar as palavras é por meio da oração. Quando nossos filhos são pequenos, falamos com eles sobre Deus. Quando eles crescem, falamos com Deus sobre eles. Pense nas palavras deste poema:

O guerreiro

Esta manhã meu pensamento viajou
A um lugar de dias distantes em minha vida
Que testemunharam a imagem do que eu costumava ser
Pois as visões se misturavam, mas comigo Deus falou.

Ele me mostrou um guerreiro, um soldado em posição
Posicionado pelo céu, mas o rosto eu não via não
Observei enquanto os inimigos o guerreiro combatia
Os que para mim vieram da escuridão com destruição.

Eu vi como o guerreiro enxugava as lágrimas
Enquanto todos os anjos do céu bem próximos pairavam
No rosto do guerreiro, eu vi muitas feridas
No entanto, as armas de guerra preparadas estavam.

Senti meu coração chorar, meus olhos fixos estavam
Ao deixar-me Deus sentir o toque da oração do guerreiro
Pensei: "quão familiares", foram as palavras oradas
As orações eram como relâmpagos que jamais se apagavam.

"Por favor, diga-me o nome do guerreiro", pedi eu a Deus
Preferindo abster-se, Ele não falou.
Perguntei-lhe: "Senhor, quem está fragilizado que precisa dessa
oração?"
A foto de mim mesma, parada ali, Deus me mostrou.

Enlaçada pela confusão, perdida e sozinha
As orações do guerreiro para casa levando-me sentia
Pedi: "Por favor, mostre-me este guerreiro tão verdadeiro, Senhor".
Contemplei e chorei, pois: Mãe... a guerreira era você!

©1993 Larry S. Clark

Deixe-me ajudá-la... ou talvez não

Prestes a receber a visita da mãe, Krista já sentia um nó no estômago. Quando ela era criança, sua mãe lhe dizia constantemente o que fazer e como fazer. E ainda por cima, Krista sentia que jamais fizera as coisas bem o suficiente. Ela tinha 33 anos agora, mas ainda se sentia como aquela garotinha de oito quando a mãe vinha visitá-la.

Durante uma dessas visitas, sua mãe lhe disse:

— Krista, eu tenho tempo sobrando hoje. Você gostaria que eu arrumasse suas prateleiras para melhorar a aparência?

O desejo de Krista era de gritar: "Não! Eu gosto delas exatamente do jeito que estão! Arrume suas prateleiras do jeito que você quiser, e eu arrumarei as minhas do jeito que eu quiser! Deixe minhas coisas em paz. Em vez disso, ela guardou para si a frustração e disse: "Não, obrigada".

A mãe de Brittany era bem parecida com a mãe de Krista. Em uma das visitas, ela puxou Brittany para o quarto e disse:

— Quero lhe falar uma coisa — Brittany achou estranho, mas tinha a esperança de que finalmente sua mãe compartilharia algo significativo para variar.

Em vez disso, sua mãe disse:

— Brittany, deixe-me mostrar a você como dobrar os cantos dos lençóis para dentro corretamente.

Ela começou a demonstrar como fazer as dobras militares perfeitas. Brittany simplesmente ficou ali parada.

— Inacreditável — disse ela ao dirigir-se à porta e sair do quarto.

Grace estava tão animada com sua cozinha recém-pintada e com a reparação das janelas. Ela adorava as paredes cinzas e o branco frio e suave da entretela com um toque avermelhado. Porém, quando sua mãe passou por ali, disse:

— Por que cargas d'água você pintou suas paredes de cinza? Você precisa de cor nesta sala, mas se é assim que você gosta, tudo bem.

— Mãe, eu não posso acreditar que você disse isso — lamentou Grace. — Eu amo essa cor. Por que você nunca consegue me fazer um simples elogio?

— Bem, eu só estou tentando ser útil — disse a mãe dando de ombros.

Já ouvi centenas de histórias parecidas com essas, mas acho que essas são suficientes para nos dar uma boa ideia de como ter um relacionamento ruim. Minha mãe era como a de Krista, e embora ela já tenha deixado esta terra, ainda posso sentir em meu estômago aquele nó amarrado pelas cordas da frustração que ela trazia em suas visitas.

Então, o que uma mãe deve fazer? Primeiro, conhecer seu filho adulto. Se a oferta de ajuda tem sido interpretada como uma interferência no passado ou tem feito o filho sentir que você o acha incapaz, então não faça. Além disso, pergunte a si mesma: "Eu quero ajudar meu filho adulto a ser como eu e fazer as coisas como eu faço, ou eu quero ajudar a aliviar a pressão do meu filho adulto para que ele alcance seus objetivos?".

Veja o que os jovens adultos me disseram que preferem ouvir: "Você está fazendo um ótimo trabalho… se precisar, conte comigo para ajudar. É só me avisar".

O silêncio pode ser ensurdecedor

Eu estava entrevistando um rapaz de trinta anos acerca de como as palavras de sua mãe o haviam afetado enquanto adulto. Ele é uma pessoa incrível, que está em sua quarta recuperação. Seus pais fizeram um trabalho incrível ao navegarem nessas águas agitadas. Na entrevista, eu estava compartilhando a importância de os pais manterem a boca fechada, e ele trouxe uma excelente questão.

"O silêncio pode ser tão crítico quanto as próprias palavras", começou ele. Eu estava pensando: "Oh não, outra variável não!". Ele começou a explicar. "Digamos que o filho adulto faça uma tatuagem no braço quase inteiro" — o que ele tinha —, "e quando a mãe vê, ela age como se não estivesse lá. Não faz qualquer comentário. Nem se quer olha para o braço. Aquele filho, agora adulto, sabe que ela já viu a tatuagem e que tem tanto ódio que nem reconhece que viu. Essa atitude é tão crítica quanto se ela simplesmente tivesse dito as palavras".

"Bem, se ela odeia a tatuagem", perguntei eu. "O que ela deveria dizer?"

"Ela poderia fazer uma piada do tipo: 'Que caveira linda!', isso sempre alivia a tensão. Ou ela poderia dizer: 'Vejo que fez outra tatuagem. Você gosta? Saiu como você esperava?'. Porém agir como se não existisse ali não é a resposta.

Lembro-me de quando Steve e eu encomendamos um retrato grande, tom pastel, do meu filho de cinco anos e seu cachorro. Nós amamos e o penduramos em cima da lareira (onde ainda está trinta anos depois). Quando a mãe de Steve entrou em nossa casa, depois de estar tudo arrumadinho, ela não disse uma palavra. Agiu como se o retrato não estivesse ali. Era o elefante na sala. É óbvio que ela não gostara e seu silêncio o revelava claramente. O que ela poderia ter dito? "Vejo que você mandou fazer um retrato de Steven. Que cores lindas. Sei que você o curtirá por muitos anos." Logo, ignorar uma situação difícil não é a solução.

Reconheça o elefante, mesmo que desejar que estivesse no zoológico de outra pessoa, mas seja gentil. De qualquer modo, o elefante não é seu.

Quero proteger você... ou talvez não

Cole era do tipo espírito livre. Ele amava tatuagens, música alta e motocicletas. Ligava para a mãe apenas para dizer olá, mas depois de alguns minutos de conversa, desejava não o ter feito. "Você está usando o capacete da moto?", perguntava ela. "Sei que a lei da Flórida não exige isso, mas estou preocupada. Você tem de pôr esse capacete na cabeça! Já pensou se acontecer um acidente!".

Essas palavras poderiam soar como um bom conselho, mas não eram necessárias. Na verdade, eram prejudiciais. Essa era a enésima vez que sua mãe havia falado sobre a preocupação com o capacete da motocicleta. Isso não faria Cole pensar: "Sabe, ela está certa. Acho que vou começar a usar meu capacete". Pelo contrário, ele pensou: "Estou farto de ela falar do capacete. Quem dera eu não tivesse ligado".

Qual seria a melhor maneira de a mãe de Cole lidar com a situação do capacete? Falar uma vez. Uma coisa é dizer a um filho adulto que você está preocupada com algo que pode afetar seu bem-estar. Outra coisa bem diferente é repetir a mesma coisa várias vezes. Uma maneira de lidar com isso é iniciar o comentário assim: "Filho, sei que isso não é da minha conta, mas estou muito preocupada com sua segurança. Tem certeza de que é uma boa ideia não usar capacete ao andar de moto?".

Pronto, você falou. Agora, não venha com essa conversa de novo. Lembre-se de Provérbios 27:15: "A esposa briguenta é como o gotejar constante num dia chuvoso". Podemos encaixar *a mãe briguenta* neste versículo também. Goteja, goteja e goteja.

Seu filho adulto não vai mudar de comportamento só porque você não gosta. Ele ou ela mudará o comportamento quando decidir que precisa ser mudado. Tudo o que o pai ou mãe faz é criar uma brecha no relacionamento ao trazer o assunto à tona repetidas vezes. Depois de dar voz à sua preocupação, a próxima vez tem de ser com Deus. E a boa notícia é que Ele não se importa se você falar do mesmo assunto todos os dias!

Não é papel dos pais proteger o filho adulto. Quisera eu que fosse. Você não gostaria? Porém não é. Uma coisa que podemos fazer é orar, orar e orar. Quando os filhos são pequenos, falamos com eles sobre Deus. Quando são adultos, falamos com Deus sobre eles.

A mulher da casa... e não é a mãe

Quando um filho adulto se casa, há uma nova mulher da casa... e não é a mãe. Quer seja um filho recebendo uma esposa, quer seja uma filha recebendo um marido, a esposa agora é a rainha de seu castelo. A mãe ou a sogra é uma convidada.

No Jardim do Éden, após formar Eva, Deus a apresentou a Adão. Então ele disse: "Por isso, o homem deixa pai e mãe e se apegue à sua mulher, tornando-se os dois uma só carne" (Gênesis 2:24). A Bíblia *English Standard Version* traduz a palavra *se apegue* como *agarre-se bem à sua esposa*. A *Nova Versão Internacional* diz que o homem *se unirá* à sua mulher.

Apegar-se é uma palavra que não usamos muito hoje em dia. A palavra hebraica é *dabaq*, e significa "grudar-se a seguir de perto, profundamente atraído a, segurar firmemente, agarrar-se bem a, continuar firme, permanecer, ficar junto".[5] Assim como se colam duas folhas de papel, o casal é colado de tal modo que se alguém os tentasse separar, pedaços de um sairiam grudados no outro.

Deixar não significa que o novo casal não tenha mais nada a ver com os pais. Significa, sim, que a família recém-formada, de dois, tem prioridade sobre todos os outros relacionamentos terrenos. Como digo em meu livro *Lovestruck* [Apaixonado]: "Assim como um bebê recém-nascido não pode existir fora do útero até que o cordão seja cortado, um novo casal não pode prosperar fora da família de origem até que a corda que os prendia à mãe e ao pai seja cortada".[6]

Quando o homem respeita a opinião ou decisão de sua mãe em vez de a de sua esposa cria-se uma brecha que jamais foi planejada por Deus entre o casal. Da mesma forma, quando confia em sua mãe em vez de confiar em seu marido, a esposa está colocando sua mãe em uma posição reservada apenas para seu marido. Trata-se de raposinhas que podem arruinar a vinha. Mães, jamais devemos colocar nossos filhos adultos casados em uma situação em que ele ou ela tenha de escolher entre nós e seu cônjuge. Mantenha a boca fechada. Incentive o filho adulto a conversar com seu cônjuge para chegar a uma solução.

O fato de a esposa ser a rainha significa que a mãe (a convidada) não tem de lhe dizer como decorar sua casa, limpá-la ou organizá-la.

---

[5] http://biblehub.com/hebrew/1692.htm.
[6] Sharon Jaynes, *Lovestruck* (Nashville, TN: Thomas Nelson, 2019), p. 56.

Barb disse o seguinte de sua nora: "No começo, nosso relacionamento era tenso, mas assim que ela percebeu que eu não tentaria dizer-lhe como decorar ou administrar sua casa, ficamos bem. Agora somos amigas bem chegadas".

E lembre-se, mesmo que você tenha uma política de portas abertas para que eles visitem sua casa, jamais espere que eles tenham uma política de portas abertas para as suas visitas. Espere ser convidada ou pergunte quando é uma boa hora para dar uma passada lá. E nunca impute culpa em seu modo de se convidar dizendo palavras como: "Faz tanto tempo que não vimos você. Por acaso, você não sente nossa falta?".

Se estiver lendo este livro como sogra, eu a encorajo a fazer tudo o que puder para facilitar o "deixar" e "unir-se" ao cônjuge de seu filho ou filha. Ajude seu filho adulto a viver sem culpa ao estabelecer tradições familiares que podem não incluir você. Use as palavras com cuidado. Estimule seu filho adulto a recorrer ao próprio cônjuge quando necessitar de conselho e apoio em vez de vir a você. Jamais faça seu filho casado se sentir culpado, com dor na consciência por escolher seu cônjuge em vez de escolher você. Melhor ainda, jamais faça seu filho casado sentir como se *tivesse* de escolher.

Diretrizes básicas para viver posicionada na linha lateral

Como eu disse antes, o poder das palavras de uma mulher para seus filhos adultos é complicado. Embora não seja possível investigar todas as variáveis e cenários potenciais, eu gostaria de compartilhar uma lista de algumas coisas comuns a se fazer e a não se fazer que garimpei em minhas entrevistas. Espero que você as considere úteis. Como ressalva, essas sugestões são para relacionamentos relativamente saudáveis, mas não se aplicam se houver uma situação potencialmente fatal.

Palavras que fazem os filhos adultos quererem fugir para as montanhas (também conhecido como: Não diga!)

1. Não lhes diga como criar seus filhos. Aqueles pequeninos preciosos são filhos deles, e não da avó.

2. Não os lembre de como você os criou, dizendo: "Não foi assim que eu criei você" ou "Eu jamais deixaria você se safar dessa". Acredite em mim, eles entenderam. Se escolherem uma rota diferente, a decisão é deles. Isso não significa omitir histórias engraçadas da infância deles. Steven adora contar histórias sobre como o criamos, especialmente da variedade de disciplina.

3. Não seja rude. Não deixe que o laço de sangue seja uma desculpa para grosseria ou falta de respeito. Fale com seus filhos adultos com o respeito que falaria com qualquer outro adulto. Quando falar com eles, pergunte a si mesmo: "Eu falaria com uma amiga desse jeito?"; se a resposta for não, então não fale ou fale de outra maneira.

4. Não venha dando soluções e ideias para tentar resolver os problemas deles. Em vez disso, seja uma caixa de ressonância e faça boas perguntas. Permita que os filhos adultos alcancem as próprias soluções, mesmo que você creia que não sejam necessariamente as melhores.

   Pode ser que seja necessário cada centímetro de autocontrole, mas não dê conselhos a menos que lhe sejam solicitados. Então, responda com: "O que eu faria..." em vez de "O que você deveria fazer". Todos sabemos que a sabedoria vem com a idade, mas veja aqui uma pergunta para reflexão: De onde veio essa sabedoria? Eu não sei você, mas a maior parte da minha sabedoria veio da tentativa e do erro, mais do erro. À medida que perceberem que os pais não vão dar conselhos não solicitados, haverá mais probabilidade de os filhos adultos os pedirem. Se você agir como um CEO que aponta direções em vez de um consultor que os ajuda a encontrar uma solução ou resolução, eles guardarão os problemas para si mesmos.

5. Jamais compartilhe com outra pessoa uma conversa privada que você teve com um filho adulto. Essa é uma verdade que se aplica a qualquer confidência compartilhada, mas vale a pena enfatizar em um relacionamento entre pais e filhos adultos.

6. Não leve para o lado pessoal se o filho adulto não tiver tempo para uma conversa longa e demorada em algum dia específico. Lembre-se de como sua vida era ocupada quando você estava criando filhos e não leve para o lado pessoal. Não é só porque mamãe e papai estão aposentados e têm tempo livre que significa que de repente seus filhos adultos também tenham.

7. Quando os filhos adultos ligarem, não diga: "Eu estava me perguntando quando iria saber notícias suas?", ou: "Eu não sei de você há um bom tempo". Evite qualquer declaração que faça seus filhos se sentirem culpados por não ligarem antes.

Declarações destrutivas ao relacionamento que devem ser evitadas:

- Eu disse a você.
- Você deveria ter me ouvido.
- Um dia você vai entender o que estou dizendo.
- Espere até ter filhos, aí então você entenderá.
- Quando vocês vão se casar?
- Seu relógio biológico está correndo. Quando você vai me dar um neto?
- Você ganhou peso?
- Você já começou a se exercitar?
- Você tem ido à igreja?
- Você tem lido sua Bíblia?

- O que você estava pensando?

- Quando você vem me ver de novo? Em vez disso, pondere: "A vida é corrida, não é? Estou ansiosa pelo dia em que poderemos nos ver novamente".

- Eu criei você de um jeito melhor que esse.

- Você parece desleixado (cabelo, unhas, roupas).

- Você gosta mesmo daquele carro (vestido, camisa, casa, apartamento ou o que quer que tenham comprado)?

- Você tem de ser mais responsável.

- Você não me ama. (Um NÃO bem grande para isso! Essa é a bomba atômica para o relacionamento entre os pais e um filho adulto).

Declarações que constroem um relacionamento que aproximam os filhos adultos

- "Estou tão orgulhosa de você." Esse provavelmente seja o elogio número um que o filho adulto queira ouvir de seus pais.

- "Você é uma ótima mãe (ótimo pai). Você está fazendo um ótimo trabalho criando seus filhos." Elogie as habilidades de seu filho ou filha enquanto pai e mãe.

- "Você é tão inteligente. Eu jamais teria pensado nisso!". Deixe seu filho adulto ser o professor. Por 18 anos, seu trabalho foi ensinar a criança. Agora que a criança é adulta, deixe-a ensinar você. Isso mostrará um grande nível de respeito e confiança.

- Eu tenho confiança de que você tomará uma boa decisão.

- "Sua casa é tão agradável e acolhedora." Os filhos adultos têm orgulho de suas casas. Deixe-os saber que você também tem.

- Como pude ter um filho/uma filha assim? Eu sempre soube que você seria um adulto/uma adulta incrível.

- Você está fazendo um bom trabalho em seu emprego. Eu sei que eles estão felizes em ter você.

- Se precisar de ajuda, é só me avisar. Estou aqui para o que der e vier.

- Você está fazendo uma enorme diferença na vida das pessoas que encontra.

- "É interessante. Eu jamais havia olhado para isso dessa forma." Quando ele ou ela compartilhar um ponto de vista oposto, em vez de se apressar em compartilhar seu ponto de vista, apoie o deles primeiro.

- "Eu ouvi isso e aquilo no noticiário hoje. O que você acha disso?" Tenha conversas adultas sobre filmes, empregos e questões mundiais. Ao discutir política, tenha cuidado. Diga-lhes que você gostaria de saber a opinião deles sobre vários assuntos, mas jamais diga que a deles está errada e a sua está correta. Meu filho e eu temos visões políticas muito diferentes. Certa manhã, enquanto estávamos tomando um café, eu lhe perguntei por que ele havia votado em determinado partido. Durante a conversa, não discordei nem o interrompi. Eu disse: "Posso ver como isso é importante para você". Então, em troca, Steven perguntou: "Por que você vota no seu partido?", respondi o mesmo, expondo o que era importante para mim. Nenhum de nós discordou um do outro, embora nossas opiniões sejam muito diferentes.

- Seja respeitosa. Converse com seus filhos adultos com o respeito que você daria à sua melhor amiga. Se não, não fale, ou fale de outro jeito.

- Pense antes de falar. Essa é a regra de ouro para todas as nossas comunicações verbais. Pergunte a si mesma: "Como eu me sentiria se minha mãe me dissesse isso?".

Torcendo da linha lateral

- Torne-se mestre em ouvir. Quando a questão é se comunicar com seus filhos adultos, ouvir é muito importante. Ouvir mostra que estamos interessados no que os filhos têm a dizer; comunica que estamos dispostos a aprender com eles.
- Converse com seus filhos adultos de igual para igual. Jamais fale com eles subestimando-os como se você fosse a especialista.
- Seja diária ou semanalmente, comunique-se regularmente com seus filhos adultos. Quando tiver estabelecido as bases para um bom relacionamento, será mais fácil lidar com as conversas difíceis.
- Busque interesses ou atividades comuns e faça-os juntos com seu filho adulto. Então, use isso como um trampolim para uma conversa divertida.
- Encontre um bom horário para conversar. Eu sei que meu filho não gosta que eu ligue ou mande mensagens de texto durante seu horário de trabalho ou nas noites de fim de semana. Descobrimos que ele prefere mensagens de texto se quisermos entrar em contato com ele, e ele prefere o telefone se quiser entrar em contato conosco. Todos são diferentes.
- Analise suas intenções antes de compartilhar uma opinião que você sabe que é oposta à deles. Você está compartilhando sua opinião ou tentando mudar a da outra pessoa? Se estiver tentando mudar a da outra pessoa, então é melhor você ficar calada..
- Se os filhos adultos deixarem claro que não querem falar sobre um determinado assunto, não puxe o tal assunto. Respeite os desejos de seus filhos. Eles estarão mais propensos a ouvir os pais se sentirem que foram ouvidos por eles.
- Atente para o tempo oportuno ao puxar assuntos delicados. Todos nós sabemos que há tempo de falar e tempo de calar (Eclesiastes 3:7). Isso é verdade em todas as facetas da vida, e nós falaremos a respeito disso num capítulo posterior. Quando for falar sobre uma questão

potencialmente carregada de emoção, certifique-se de que seja a hora certa. Você não iria querer tentar ter uma conversa séria com seu marido durante a final de um campeonato de futebol. Da mesma forma, devemos estar atentos ao falar de certos tópicos quando os filhos adultos estão sob estresse no trabalho, com dificuldades no casamento ou já decepcionados, desanimados com a vida.

- Escute a si mesma. Como você se sentiria se sua mãe dissesse as mesmas palavras que você está prestes a dizer? Analise suas palavras como se estivesse escutando a conversa de alguém sentado em uma mesa ao lado. Você ficaria horrorizada com as palavras da mãe ou aplaudiria o jeito que ela se comunicou?

- Quando ouvir um filho adulto falar de um problema ou situação difícil, em vez de oferecer sua opinião ou conselho, faça boas perguntas para ajudá-lo a encontrar as próprias soluções. Por exemplo: "Quais são os prós e contras de escolher a opção A?", "Qual você acha que é a melhor maneira de lidar com a situação?". Você poderia se surpreender com o fato de que a solução deles é muito melhor do que você estava pensando. Se não for, eles descobrirão. Contudo, se eles pedirem sua opinião, dê-lhes. Considere dizer: "O que eu faria é...", em vez de "O que eu acho que você deveria fazer é...". Se realmente não tiver ideia, não sinta como se tivesse de encontrar uma solução porque você é a mãe. Diga simplesmente: "Honestamente não sei o que eu faria, mas orarei para que Deus lhe dê sabedoria e direção".

- Seja sensível ao que é importante para eles. Se eles lutarem pelos direitos dos animais, não fale de seu novo casaco de visom. Eu não tenho um casaco de visom, e provavelmente você também não, porém, acho que você entendeu a ideia.

- Diga ao seu filho adulto o que você aprecia nele, o que você admira, ou o que você aprendeu com ele. Lembre-se do capítulo sobre o poder das palavras de uma mulher para seus filhos. Em algumas coisas nós jamais amadurecemos, e uma delas é a necessidade de encorajamento. Continue sendo um grande torcedor daquele adulto! Ninguém gosta de estar perto de pessoas que apontam constantemente suas falhas e defeitos. E se for isso que o filho adulto ouve, ele vai parar de vir. Apontar constantemente os defeitos impedirá que o filho adulto venha até você.

- Mantenha as chamadas telefônicas, mensagens de texto, aplicativos de bate-papo ou qualquer outra forma de comunicação o mais positiva possível. Evite compartilhar todas as notícias negativas da família, dores e sofrimentos, problemas da comunidade ou outras conversas negativas que o filho não precisa saber. Se a chamada telefônica for agradável e edificante, há mais probabilidade de o filho adulto telefonar.

8

ESPECIALMENTE ESTAS PESSOAS

O PODER DAS PALAVRAS DE UMA MULHER A SEUS COLEGAS CRENTES

O mundo em seu pior momento precisa da igreja em seu melhor momento.

AUTOR DESCONHECIDO

Uma mulher ligou para a linha direta de atendimento ao consumidor de uma famosa rede de produtos alimentícios congelados e perguntou se seria prudente cozinhar um peru que estava em seu freezer há 23 anos. O representante do atendimento ao cliente disse-lhe que não haveria problema em comê-lo se o freezer tivesse sido mantido à temperatura abaixo de zero o tempo todo, porém, apesar disso, o gosto teria deteriorado tanto que não estaria muito saboroso. Então, a consumidora disse: "Ah, foi o que pensamos. Vamos doá-lo para a igreja".

Muitas vezes, tendemos a oferecer as "sobras" para a igreja ou para nossos irmãos e irmãs em Cristo, mas quando se trata de palavras de encorajamento, Paulo nos diz que os crentes precisam delas mais do que tudo:

> Então, com ocasião e oportunidade abertas para nós, vamos fazer o bem [moralmente] a todas as pessoas, [não apenas sendo úteis

O PODER DAS PALAVRAS DE UMA MULHER

ou lucrativos a elas, mas também fazendo o que é para o seu bem e vantagem espiritual]. Sejam diligentes para serem uma bênção, *especialmente àqueles da irmandade da fé* [os quais pertencem à família de Deus com vocês, os crentes] (Gálatas 6:10, *Amplified Bible* [Bíblia Amplificada]).

Em suas cartas às igrejas do Novo Testamento, Paulo lembrou os cristãos de usarem as palavras para edificar o corpo de Cristo porque ele sabia como é fácil destruí-lo.

Um pouco de apreço dá muito certo

Eu sei que este livro é sobre o poder das palavras de uma mulher, mas podemos aprender muito sobre como usar nossas palavras para encorajar o corpo de Cristo a partir de um homem robusto: o apóstolo Paulo. Quando penso em Paulo, tenho a tendência de imaginar um homem igual a uma rocha firme e rígida, que não é influenciado ou desencorajado pelo que está por vir. Eu não o vejo precisando de ninguém que não seja o próprio Cristo. Contudo, a verdade é outra bem diferente! Paulo precisou do encorajamento de outros crentes. Ele ansiou pelas palavras de companheiros cristãos para apoiá-lo enquanto pregava o evangelho.

Medite nestas palavras que ele próprio escreveu com sua pena à igreja em Corinto:

Pois, quando chegamos à Macedônia, não tivemos nenhum descanso, mas fomos atribulados de toda forma: *conflitos externos, temores internos.* Deus, porém, que consola os abatidos, consolou-nos com a chegada de Tito, e não apenas com a vinda dele, mas também com a consolação que vocês lhe ministraram. Ele nos falou da saudade, da tristeza e da preocupação de vocês por mim, de modo que a minha alegria se tornou ainda maior (2Coríntios 7:5-7).

O que Paulo estava sentindo naquele momento? Conflitos externos e temores internos. Sim, aquele poderoso homem de Deus que disse "Tudo posso naquele que me fortalece" (Filipenses 4:13) também lutou contra medo, fadiga e desânimo da pior espécie.

Paulo era um homem espiritualmente confiante. Ele escreveu: "De todos os lados somos pressionados, mas não desanimados; ficamos perplexos, mas não desesperados; somos perseguidos, mas não abandonados; abatidos, mas não destruídos" (2Coríntios 4:8-9). "Quem nos separará do amor de Cristo? Será tribulação, ou angústia, ou perseguição, ou fome, ou nudez, ou perigo, ou espada? [...] Não, em todas estas coisas somos mais que vencedores, por meio daquele que nos amou" (Romanos 8:35-37). Paulo acreditava nessas palavras de todo o coração, porém, mesmo assim, ainda precisou das palavras de seus companheiros crentes para encorajá-lo a seguir em frente.

Enquanto escrevo estas palavras, impressiono-me com o modo tão desesperador de que os cristãos precisam de palavras de encorajamento para continuar na fé. É fácil dizer: "Bem, Deus deve ser suficiente. As pessoas devem encontrar sua força em Cristo". Sim, Cristo é suficiente para a salvação. Contudo, Deus nos colocou em um corpo, uma comunidade de crentes. Ele nos chamou de "o corpo de Cristo", porque dependemos uns dos outros para desempenhar bem, amar bem e lutar bem.

Uma das minhas amigas, Ann, falou-me dos sentimentos de decepção que sentiu após um retiro de mulheres. "Eu havia trabalhado o ano todo para o retiro das mulheres", explicou Ann. "Eu não recebi salário, mas, em primeiro lugar, não era essa a razão de eu estar fazendo isso. Eu estava planejando o retiro para honrar Jesus, embora admita que ansiei por alguém que me dissesse 'Agradeço por todo o seu trabalho duro' ou 'Você realmente ministrou a mim' ou 'Obrigada por tudo o que você faz para encorajar as mulheres'. Eu não fiz todo aquele trabalho por um tapinha nas costas, mas um tapinha nas costas teria significado muito. Não tenho certeza se tenho coragem de fazê-lo de novo."

Fico imaginando se algumas palavras positivas de agradecimento ou apreço teriam dado a Ann a energia de que ela precisava para enfrentar o retiro das mulheres por mais um ano. Embora as mulheres que participaram estivessem preenchidas, Ann saiu vazia. Veja como Paulo usou suas palavras para encorajar as várias igrejas do Novo Testamento:

> Agradeço a meu Deus toda vez que me lembro de vocês. Em todas as minhas orações em favor de vocês, sempre oro com alegria por causa da cooperação que vocês têm dado ao evangelho, desde o primeiro dia até agora. Estou convencido de que aquele que começou boa obra em vocês, vai completá-la até o dia de Cristo Jesus. É justo que eu assim me sinta a respeito de todos vocês, uma vez que os tenho em meu coração, pois, quer nas correntes que me prendem quer defendendo e confirmando o evangelho, todos vocês participam comigo da graça de Deus. Deus é minha testemunha de como tenho saudade de todos vocês, com a profunda afeição de Cristo Jesus. Esta é a minha oração: que o amor de vocês aumente cada vez mais em conhecimento e em toda a percepção, para discernirem o que é melhor, a fim de serem puros e irrepreensíveis até o dia de Cristo, cheios do fruto da justiça, fruto que vem por meio de Jesus Cristo, para glória e louvor de Deus (Filipenses 1:3-11).

> Sempre agradecemos a Deus, o Pai de nosso Senhor Jesus Cristo, quando oramos por vocês, pois temos ouvido falar da fé que vocês têm em Cristo Jesus e do amor por todos os santos, por causa da esperança que lhes está reservada nos céus, a respeito da qual

ESPECIALMENTE ESTAS PESSOAS

vocês ouviram por meio da palavra da verdade, o evangelho que chegou até vocês. Por todo o mundo este evangelho vai frutificando e crescendo, como também ocorre entre vocês, desde o dia em que o ouviram e entenderam a graça de Deus em toda a sua verdade. Vocês o aprenderam de Epafras, nosso amado cooperador, fiel ministro de Cristo para conosco, que também nos falou do amor que vocês têm no Espírito (Colossenses 1:3-8).

Agora, veja as palavras de encorajamento de Paulo a um crente em particular, Timóteo:

Dou graças a Deus, a quem sirvo com a consciência limpa, como o serviram os meus antepassados, ao lembrar-me constantemente de você noite e dia em minhas orações.

Lembro-me das suas lágrimas e desejo muito vê-lo, para que a minha alegria seja completa (2Timóteo 1:3,4).

Palavras simples, mas poderosas. Eu imagino Timóteo, assim como as igrejas em Filipos e Colossos, lendo essas palavras repetidas vezes. Paulo não somente nos mostrou como usar nossas palavras para estimular outros crentes, mas lembrou aos outros de como usar as palavras também. Ele escreveu a Timóteo: "Seja um exemplo para os crentes no falar, na conduta, no amor, na fé e na pureza" (1Timóteo 4:12).

Honrando a noiva

Trombei com a Shelly no supermercado. Ela havia acabado de voltar de uma visita à sua futura nora. Seu filho se casaria em poucos meses, e o propósito no fim de semana era ajudar as duas famílias a se conhecerem melhor.

"Vou te dizer uma coisa", começou Shelly. "Ela pode ser cristã, mas tem um capítulo na Bíblia que ela não leu: Provérbios 31. Ela não sabe a principal coisa sobre como ser esposa. E eu sei de onde ela tirou isso. Da mãe dela. Ela tomou todas as decisões. Foi o momento de palco dela. Ficou claro, ao longo de todo o fim de semana, que as mulheres dessa família estavam no comando.

Shelly continuou apontando os defeitos da noiva do filho enquanto meu desconforto aumentava a cada minuto. Meu coração se compadecia dela — não da sogra, mas da noiva. Fiquei tão feliz que o filho dela não estivesse ali para ouvir todas essas coisas. Essa jovem não fazia ideia de que havia sido escrutinada e julgada insuficiente. Senti-me um pouco enjoada com isso tudo.

Então, perguntei-me como o Filho de Deus, Jesus, se sente quando falamos mal de sua Noiva, a Igreja; quando escrutinamos e criticamos outros crentes que são tão falhos quanto nós; quando avaliamos e difamamos os irmãos e as irmãs em Cristo como se estivéssemos sentados no tribunal. Sim, a igreja tem recebido socos no estômago do mundo em redor, mas a maior parte da crítica vem da própria família.

Jesus conhecia a propensão de seus seguidores em criticar uns aos outros. Ele também conhecia o potencial destrutivo de nossas palavras negativas de desviar da fé aqueles que estão de fora olhando para dentro. Jesus disse: "Um novo mandamento lhes dou: Amem-se uns aos outros. Como eu os amei, vocês devem amar-se uns aos outros. *Com isso todos saberão que vocês são meus discípulos*, se vocês se amarem uns aos outros" (João 13:34,35). Em suas palavras finais antes de ser detido, Jesus orou para que fôssemos unidos como um:

> Minha oração não é apenas por eles. Rogo também por aqueles que crerão em mim, por meio da mensagem deles, para que todos

ESPECIALMENTE ESTAS PESSOAS

sejam um, Pai, como tu estás em mim e eu em ti. Que eles também estejam em nós, para que o mundo creia que tu me enviaste" (João 17:20,21).

Você entendeu? "Para que o mundo creia..." Se usarmos nossas palavras uns *contra* os outros em vez de usá-las uns *a favor* os outros, o mundo dirá: "Por que eu iria querer fazer parte disso?".

Há outras pessoas na Bíblia que nos instruíram a não falar mal da noiva. As palavras *uns aos outros* aparecem pelo menos 55 vezes na Bíblia. Apresento algumas aqui:

"Dediquem-se uns aos outros com amor fraternal. Prefiram dar honra aos outros mais do que a si próprios" (Romanos 12:10).

"Tenham uma mesma atitude uns para com os outros" (Romanos 12:16).

"Portanto, aceitem-se uns aos outros, da mesma forma como Cristo os aceitou, a fim de que vocês glorifiquem a Deus" (Romanos 15:7).

"Pelo contrário, encorajem-se uns aos outros todos os dias, durante o tempo que se chama 'hoje', de modo que nenhum de vocês seja endurecido pelo engano do pecado" (Hebreus 3:13).

"Sejam completamente humildes e dóceis, e sejam pacientes, suportando uns aos outros com amor" (Efésios 4:2).

"Sejam bondosos e compassivos uns para com os outros, perdoando-se mutuamente, assim como Deus perdoou vocês em Cristo" (Efésios 4:32).

O PODER DAS PALAVRAS DE UMA MULHER

"Suportem-se uns aos outros e perdoem as queixas que tiverem uns contra os outros. Perdoem como o Senhor lhes perdoou" (Colossenses 3:13).

"Por isso, exortem-se e edifiquem-se uns aos outros, como de fato vocês estão fazendo" (1 Tessalonicenses 5:11).

Você notou quantos desses "uns aos outros" tinham a ver com palavras? Deus nos chamou para viver em comunidade e usar nossas palavras para construir unidade.

Capacitando outros a fazer o que Deus os chamou para fazer

Não existe ha Bíblia um número significativo de mulheres líderes, mas a história de Débora no quarto capítulo do livro de Juízes é suficiente para deixar qualquer mulher orgulhosa. Ela era sábia e usava bem as palavras.

Débora foi uma profetisa que liderou Israel durante uma época em que seu povo estava sendo oprimido pelo rei pagão de Canaã. Seu nome significava "abelha", e ela era, de fato, uma abelha ocupada. Serviu como conselheira, juíza e guerreira. Débora realizava seus julgamentos debaixo de uma palmeira que ficou conhecida como "a palmeira de Débora". A *NIV Study Bible* [Bíblia de Estudo NVI] diz o seguinte sobre Débora e sua árvore: "A palavra hebraica para 'mel' refere-se tanto ao mel das abelhas quanto ao xarope doce das tâmaras. Débora, a abelha, concedia a doçura da justiça enquanto julgava o povo, não no portão da cidade onde os juízes homens se sentavam, mas à sombra de uma árvore de 'mel'".[1]

---

[1] Kenneth Barker, editor geral, *NIV Study Bible* (Grand Rapids, MI: Zondervan,1995), p. 336.

Especialmente estas pessoas

Amo esse comentário! Muitas vezes, quando estou correndo de lá pra cá como uma abelha ocupada, minhas palavras não se classificam exatamente como *mel*. Na verdade, quanto mais ocupada estou, mais tensas e rudes minhas palavras tendem a se tornar, mas Débora não era assim. Suas palavras eram agradáveis como favos de mel e doces para a alma (Provérbios 16:24).

Certo dia, Débora chamou Baraque, um dos líderes do exército israelita. Deus havia lhe dado instruções em relação a esse poderoso guerreiro, cujo nome significava "relâmpago". Quando ele se aproximou da árvore, ela lhe passou as ordens de marcha diretamente do seu comandante — Deus: "O Senhor, o Deus de Israel, lhe ordena que reúna dez mil homens de Naftali e Zebulom e vá ao monte Tabor. Ele fará que Sísera, o comandante do exército de Jabim, vá atacá-lo, com seus carros de guerra e tropas, junto ao rio Quisom mulher, e os entregará em suas mãos" (Juízes 4:6,7).

Baraque acovardou-se perante o comando de Deus e, como um menininho, disse: "Se você for comigo, irei; mas, se não for, não irei" (Juízes 4:8).

"Está bem", respondeu Débora, "irei com você. Mas saiba que, por causa do seu modo de agir, a honra não será sua; porque o Senhor entregará Sísera nas mãos de uma mulher" (Juízes 4:9). (Débora não estava falando de si mesma, mas de outra mulher que teria um papel importante na derrota final dos inimigos. Veja Juízes 4:17-24). Aparentemente, Baraque não confiava no poder de Deus e insistiu que essa mulher de fé o acompanhasse no campo de batalha.

Débora repreendeu Baraque por sua falta de fé, mas ela não o envergonhou ou interveio e fez o trabalho por ele. Ela reconheceu que ele era o guerreiro que deveria liderar os homens na batalha, e ela era a profetisa que deveria encorajar e inspirar. Débora não assumiu a liderança; em vez disso, ela trabalhou com Baraque para realizar os objetivos de Deus. Ela o acompanhou no campo de batalha e, quando chegou a hora do ataque, ela o estimulou com palavras de encorajamento: "Vá! Este é o dia em que o Senhor entregou Sísera em suas mãos. O Senhor está indo à sua frente!" (Juízes 4:14).

O PODER DAS PALAVRAS DE UMA MULHER

Naqueles dias, um rei tomava a frente da batalha, e o exército seguia logo atrás. Débora assegurou Baraque de que o Rei do universo estava tomando a frente e que ele tinha apenas de seguir o Senhor até a vitória.

Baraque foi inspirado por essa mulher incrível. Ela encheu o coração temeroso dele de coragem, e ele seguiu, de fato, a Deus na batalha. Ela o ensinou a não focar as novecentas carruagens de ferro do adversário, mas no poderoso braço de Deus. Naquele dia, o Senhor confundiu Sísera, e Israel derrotou seu inimigo facilmente. Mais tarde, Débora e Baraque cantaram um dueto celebrando a vitória da nação.

O que podemos aprender com o poder das palavras de Débora? Seu encorajamento estimulou Baraque a se tornar tudo o que Deus o chamara para ser e a fazer o que Deus o criara para fazer. Ela não apenas deu a ele o presente das palavras de encorajamento, mas caminhou com ele para o campo de batalha. Suas palavras não somente fortaleceram a coragem de Baraque, mas também a de todo o exército. Ela permaneceu fiel ao seu chamado como apoiadora e ajudou Baraque a permanecer fiel ao dele, como guerreiro. Ela não tentou tomar o palco onde ela seria a única atração, mas trabalhou com outros para cumprir os propósitos de Deus. Débora foi uma verdadeira *ezer* [ajudadora] que usava bem suas palavras. E nós podemos fazer o mesmo! Não é emocionante pensar que eu e você podemos ser as mulheres que Deus usa para ajudar a trazer os resultados pretendidos de seus propósitos na vida de outras pessoas? Podemos usar nossas palavras para dar coragem aos medrosos, força aos cansados e incentivo aos desvalorizados. A igreja está repleta de Baraques. Quem sabe você seja a mulher que Deus chamou para dar a esses Baraques, eles ou elas, o empurrãozinho necessário.

Palavras que impedem outros de avançar na fé

Quisera eu que todas as mulheres da igreja pudessem ser como Débora, mas, infelizmente, também temos algumas Miriãs. Miriã foi a garotinha

Especialmente estas pessoas

corajosa que se escondeu nos juncos para ver seu irmãozinho flutuar no Nilo entre os crocodilos e os potenciais assassinos dos bebês hebreus. Visto que os hebreus estavam se tornando numerosos demais para a tranquilidade do faraó, este emitiu um decreto em que todos os bebês hebreus do sexo masculino deveriam ser mortos assim que nascessem. Porém a mãe de Moisés teve um sonho de que seu filho viveria. Depois de não conseguir mais esconder, no silêncio de sua tenda, o bebê que crescia, ela teceu uma pequena arca de junco, própria para ele, calafetou-a com piche e colocou o bebê a flutuar no rio. Tenho certeza de que ela ficou em casa orando para que alguém, qualquer pessoa, passasse por ali e resgatasse seu filho.

Enquanto isso, Miriã escondeu-se por entre os juncos para ver o que iria acontecer.

Ela viu quando a filha do faraó avistou o cesto, ouviu o bebê chorar e ordenou que seus servos o retirassem da água.

"Este deve ser um dos bebês hebreus", disse ela. A filha do faraó se apaixonou pelo menino, chamou-o de Moisés e decidiu torná-lo filho dela.

De repente, Miriã saiu do esconderijo e sugeriu corajosamente: "Devo buscar uma das hebreias para amamentar o bebê para a senhora?

A mãe de Moisés não somente cuidou do filho, mas o viu dizer as primeiras palavras e dar os primeiros passos, além de ter sido paga de modo generoso para fazê-lo.

Oitenta anos depois, encontramos Miriã novamente. Dessa vez, porém, ela não está escondida por entre os juncos do Nilo, mas liderando os israelitas em louvor e adoração após terem fugido da escravidão do Egito. Miriã, assim como Débora, também é chamada de profetisa (Êxodo 15:20). Ela usou as palavras para encorajar o povo de Deus e seus talentos musicais para conduzi-los nos cânticos.

Contudo, algo aconteceu com Miriã durante a jornada para a Terra Prometida. Ela descontentou-se com a liderança de Moisés e teve ciúmes de seu chamado. Em vez de apoiar o irmão, ela começou a atacá-lo com suas

O PODER DAS PALAVRAS DE UMA MULHER

palavras. Observemos Miriã quando suas palavras se tornam a causa de sua ruína.

Miriã e Arão começaram a criticar Moisés porque ele havia se casado com uma mulher cuxita. "Será que o Senhor tem falado apenas por meio de Moisés?", perguntaram. "Também não tem ele falado por meio de nós?" E o Senhor ouviu isso. Ora, Moisés era um homem muito paciente, mais do que qualquer outro que havia na terra. Imediatamente o Senhor disse a Moisés, a Arão e a Miriã: "Dirijam-se à Tenda do Encontro, vocês três". E os três foram para lá. Então o Senhor desceu numa coluna de nuvem e, pondo-se à entrada da Tenda, chamou Arão e Miriã. Os dois vieram à frente, e ele disse: "Ouçam as minhas palavras: Quando entre vocês há um profeta do Senhor, a ele me revelo em visões, em sonhos falo com ele. Não é assim, porém, com meu servo Moisés, que é fiel em toda a minha casa. Com ele falo face a face, claramente, e não por enigmas; e ele vê a forma do Senhor. Por que não temeram criticar meu servo Moisés?" (Números 12:1-8).

Essas palavras deveriam causar medo em qualquer um de nós que se atrever a falar contra os servos de Deus, o que inclui todos os cristãos. Deveríamos *temer* falar contra os eleitos de Deus. Como Paulo escreveu: "Quem é você para julgar o servo alheio? É para o seu senhor que ele está de pé ou cai. E ficará de pé, pois o Senhor é capaz de o sustentar" (Romanos 14:4).

Quando a nuvem da qual Deus falou com Miriã e Arão subiu, Miriã estava coberta de lepra e sua pele parecia neve. Moisés, apesar de ser a pessoa que estava sendo criticada e questionada, orou para que Deus curasse sua irmã. Sim, Deus curou sua pele leprosa e suas palavras insalubres, mas

ESPECIALMENTE ESTAS PESSOAS

não antes de ela passar sete dias isolada, fora do acampamento. No fim das contas, a jornada de mais de um milhão de pessoas foi interrompida por uma semana por causa das palavras difamatórias de uma mulher. Suas queixas e fofocas impediram o grupo inteiro de se dirigir para onde Deus queria que o grupo fosse.

Você já passou por uma situação semelhante? Uma situação em que as palavras de uma pessoa ou as palavras de um grupo de pessoas interromperam repentinamente a obra de Deus? Eu já. Muitas vezes.

Com grande frequência, a igreja se torna um terreno fértil para queixas e fofocas. Os membros da igreja têm ideias muito específicas de como ela deveria operar: música contemporânea *versus* música tradicional, becas para o coral *versus* roupas comuns do dia a dia, ter sensibilidade em relação aos que buscam *versus* discipulado de crentes, bancos de igreja *versus* assentos de teatro. Antes que você tome consciência, a preferência supera o propósito, e a jornada para a Terra Prometida de repente é interrompida. Deus não mostrou muita disposição em aceitar as queixas de Miriã. Embora ela tenha começado a murmurar sobre a esposa que Moisés escolheu, esse não era, de forma alguma, o problema. O problema dela era ciúme, puro e simples. Na verdade, não havia nada de "puro" nisso. "Será que o Senhor tem falado apenas por meio de Moisés? Também não tem ele falado por meio de nós?" Suas palavras enciumadas foram tão destrutivas quanto a lepra que corroeu seus dedos das mãos e dos pés. Por que somente Miriã foi punida, e Arão não? Não sabemos com certeza, mas imagino que ela tenha sido a principal criadora da agitação, e Arão foi o primeiro, por acaso, a deixar-se influenciar por ela.

Voltemos a Números 12:3: "Ora, Moisés era um homem muito paciente, mais do que qualquer outro que havia na terra". Alguns teólogos sugerem que a palavra *miserável* seja uma tradução melhor da palavra hebraica do que *muito paciente*:

O PODER DAS PALAVRAS DE UMA MULHER

A partir de Números 11:1, uma após a outra, as coisas deram errado para Moisés. Então em 11:14, ele clamou a Deus dizendo que não podia mais aguentar a pressão. Ele até disse que morreria para ser dispensado da tarefa. Então, perceba isto: Moisés não estava emocional, espiritual ou fisicamente numa boa situação. O que ele precisava era de um tapinha nas costas, mas, em vez disso, ele levou uma facada. As palavras amargas de sua irmã e de seu irmão foram demais para ele aguentar. Fizeram dele o homem mais "miserável" da terra. Sentia-se incapaz, inseguro e inadequado para aquele chamado. Pressionado a continuar, ele clamou a Deus dizendo: "É demais!" (11:4). "Ora, o homem Moisés era excessivamente miserável, mais do que qualquer homem na face da terra!".[2]

Quando alguém está se curvando diante da pressão de tentar servir a Deus e agradar aos queixosos, essa pessoa precisa de aplausos, não de vaias. Ela precisa de discursos motivacionais santos de sua equipe: "Você consegue!", "Obrigada por nos servir!", "Você é um/uma grande líder!", "Eu valorizo você!". Essas são as palavras que mantêm homens e mulheres avançando na fé em vez de desistir e ir para casa.

Nós temos uma escolha. Podemos ser uma Débora, que oferece encorajamento debaixo da árvore de mel e caminha lado a lado com os soldados cristãos para a batalha. Ou podemos ser uma Miriã, que causa discórdia e faz com que a marcha para a Terra Prometida (ou para onde quer que Deus esteja levando) seja totalmente interrompida. Eu quero ser uma Débora. Aposto que você também, querida.

---

[2] Kenneth L. Barker e John R. Kohlenberger III, *Zondervan NIV Commentary* Volume 1: "Old Testament" (Grand Rapids, MI: Zondervan, 1994), p. 198.

Especialmente estas pessoas

Um copo de água fresca para a alma sedenta

Alguns anos atrás, uma amiga desempenhou o importante e demorado papel de confeccionar adornos de palco e decorações para a programação de Natal da igreja. Ela trabalhou por meses em becas brancas, cortinas de fundo finas e cintilantes, e adereços de palco glaceados e brilhantes. A igreja foi transformada em um país das maravilhas celestial e pitoresco, que levou nossa imaginação a um mundo diferente. Mais de duas mil pessoas assistiram à programação de Natal e se maravilharam com seu trabalho manual. E o que ela ganhou por todo o seu esforço? Uma nota de agradecimento.

"Claro que não fiz o trabalho para receber louvores ou tapinhas nas costas", disse-me ela mais tarde. "Mas li aquela única nota muitas vezes."

Lamento profundamente não ter escrito aquela nota.

Muitas vezes, uma palavra de agradecimento ou apreço é a única recompensa que um colega crente recebe deste lado do céu. O autor de Provérbios escreveu: "quem dá alívio aos outros, alívio receberá" (Provérbios 11:25). Outro ditado sábio observa: "Quanto lhe for possível, não deixe de fazer o bem a quem dele precisa" (Provérbios 3:27).

Não consigo expressar o quanto significa para mim quando recebo um e-mail de encorajamento. O ministério é difícil, e é solitário ser uma escritora. Tem muitos dias em que me sento ali, sozinha em meu quarto, somente eu e meu computador, e me questiono: "Isso está sendo bom para alguém?". E honestamente, às vezes sinto vontade de parar, mas aí recebo um e-mail de alguém cuja vida tem sido impactada de algum modo. Uma pequena nota pode oferecer a força de que preciso para dar mais uma volta. Isso é o que podemos fazer uns pelos outros no corpo de Cristo.

Sempre temos o poder de oferecer uma palavra de encorajamento. Espero que jamais neguemos o copo verbal de água fresca àqueles que desbravam o caminho da fé conosco. Teresa de Calcutá disse: "Palavras gentis são fáceis de falar, mas seus ecos são verdadeiramente infinitos".

O PODER DAS PALAVRAS DE UMA MULHER

O profeta Eliseu conheceu uma mulher que entendia que o povo de Deus precisa de encorajamento durante toda a sua jornada. Certo dia, enquanto passava pela cidade de Suném, uma mulher rica o convidou para jantar com ela e seu marido. Durante o tempo em que estiveram juntos, ela percebeu que Eliseu era um homem santo e decidiu construir um quarto de hóspedes em sua casa para ele usar quando passasse pela cidade. Ela não queria nada em troca; aquela era apenas sua forma de abençoar Eliseu, de revigorá-lo com suas palavras e atitudes.

Eliseu impressionou-se com sua generosidade e quis dar-lhe um presente em troca. Porém, quando ele se ofereceu para falar com o rei em favor dela, a mulher assegurou-lhe de que não queria, precisava ou esperava nada por sua bondade. Eliseu não aceitou um não como resposta e continuou a considerar a possibilidade de um presente perfeito para a anfitriã.

Geazi, seu servo, veio com uma ideia esplêndida: um filho. "Bem, ela não tem filho e seu marido é idoso", disse Geazi. Ótima ideia. Eliseu a chamou até a porta e anunciou: "Por volta desta época, no ano que vem, você estará com um filho nos braços" (2Reis 4:16). E assim foi.

Eu amo ver as pessoas tentarem "ser mais simpáticas" umas com as outras. É exatamente isso que vemos na história de Eliseu e da mulher de Suném. Ela o abençoou. Ele a abençoou ainda mais. Como seria maravilhoso se usássemos nossas palavras para tentar "sermos mais simpáticos" uns com os outros, entre irmãos e irmãs na igreja.

Paulo escreveu: "Consideremos e cuidemos atenta e continuamente de zelarmos uns pelos outros, estudando como podemos incentivar (estimular e incitar) ao amor, às obras úteis e às atividades nobres" (Hebreus 10:24, *Amplified Bible* [Bíblia Amplificada]). Não se tratou de uma ordem superficial. Observe as palavras que denotam ação: *cuidemos atentamente, cuidemos continuamente, zelarmos uns pelos outros, incentivar, incitar.* Observe que Paulo, no início da exortação, nos instrui a observar e depois falar. Nem todas as pessoas precisam da mesma palavra de encorajamento. Nós observamos, oramos e então falamos as palavras específicas que irão renová-las com mais eficácia.

Lições de uma discoteca coberta pela copa de uma palmeira Sabal

Há quinze metros da margem da Highway 17, na Ilha de Pawley, Carolina do Sul, EUA, encontra-se o C.J.'s Beach Club. Durante anos, Steve e eu olhamos para o edifício de madeira embocado no bosque de murtas, mas não era o tipo de lugar que tendíamos visitar. Certo final de semana, estávamos somente os dois na praia, num feriado curto, e nos sentíamos aventureiros. Steve entrou com o carro no estacionamento do C.J.'s cujo piso era coberto de conchas quebradas de ostras e decidimos saborear a vida noturna local da costa sul.

C.J.'s era uma discoteca. Ora, antes de fechar o livro em estado de choque porque fomos a um lugar onde não éramos bem-vindos, quero que você fique comigo por um momento. Crescemos dançando *shag*, que é uma espécie de *swing* da Costa Leste. Era noite de *shag* no C.J.'s, e o DJ (disc jockey), que aparentava uns 45 anos, tinha uns 70 anos e se parecia muito com minha sogra.

Steve e eu nos sentimos um pouco desconfortáveis ao entrarmos pelas portas e observarmos os letreiros de néon anunciando várias bebidas, mas nós éramos compromissados. Todos os olhos se voltaram para o novo casal à medida que cruzamos o umbral — não havia como voltar atrás. O cheiro de pipoca misturava-se com a fumaça de cigarro e saturava o ar enquanto casais de meia-idade confundiam seus pés ao som de velhas músicas de praia, dançando sob o globo que girava na discoteca.

Pedimos cada um uma Coca-Cola e achamos uma cadeira. Não deu dois minutos até que um casal chegou à nossa mesa e se sentou.

— Oi, eu sou Tom — disse o homem de 40 e poucos anos enquanto estendia a mão para Steve. — E esta é minha esposa, Julie.

— Oi — disse Julie entrando na conversa.

— Olá, Julie. Oi, Tom — respondemos.

— Nós nunca vimos vocês aqui antes — continuou Tom. — Vocês moram por aqui?

— Não, nós somos de Charlotte. Estou por aqui de férias — respondeu Steve. — E vocês dois? Vocês são daqui?

— Nós moramos em Georgetown, descendo a estrada — respondeu Tom. — Nós vimos aqui para dançar *shag* nas noites de sexta-feira. A maioria do pessoal aqui é assíduo. Todos nós nos conhecemos. Como uma grande família.

Depois de vinte minutos de conversa, sabíamos as ocupações um do outro, as idades dos filhos, em que faculdade estudamos, os hobbies favoritos e os vários ramos das árvores genealógicas.

— Vejo você na pista de dança — disse Tom ao se despedir e se dirigir para a próxima mesa que visitaria. Assim que se afastaram, outro casal se sentou e a mesma conversa amigável se repetiu. Depois outro casal... depois outro. Quando saímos do C.J.'s, sentimos como se tivéssemos sido recebidos na família. Tínhamos chegado ali como estranhos acautelados e saímos como ternos amigos.

— Voltem quando passarem por aqui de novo — disseram vários deles aos nos dirigirmos à porta.

Enquanto saíamos em silêncio, ao som dos pneus do carro que faziam estalar as conchas de ostras, uma tristeza me bateu profundamente. "Estive em muitas igrejas em minha vida, mas jamais em uma que fosse tão acolhedora e terna como aquelas pessoas foram esta noite", sussurrei. "Temos muito a aprender." Steve sentiu o mesmo.

Especialmente estas pessoas

Ninguém disse aos homens e às mulheres da discoteca: "Agora, virem-se e digam olá a alguém que esteja próximo". Foi simplesmente o interesse espontâneo e genuíno. O que vai atrair o mundo para a igreja e, em última instância, para um relacionamento com Jesus Cristo? Interesse, cuidado e preocupação genuínos. Mais do que as abordagens feitas de porta em porta, que as instalações modernas ou serviços especializados de mídia de última geração, os relacionamentos são a rede que atrai uma multidão de almas. Como a terra seca e rachada que se abre para uma gota de chuva, homens e mulheres espiritualmente desidratados anseiam por uma gota de amor para saciar suas almas sedentas. Eles procurarão alívio entre aqueles que têm a água viva ou procurarão em outro lugar porque parece que simplesmente não nos damos bem? Jesus tem aquilo pelo que as pessoas realmente anseiam. Muitos não conseguem definir o anseio ou quem o colocou ali, mas nós sabemos e temos o privilégio de lhes contar! Esse é o poder das palavras de uma mulher.

9

A MULHER NA FILA DO CAIXA

O PODER DAS PALAVRAS DE UMA MULHER PARA O MUNDO

O evangelho não cai das nuvens como chuva, por acaso, mas é trazido pelas mãos de homens, para onde Deus o enviou.

João Calvino

Certa noite fria, durante a época de Natal, havia um menininho parado diante da vitrine de uma loja. A criança não tinha sapatos e suas roupas não passavam de trapos. Ao passar por ali, uma jovem viu o menino e pôde perceber o anseio em seus pálidos olhos azuis. Ela tomou a criança pela mão e a levou até a loja. Ali, ela lhe comprou sapatos novos e um jogo completo de roupas quentes.

Eles saíram da loja, e, ali na rua, a mulher disse à criança: "Agora você pode ir para casa e ter uma celebração feliz".

O menino olhou para ela e perguntou: "Moça, você é Deus?".

Ela sorriu para ele e respondeu: "Não, filho. Eu sou apenas um dos filhos dele".

O PODER DAS PALAVRAS DE UMA MULHER

Então, o menininho disse: "Eu sabia que havia alguma ligação.[1]

À medida que vivemos os dias agitados, nos deparamos continuamente com oportunidades de impactar outros com as palavras que falamos. Sim, nossas palavras influenciam a família, os amigos e os colegas crentes; porém é o homem que está na nossa frente na fila do mercado, a mulher que está no caixa, o garçom no restaurante, o passageiro no banco do lado no avião, ou o vizinho do outro lado da rua que pode ser nossa tarefa especial para o dia. Essas são as pessoas que Deus faz cruzar nossos caminhos e que podem precisar de uma palavra de encorajamento antes de qualquer coisa.

Jesus era um homem muito ocupado, mas nunca ocupado demais que não pudesse oferecer uma palavra gentil aos homens e às mulheres que cruzavam seu caminho diariamente. Ele parou e falou com Zaqueu, que, por ser baixinho, subiu em uma árvore para ver melhor a multidão em volta de Jesus. O Filho de Deus fez uma pausa em suas viagens para ingressar em uma das mais longas conversas de que se tem registro, à beira de um poço, com uma mulher cansada e de reputação duvidosa. Ele interrompeu sua agenda para consolar uma mãe na procissão fúnebre de seu único filho. Ele arrumou tempo para libertar um homem possuído por demônios que se colocou em seu caminho quando Jesus se dirigia à orla. Ele notou um aleijado entre muitos que se aglomeravam ao redor do poço de Betesda esperando que se agitassem as águas curativas. Ele fez uma pausa para reconhecer a mulher corajosa que estendeu a mão e tocou a orla de suas vestes para ser curada. Jesus percebeu... e então Ele ofereceu palavras e atos de consolo e preocupação.

Parece que cada um desses episódios na vida de Jesus foi uma interrupção em sua agenda lotada, mas não foram interrupções de modo algum.

---

[1] Adaptado de Dan Clark, "Are you God?" em *Chicken Soup for the Woman's Soul* (Deerfield Beach, FL: Health Communications, Inc., 1996), p. 27.

Cada encontro foi um compromisso divino de seu Pai celestial, que orquestrava os momentos que compunham os dias de Jesus. Poderia ser o caso de Deus estar nos enviando em uma tarefa especial cada vez que cruzamos a porta de nossas casas? Acredito que sim.

Compromissos divinos: não os percam

Beth foi um dos meus compromissos divinos. Ela foi a última passageira a entrar no avião, sem paciência e sem fôlego.

— Alguém está no meu assento — reclamou a jovem desgrenhada à comissária de bordo.

— Este está vazio — apontei.

Obrigada — bufou ela enquanto se estatelava no assento ao meu lado.

A bela jovem estava visivelmente exausta. Vestia uma calça jeans bem justa e uma camiseta decotada, de chamar a atenção. Seus chinelos deslizavam sob os pés revelando uma tatuagem simpática no topo do pé direito. Os óculos de sol escondiam algo... Eu não tinha certeza de o que era. Ela olhava para a frente, mas senti que sua mente estava olhando para trás.

Depois que o avião decolou, puxei um livro que estava estudando para uma entrevista de rádio num futuro próximo. "Deixe o livro de lado e fale com essa garota", Deus parecia dizer.

— Mas Senhor, ela não quer falar. Posso perceber por sua linguagem corporal. Ela não está interessada em conversar — argumentei mentalmente.

— Abaixe o livro e fale com essa garota — (Deus pode ser muito persistente. Especialmente quando se trata de um dos seus).

— Tudo bem, tudo bem, tudo bem!

Fechei o livro e virei-me para a passageira de lábios serrados.

— Então, para onde você está indo? — perguntei.

Para casa — respondeu ela.

Onde fica?

— Nos arredores de Charlotte — respondeu ela. — É uma cidade pequena. Tenho certeza de que você jamais ouviu falar dela.

— Você estava na Flórida a negócios ou a passeio? — continuei.

— Eu estava visitando meu namorado — respondeu ela.

Então, ela tirou os óculos escuros revelando os olhos vermelhos e inchados; fitou rapidamente o livro que estava em meu colo: *Your Scars are Beautiful to God* [Suas cicatrizes são lindas para Deus], leu ela em voz alta.
— Esse tema é interessante. Tenho muitas cicatrizes.

— Eu também. É por isso que eu escrevi o livro.

— Você escreveu esse livro?

— Sim.

Ao longo das próximas uma hora e meia, ela derramou o coração. Ela havia sido abandonada pelo pai biológico e abusada sexualmente por vários homens em sua vida. Ela estava naquele voo para casa porque foi "espancada" pelo namorado, que tinha acabado de sair de um centro de reabilitação de drogas. Na verdade, ela estava fugindo. Meu coração partiu quando aquela linda jovem me contou uma história após outra de crueldades que lhe tinham sido feitas, mescladas com escolhas ruins que ela própria havia feito. Naquele momento, a vida dela se assemelhava a um acidente de trem de cem vagões com um único sobrevivente que estava necessitando desesperadamente de cuidados emergenciais.

À medida que minha mente se envolvia com Beth (não é seu nome verdadeiro), meu espírito se comunicava com Deus. "O que eu faço?" Orei. "Tanta dor. Tanta dor. Ore por ela... agora".

— Beth, você se importaria se eu orasse por você?

Não — disse ela com uma voz trêmula. — Eu gostaria muito.

Segurei a mão de Beth, e o pesar de Deus por essa garota tomou conta do meu coração. Não foi só uma oração do tipo: "Deus abençoe você,

Beth". Eu chorei. Foi como se a dor de Deus por aquela garota que eu nem conhecia estivesse fluindo em mim.

Como Deus planejou, Beth e eu estávamos na primeira fila de um avião pouco ocupado. A única pessoa que estava prestando atenção em nós era a comissária de bordo, que se sentara de frente para nós no assento exclusivo para a tripulação. Não tenho certeza, mas acho que Deus estava trabalhando no coração dela também.

Quando o avião pousou, dei o livro nas mãos de Beth, trocamos e-mails, nos abraçamos uma última vez. Depois daquele encontro, tivemos alguns contatos. Beth continuou sua jornada para encontrar paz e propósito. O padrasto dela me escreveu uma carta expressando seu apreço por tirar tempo para ministrar à sua "garotinha". Ele escreveu: "Eu vinha orando para que Deus enviasse um anjo a Beth, e acredito que Ele enviou".

Bem, eu não sou nenhum anjo, tenho certeza disso, mas acredito que os anjos estavam pairando ao nosso redor naquele avião. É isso que acontece quando prestamos atenção àqueles que estão à nossa volta e usamos nossas palavras para oferecer esperança, encorajamento e o amor de Deus em um mundo repleto de dor.

O impacto de um simples comentário

Alan Loy McGinnis, em seu livro *O fator amizade*, conta uma história sobre o poder das palavras de uma mulher a um de seus amigos, Bruce Larson, numa aventura em outro avião. Bruce estava indo de Nova Jersey para Nova York para falar em uma conferência. Ele estava exausto e totalmente despreparado para aquela conferência, mas planejava trabalhar durante o voo. Ele abriu seu caderno e orou: "Ó Deus, me ajude. Deixe-me achar algo aqui que será útil para o seu povo em Siracusa".

Não ocorreu nada à Bruce, e quanto mais perto ele chegava de Siracusa, mais culpado ele se sentia por sua falta de preparo. Porém algo aconteceu

O PODER DAS PALAVRAS DE UMA MULHER

que mudou sua atitude. Foram as palavras simples de uma comissária de bordo. Bruce recorda:

> Na metade daquele breve voo, uma aeromoça veio pelo corredor entregando café. Ao se aproximar do meu assento, eu a ouvi exclamar: "Ei! Alguém está usando a loção pós-barba Leather... Quem é?".
>
> Acenei com a mão empolgadamente e disse: "Sou eu...".
>
> Durante todo o restante do voo, eu e a aeromoça fazíamos gracejos toda vez que ela passava pelo meu assento... Vinte e cinco minutos depois, quando o avião preparava-se para aterrizar, percebi que minha insanidade temporária havia desaparecido. Apesar do fato de que eu havia falhado em todos os sentidos, em administrar meu tempo, na preparação e na atitude, tudo havia mudado. Eu estava consciente de que Deus me amava e que me amava apesar do meu fracasso.
>
> E mais ainda, eu amava a mim mesmo e as pessoas ao meu redor e as pessoas que estavam esperando por mim em Siracusa... Olhei para o caderno que estava no meu colo e encontrei uma página repleta de ideias que poderiam ser úteis por todo o fim de semana.
>
> "Deus", pensei, "como isso aconteceu?" Foi aí então que percebi que alguém tinha entrado na minha vida e virado a chave. Era apenas uma chavinha, virada por alguém muito improvável. Porém o simples ato de afirmação, aquela atenção imerecida e inesperada, colocou-me de volta no trilho.[2]

---

[2] Alan Loy McGinnis, *The Friendship Factor* (Minneapolis, MN: Augsburg, 1979), p. 101-102.

Não sabemos quando um simples comentário pode mudar o rumo do dia de alguém. Para uma pessoa que trabalha como caixa: "Seu cabelo está realmente bonito hoje". Para uma mãe exausta na fila do supermercado: "Você está fazendo um excelente trabalho". Ao carteiro: "Obrigada por tanta dedicação em trazer nossas cartas todos os dias". Para o adolescente que empacota as compras no mercado: "Aposto que seus pais estão muito orgulhosos de você". Procure algo positivo para dizer àqueles que tendem a se esconder. Você pode ser aquela pessoa que os ajudará a se destacar entre a multidão.

A necessidade de ser notado

Os anunciantes são bem cientes da necessidade que os seres humanos têm de pertencimento. Eles estão apostando nisso. Quantas vezes meus olhos se encheram de lágrimas por causa de um comercial de televisão? Um comercial de cartão de crédito mostra uma filha adulta levando sua mãe idosa de volta à Itália para descobrir suas raízes... "O custo? Não tem preço." (Eu choro.) Uma carruagem puxada por cavalos desliza pela neve a caminho de uma cabana aconchegante construída em meio às árvores, com fumaça da chaminé saindo em espiral, em direção ao céu... "Lar para as férias." (Eu choro.) Nas primeiras horas da manhã, sem que seus pais saibam, um jovem vestido com um uniforme militar chega a casa deles, larga a mochila no chão e vai ligar a cafeteira. Sua mãe, sentindo o aroma, apressa-se em descer a escada e vai apertando fortemente as mãos enquanto lágrimas escorrem pelo rosto ao ver seu soldado que voltou da guerra para casa. (Eu choro.)

As lágrimas que se formam em meus olhos provam que esses anunciantes fizeram uso da minha necessidade de pertencimento. Eles nos fazem acreditar que se comprarmos aquele produto específico deles, teremos aquela mesma sensação terna e vaga de euforia ou gozo extático.

O PODER DAS PALAVRAS DE UMA MULHER

Nós, porém, sabemos a verdade. A verdadeira alegria não será encontrada na prateleira do mercado, na feira de carros, ou na vitrine da loja de departamentos. Não pode ser comprada passando-se o cartão de crédito ou usando dinheiro vivo. As pessoas querem sentir que fazem parte de algo maior do que si mesmas, e que há mais nessa vida do que riqueza acumulada e realizações.

Temos o poder em nossas palavras de contar ao mundo acerca do caminho, da verdade e da vida. Temos o poder em nossas palavras de ajudar a mudar o mundo com uma pessoa de cada vez.

Todos querem ser percebidos, cuidados e amados. Como meu coração se parte com as palavras de Davi: "Ninguém se importa com a minha vida" (Salmos 142:4). Ele está clamando durante um dos momentos mais sombrios de sua vida e sente-se sozinho em sua luta para sobreviver. Poderíamos ter a expectativa de ouvir essas palavras vindo das ruas lotadas da cidade enquanto homens e mulheres se apressam em seus ternos caríssimos, saindo para fechar o próximo negócio. Não nos surpreenderíamos em ouvir essas palavras de alguém em situação de rua aninhado debaixo de uma ponte com todas os seus pertences enfurnados em uma sacola de supermercado. Mas será que esperaríamos isso da pessoa sentada ao nosso lado no banco da igreja, do colega de escritório na baia ao lado, ou da mãe de três filhos da casa ao lado?

Enquanto voava da Costa Leste para a Costa Oeste, assisti a um filme a bordo, *Do que as mulheres gostam*, com Mel Gibson. Nick Marshall (interpretado por Mel Gibson) trabalha em uma empresa de publicidade cheia de homens e mulheres que andam de lá pra cá no próprio mundinho ensimesmado. Em uma estranha mudança nos acontecimentos, Nick é "alterado eletricamente" quando escorrega no banheiro e cai na banheira juntamente com um secador de cabelo. Ao recobrar a consciência após a experiência chocante, ele tem a capacidade de ouvir os pensamentos das mulheres. Com seus novos poderes perceptivos, ele obtém uma enorme conta de propaganda da Nike e ganha o coração da protagonista... claro. A trama, no entanto, tem um lado comovente que ganhou meu coração.

No filme, uma jovem pouco notável, do escritório de Nick, tem pensamentos que a paralisaram. "E se eu simplesmente pulasse pela janela? Alguém perceberia? Eu poderia ter partido há dias e ninguém notaria... até que a pilha de arquivos começasse a acumular. Então eles diriam: 'Onde está a nerd de óculos que carrega os arquivos?'."

Ninguém notou a garota mensageira que se recusava a fazer contato visual com os colegas de trabalho... exceto Nick, que podia ouvir seus pensamentos.

Certo dia, a jovem (que se chama Erin) não aparece para trabalhar.

— Onde está Erin? Nick perguntou ao perceber uma pilha de arquivos colocados sobre a mesa dela.

— Não sei — alguém responde. — Ela não apareceu para trabalhar hoje.

Temendo o pior, Nick localiza o endereço de Erin e corre para impedi-la de acabar com a própria vida.

Ao invadir seu apartamento, Nick vê uma carta de suicídio sobre a mesa e seu coração se entristece. Erin, assustada, entra na sala.

— Senhor Marshall, o que está fazendo aqui?

— Estou feliz por ter chegado aqui antes de você infligir algum mal a si mesma.

— O que faz você pensar que eu faria algum mal contra mim mesma?

— Eu simplesmente senti.

— Sério? Você sentiu? Isso não é bom.

Então Nick muda brilhantemente de curso:

— A verdadeira razão pela qual estou aqui é para lhe oferecer um emprego. Você sabe que nós conseguimos a conta da Nike e estávamos pensando em quem seria uma verdadeira fera para trabalhar neste projeto...

O PODER DAS PALAVRAS DE UMA MULHER

Nick oferece a Erin um lugar em sua equipe e a resgata de se sentir invisível, indesejada, não amada e sem importância.

Não estou sugerindo que você assista este filme. Estou sugerindo, no entanto, que você pondere a situação. Acredito que homens e mulheres passam por nós todos os dias do mesmo jeito que Erin neste filme, sentindo que eles não têm nenhum propósito importante neste mundo. Sei que há muitos que acham que seu desaparecimento repentino causaria pouco alarde ou preocupação. Pode ser a mulher que cruza com você no corredor do trabalho, a adolescente de aparência rebelde que passa lentamente por você no shopping, ou o empresário correndo para seu próximo compromisso. É preciso tão pouco para fazer uma pessoa saber que ela é importante e percebida. Temos a habilidade de dar esperança a alguém oferecendo uma simples palavra de reconhecimento.

O Dr. David Jeremiah escreveu: "Somos moldados por aqueles que nos amam ou se recusam a nos amar, e por aqueles a quem amamos ou nos recusamos a amar".[3] Ao iniciarmos nosso dia, nos é dada uma oportunidade incrível de moldar e conformar aqueles que estão ao nosso redor com uma simples palavra de encorajamento, reconhecimento ou apreço. O mundo está clamando por amor, por uma palavra positiva, um toque terno, um bocadinho de elogio. Às vezes, um simples "olá" pode ser um impulso para um sedento ser notado. Muitas pessoas estão tão solitárias que qualquer sinal de atenção é um oásis inesperado que refresca a alma. Em *Os quatro amores*, C.S. Lewis disse: "Todo nosso ser, pela própria natureza, é uma vasta necessidade, incompleto, preliminar, vazio, porém abarrotado, clamando por aquele que pode desatar coisas que agora estão atadas e atar coisas que ainda estão soltas".[4] Que incrível Deus às vezes nos permitir participar da libertação e da junção por meio das palavras que falamos.

---

[3] David Jeremiah, *The Power of Encouragement* (Sisters, OR: Multnomah, 1997), p.13.

[4] C.S. Lewis, *The Four Loves* (Nova York: Harcourt Brace, 1960), p. 3.

Como todos sabemos, algumas pessoas são mais fáceis de amar do que outras. Mas sabe o que me ajuda a superar a personalidade irritante, a atitude ácida ou o comportamento rude? Simplesmente um pouquinho de memória. Quando reflito sobre meu passado e vejo como Deus me trouxe longe, fico repleta de gratidão. Eu não preciso imaginar o que eu teria me tornado se Jesus não tivesse me resgatado aos 14 anos. Eu estava prestes a tomar algumas decisões imorais que teriam me assombrado para o resto da minha vida. Foi apenas pela graça e misericórdia de Deus que eu não me tornei uma estatística. Há relato de que Fiódor Dostoiévski disse: "Amar alguém verdadeiramente é vê-lo como Deus pretendia".[5] Nós podemos fazer isso. Podemos falar isso.

Colocando os santos em circulação

Oliver Cromwell foi um líder político e militar na Grã-Bretanha em meados do século 17. Durante seu reinado, o governo começou a ficar sem prata para fazer moedas. Ele enviou seus homens à catedral local para ver se poderiam encontrar algum metal precioso. O relato deles foi este: — A única prata que pudemos encontrar está nas estátuas dos santos colocados nos cantos da igreja.

Cromwell respondeu: — Ótimo! Vamos derretê-los e colocá-los em circulação![6]

Que ideia esplêndida! Coloque os santos em circulação! Paulo, ao escrever para as igrejas, muitas vezes se referia aos cristãos como "santos". Como cabe bem sermos derretidos e colocados em circulação, liberando palavras encorajadoras como moedas preciosas nos bolsos do coração de um mundo em sofrimento.

---

[5] Essa citação é atribuída frequentemente a Theodore Doystoyevsky, mas não foi encontrada assim na busca de livros no Google.

[6] Richard H. Seume, *Shoes for the Road* (Chicago, IL: Moody Press, 1974), p. 117.

Estou convencida de que existe um buffet de ministérios nos restauran-tes. Se houver um lugar onde os santos são colocados em circulação, este lugar são os estabelecimentos onde se come. Os americanos estão comendo fora agora mais do que em qualquer outro momento da história do nosso país, portanto, vamos dar uma olhada neste improvável campo missioná-rio. Eis aqui três cenários a se ponderar.

Cenário um

O garçom era soberbo, perturbado e apressado. Nossa presença parecia ser um inconveniente para sua noite. A linguagem corporal dele gritava: "O que você quer? Estou com pressa. Seja rápido. Eu não gosto de você, e eu não quero estar aqui." Então, decidi fazer uma pequena experiência.

— Você com certeza está ocupado esta noite — disse eu enquanto ele jogava nossas bebidas na mesa.

— Sim.

— Aposto que você vai dormir bem esta noite.

— Sim.

— Vejo você correndo de mesa em mesa. Você está fazendo um ótimo trabalho.

Então o garçom me olhou nos olhos pela primeira vez, endireitou um pouco mais o corpo e desenrugou a testa.

Quando ele retornou à nossa mesa, continuei minha experiência. — Há quanto tempo você trabalha aqui? — perguntei.

— Há cerca de quatro meses, respondeu. — Estava trabalhando no mundo corporativo e tive de parar com a correria insana... a corrida de ratos. Aqui é um tipo de pressão diferente, mas perdi 13 quilos e me sinto melhor do que havia me sentido em anos. Estou pensando em fazer a escola de culinária no outono.

— Parece uma ideia maravilhosa — disse eu. — Aposto que você se daria bem.

Ele sorriu e se foi. Alguém havia notado que ele era mais do que um garçom... ele era uma pessoa.

O garçom que nos entregou a conta no final da refeição não era o mesmo homem que tinha anotado nosso pedido uma hora antes. Ele estava com as mesmas roupas, usava o mesmo crachá, e servia a mesma área. Mas o garçom frustrado e inexpressivo que havia jogado nosso chá gelado à mesa havia se revelado um jovem alegre. Esse é o poder das palavras de uma mulher.

Cenário dois

O restaurante estava borbulhando. Abaixamos a cabeça para orar quando a garçonete, desconcertada, parou ao lado segurando uma cesta de pães. Dissemos "amém" e então, educadamente, ela colocou a cesta sobre a mesa e saiu rapidamente.

Não demorou muito até que uma das mulheres do nosso grupo começasse a reclamar. Eu conhecia a propensão dela de resmungar e prendi minha respiração. Os pães estavam frios, a carne estava dura, a faca tinha uma sujeirinha e "cadê o ketchup, afinal?". Ela importunou a garçonete várias vezes com suas críticas mesquinhas. Quisera não tivéssemos orado. Eu não queria que ninguém que percebesse o espírito crítico daquela mulher soubesse que éramos representantes de Jesus Cristo.

Todos podemos fazer um favor a Jesus. Da próxima vez que sairmos para comer, seja no McDonald's ou no Morton's de Chicago, vamos representar bem Jesus. Podemos usar nossas palavras para que os que estão ao nosso redor se tornem famintos e sedentos por conhecer a esperança que há em nós. Que nossos elogios fluam e que espíritos gratos nutram nossa alma.

Cenário três

Chamei nossa garçonete até a mesa. — Com licença — comecei. — Eu gostaria de falar com o gerente?

— Claro — respondeu ela um pouco nervosa.

Em poucos minutos o gerente veio até a mesa. — Há algum problema? — ele perguntou.

— Nenhum — respondi. — Eu apenas queria falar do trabalho maravilhoso que a mocinha fez cuidando de nós hoje. Ela é uma garçonete maravilhosa, e espero que tenhamos o prazer de tê-la nos atendendo novamente da próxima vez. Eu achei simplesmente que você deveria saber do excelente trabalho que ela fez e da preciosidade que você tem.

— Obrigado, senhora.

A mocinha voltou para nossa mesa radiante. Sem dúvida, o gerente havia retransmitido nossos elogios. Tendo custado apenas um minuto, essas palavras significaram muito mais para a mocinha do que uma gorjeta de 20%.

Agora, vamos ruminar esses três cenários e digerir as ramificações de cada um. Em que mesa você se vê? Em qual mesa você gostaria de se sentar?

Cartas vivas de Deus

Recebi uma carta outro dia. Não tinha um carimbo no canto direito ou um adesivo de devolução, mas eu sabia exatamente de onde viera, e não havia dúvida de quem a havia enviado. A carta estava usando jeans e moletom e tinha cabelos castanhos na altura dos ombros, e foi enviada por Deus.

Na Bíblia, Paulo descreveu os cristãos como cartas vivas conhecidas e lidas por todos, escritas não com tinta, mas com o Espírito de Deus nos corações humanos (2Coríntios 3:2-3). Deus enviou muitas cartas de amor para meu endereço... ao portador, entrega especial, correio pago. É certo que algumas das cartas parecem ter ficado desfiguradas no trajeto, e eu suspeito que algumas das palavras não foram exatamente o que o autor pretendeu, mas, apesar disso, eram cartas.

Deus não escreveu suas cartas em folhas frágeis de papel ou em tábuas de pedra. Ele escreveu suas cartas nos corações humanos para o mundo todo ler. Há algumas cartas que recebi e desejei escrever DEVOLVER AO REMETENTE. Eu não queria a carta e, honestamente, eu não tinha certeza de onde ela viera. Não poderia ser de Deus. As palavras eram duras, e eu suspeitava que também eram falsificadas. Elas não podiam ser de Deus... embora a carta dissesse que eram.

Agora, há outras cartas que recebi cujo roteiro é tão lindo que as pego e leio várias vezes. São tesouros que aprecio demais. Eu as leio muitas vezes, aperto-as contra o meu coração e até beijo o selo de vez em quando. Essas são as minhas cartas favoritas. Elas têm todas as formas e tamanhos, mas o endereço para devolução está sempre visível, mesmo que tenha desbotado com os anos ou apagado com o desgaste. Amo essas cartas. Deus me enviou tantas ao longo dos anos.

Cara amiga, aqui está um pensamento amedrontador: você é uma carta. Eu sou uma carta. Deus escreveu sua mensagem em nossos corações e nos endereçou para o mundo. As pessoas leem as cartas de Deus em nossas ações. Elas leem as cartas de Deus em nossas palavras. O que elas lerão na sua carta? Elas receberão as palavras como um soldado ávido por notícias de casa, ou as verão como um e-mail não solicitado a ser deletado? Elas temerão as palavras e as verão como uma conta que precisa ser paga, ou as verão como Deus planejou: palavras de amor conquistando-as para Cristo?

Uma garotinha perdida encontra sua casa

Era uma vez uma garotinha que cresceu em um bairro muito agradável, com pinheiros de 18 metros que faziam sombra a uma casa ao estilo rancho sulista. Sua vida consistia em um punhado de amigos que iam de casa em casa, descalços, dias quentes de verão, e uma collie chamada Lassie, que a seguia em cada movimento. Por trás das portas da casa dela, no entanto, havia um segredo. Seu pai, um empresário da comunidade, tinha problema com a bebida. Por muitas noites, essa garotinha rolava na cama ao som de seus pais gritando, brigando e quebrando móveis. Ninguém sabia o que estava acontecendo atrás das belas paredes de tijolos e portas acolhedoras.

No bairro dela, havia, porém, uma mulher, a mãe de sua melhor amiga. Ela amava aquela garotinha e compartilhava acerca de Jesus Cristo com ela; ouvia sobre seus problemas, abraçava seu corpinho e a fazia sentir como se fosse extremamente amada por Deus. O relacionamento delas, este vínculo entre uma menina perdida e uma mãe emprestada, continuou a crescer. Então, certo dia, a senhora Henderson perguntou a esta adolescente de 14 anos se ela estaria pronta para aceitar Jesus Cristo como seu Senhor e Salvador.

A garotinha disse sim.

A garotinha era eu.

Eu sou o resultado do poder das palavras de uma mulher. As palavras da senhora Henderson a mim acerca do sacrifício de Jesus Cristo e do amor de Deus Pai mudou minha vida; mas não foram apenas suas palavras sobre Jesus que fizeram a diferença. Foram suas palavras sobre a vida em geral que me atraíram como um ímã atrai aparas de ferro. Ela me fez querer o que ela tinha: empolgação, entusiasmo e gosto pela vida.

A maioria das pessoas não é atraída a Jesus por causa de uma campanha publicitária, uma placa na estrada, ou uma torre de igreja na linha do horizonte. A maioria das pessoas é atraída a Cristo por lações de bondade formados em relacionamentos com outras pessoas.

Nossas palavras tem o poder de tornar as pessoas ansiosas para conhecer Cristo. Essas pessoas não são atraídas por causa da pregação. Elas são atraídas pelo amar, ouvir e aprender. "Como são belos os pés dos que anunciam boas novas" (Romanos 10:15). Esse é o poder das palavras de uma mulher para o mundo.

Palavras simples de bondade

- Elogie os prestadores de serviço.
- Diga "Obrigada".
- Mostre interesse e preocupação quando alguém parecer estar tendo um dia ruim.
- Pergunte sobre os interesses da pessoa: "Vejo que está comprando um presente de casamento. É para alguém próximo de você?.
- Cumprimente seus vizinhos.
- Aprenda os nomes de seus vizinhos e lhes escreva bilhetes de encorajamento em tempos difíceis.
- Ache algo positivo para dizer ao caixa na fila do supermercado.
- Comece uma conversa com a pessoa que está ao seu lado no ônibus, no avião ou na fila do banco.
- Ofereça-se para ajudar alguém. Por exemplo, você vê uma mulher tentando dar conta de pacotes e do carrinho de bebê ao mesmo tempo. Um simples "Ei, deixe-me ajudá-la", poderia ser exatamente as palavras para alegrar o dia dela.
- Quando você vê uma mãe jovem constrangida com a atitude do filho fazendo cena, encoraje-a com palavras gentis como "Você está fazendo um ótimo trabalho" ou "Meu filho fazia a mesma coisa quando era pequeno".
- Seja gentil com as crianças da vizinhança. Tantos adultos falam de modo paternalista com as crianças; elas vão achar você incrível!

PARTE

3

A busca intencional de domar a língua

10

VOCÊ NÃO ESTÁ SOZINHA NESSA

Antes de Pentecostes, os discípulos achavam difícil fazer coisas fáceis;
depois de Pentecostes eles acharam fácil fazer coisas difíceis.

A. J. GORDON

Foi uma cena amedrontadora. Mais de 1.900 quilômetros da costa do Alasca cobertos de petróleo bruto, preto e viscoso, mais de mil corpos de lontras marinhas, que antes se agitavam aos montes, agora entulhavam a costa, e mais de 100 mil pássaros estavam caídos no chão, com falta de ar. O derramamento de óleo da *Exxon Valdez* despejou 11 milhões de galões de petróleo bruto em Prince William Sound e destruiu o equilíbrio ecológico da natureza. Muitos de seus mais belos habitantes, incluindo 150 águias carecas, foram mortos. A águas cheias de vida, antes nutridas pelas geleiras, tornaram-se uma armadilha mortal coberta de óleo.

Assim como as toxinas em instalações de resíduos nucleares, os lixões urbanos e os acidentes industriais causam estragos ao meio ambiente, palavras tóxicas causam estragos no coração e na alma das pessoas. Paulo escreveu: "Que nenhuma linguagem sórdida ou impura [nunca] saia de sua boca" (Efésios 4:29, *Amplified Bible* [Bíblia Amplificada]). Talvez ao ler os capítulos anteriores você tenha se constrangido pelas palavras que falou no

O PODER DAS PALAVRAS DE UMA MULHER

passado e gostaria de poder voltar atrás. Palavras que contaminaram aqueles que você aprecia tanto. É possível limparmos a bagunça e repararmos os danos? Com certeza! Podemos escolher e limpar os poluentes verbais quebrando os padrões de palavras tóxicas.

No decorrer deste livro, vimos exemplos de como as mulheres usaram suas palavras de forma positiva, vivificante, e de maneira negativa e dolorosa. Pense em nossas palavras como um pêndulo oscilando entre esses dois pontos. Eu não quero, porém, ser uma mulher impotente que oscila entre os dois, dependendo do meu humor em um determinado dia. Quero ser uma mulher intencional, que guarda suas palavras com o poder do Espírito Santo dado por Deus. E tenho certeza de que você também quer ser essa mulher. Vejamos cinco passos para controlar sua língua.

Confie no Espírito Santo

Línguas... a maioria dos animais tem uma. Algumas cobras têm línguas bifurcadas. Lagartos cheiram com suas línguas. Alguns peixes, como salmão e truta, têm dentes na língua. Rãs e sapos têm línguas que chicoteiam a velocidades incríveis para capturar moscas e outros insetos. O primo deles, o camaleão, tem uma língua tão longa quanto o próprio corpo. A língua de um tamanduá pode se estender até a altura de uma criança de dois anos. Uma lagartixa usa sua língua para limpar os olhos como um limpador de para-brisa, e uma girafa usa sua língua de 50 centímetros para limpar as orelhas. A língua de uma baleia azul tem o tamanho e peso de um elefante africano adulto.

Mesmo que não possa encontrar o jantar pelo faro, capturar a presa do dia, ou alcançar as copas das árvores para colher frutas, uma língua humana pode fazer algo ainda mais incrível, além de criar palavras. As palavras são um dom incrível e, como vimos, têm potencial para o bem ou para o mal. Como podemos usar o poder dessa energia e garantir que ela seja usada apenas para o bem? Infelizmente, Tiago nos diz que é impossível.

Você não está sozinha nessa

"Toda espécie de animais, aves, répteis e criaturas do mar doma-se e é dominada pela espécie humana; a língua, porém, ninguém consegue domar" (Tiago 3:7,8). Essa é a má notícia. Agora, aqui vai a boa notícia. Embora nenhum ser humano possa domar a língua, Deus pode. Pode ser impossível para Tiago, para você e para mim, mas não é impossível para Deus. "Existe alguma coisa impossível para o Senhor?", perguntou Deus a Abraão depois de anunciar que o corpo de Sara, de 90 anos, daria à luz um filho (Gênesis 18:14).

Quando alcançamos a fé em Jesus Cristo, Deus nos dá o dom do Espírito Santo. O Espírito Santo é a terceira pessoa da Trindade que nos capacita a fazer tudo o que Deus nos chamou para realizar. Ele nos dá o poder para mudar!

Jesus explicou aos discípulos: "Mas receberão poder quando o Espírito Santo descer sobre vocês, e serão minhas testemunhas em Jerusalém, em toda a Judéia e Samaria, e até os confins da terra" (Atos 1:8). Após a ascensão de Jesus ao céu, os discípulos esperaram pelo Espírito Santo como Jesus lhes havia instruído.

> Chegando o dia de Pentecoste, estavam todos reunidos num só lugar. De repente veio do céu um som, como de um vento muito forte, e encheu toda a casa na qual estavam assentados. E viram o que parecia línguas de fogo, que se separaram e pousaram sobre cada um deles. Todos ficaram cheios do Espírito Santo e começaram a falar noutras línguas, conforme o Espírito os capacitava (Atos 2:1-4).

Não é interessante o fato de que a primeira manifestação do poder do Espírito Santo foram palavras e a primeira manifestação visual foram línguas de fogo? Os discípulos puderam falar nas várias línguas dos homens e mulheres que visitavam Jerusalém para celebrar o Pentecostes. Os viajantes ouviram o evangelho em suas próprias línguas! Sim, isso foi impressionante. Porém, ainda mais incrível foi a coragem que se manifestou nos discípulos covardes.

Pouco antes de Pentecostes, Pedro estava tão amedrontado que negou saber até mesmo quem era Jesus. A simples pergunta de uma serva o fez tremer na base e jurar que não era amigo de Jesus. Porém, depois de ser cheio com o Espírito Santo, Pedro se levantou, ergueu a voz e abordou a multidão com um sermão tão poderoso que 3 mil homens e mulheres aceitaram Jesus como seu Salvador e foram batizados. Isso é o que o Espírito Santo pode fazer pelas almas tímidas que creem. Ele pode transformar uma língua que blasfema em uma língua que confessa.

É somente pelo poder do Espírito Santo que podemos controlar este pequeno músculo que fica entre nossos dentes. Mudar, no entanto, requer cooperação. Devemos trabalhar juntamente com o Espírito Santo para refrear esta força enérgica e viva. O Espírito Santo nos dá o poder, mas nossa responsabilidade é colocar em prática os princípios dados por Deus.

A sobrevivente do Holocausto Corrie ten Boom passou os últimos anos de sua vida falando a homens e mulheres ao redor do mundo acerca do Deus que a sustentou durante o tempo em que ficou presa, e que a libertou dos campos de concentração nazistas. Durante uma de suas apresentações, ela ergueu uma luva branca feminina.

"O que essa luva branca pode fazer?", perguntou. E então passou a explicar... "A luva não pode fazer nada."

> Ah, mas se minha mão estiver na luva, ela pode fazer muitas coisas: cozinhar, tocar piano, escrever. Bem, você diz que não é a luva, mas a mão na luva que faz isso. Sim, é assim. Eu digo a você que não somos nada além de luvas. A mão na luva é o Espírito Santo de Deus. A luva pode ser útil se estiver perto da mão? Não! A luva deve ter a mão ocupando-a para fazer o trabalho. Para nós

Você não está sozinha nessa

é exatamente igual: devemos ser cheios do Espírito Santo para fazer a obra que Deus tem para nós.[1]

Você e eu temos esse poder. Cabe a nós acessá-lo. Lembre-se, o poder do Espírito Santo pode fazer mais em nossos piores dias do que nós podemos fazer em nossos melhores dias. Seríamos tolos se pensássemos que podemos controlar nossa língua com nossa própria força. Estou tão feliz de não precisarmos.

O poder do Espírito Santo pode fazer mais nos nossos piores dias do que nós podemos fazer em nossos melhores dias.

Examine o coração

Alguma vez você já deixou palavras saírem de sua boca e então, com pesar, pensou: "De onde veio isso?" Poxa! Eu já fiz isso. Perdi o controle das emoções em vez de entender e ser capaz de lidar com minhas palavras. Disparei um comentário mal humorado quando deveria ter freado a minha língua. Regurgitei e vomitei algumas palavras que vieram de um lugar que pensei que tivesse limpado há muito tempo, mas então Deus me lembra de que o fato de eu ter limpado minha casa no sábado não significa que jamais

---

[1] Joann C. Webster and Karen Davis, eds., *A Celebration of Women* (Southlake, TX; Watercolor Books, 2001), p. 167.

O PODER DAS PALAVRAS DE UMA MULHER

precisarei limpá-la. E o fato de eu ter limpado minha boca uma vez não significa que permanecerá limpa para sempre. Eu tenho de voltar ao lugar de origem de minhas palavras repetidas vezes, fazendo manutenção e reparos diários. E onde é esse lugar de origem? Meu coração.

Certo dia, alguns fariseus e mestres da lei vieram perguntar a Jesus sobre algumas de suas práticas religiosas, especialmente o que Ele comia e quando lavava as mãos. Jesus reuniu a multidão que o escutava e os ensinou o que é realmente importante: a verdade acima da tradição. "Jesus chamou para junto de si a multidão e disse: "Ouçam e entendam. O que entra pela boca não torna o homem 'impuro'; mas o que sai de sua boca, isto, sim, o torna 'impuro'" (Mateus 15:10,11). Jesus apontava continuamente a condição do coração dos fariseus. Eles se agarravam às práticas religiosas externas, mas o coração deles, a coisa que Deus mais desejava, era empedernido e frio.

Deus ama Pedro. Pedro quis saber um pouco mais sobre essa mensagem, então perguntou a Jesus o que Ele queria dizer.

> "Será que vocês ainda não conseguem entender?", perguntou Jesus: "Não percebem que o que entra pela boca vai para o estômago e mais tarde é expelido? Mas as coisas que saem da boca vêm do coração, e são essas que tornam o homem 'impuro'. Pois do coração saem os maus pensamentos, os homicídios, os adultérios, as imoralidades sexuais, os roubos, os falsos testemunhos e as calúnias. Essas coisas tornam o homem 'impuro'; mas o comer sem lavar as mãos não o torna 'impuro'" (Mateus 15:16-20).

Aqui está uma grande verdade: o lugar por onde uma coisa sai não é o lugar onde ela começou. O lugar em que a água sai da mangueira não é o lugar onde ela começou. O lugar em que o excremento é expelido não é o lugar onde ele começou. (Desculpe-me por colocar dessa forma o que é tão óbvio.) O lugar por onde as palavras saem da sua boca não é o lugar onde elas começaram. Elas começam no coração.

Se não tratarmos a questão do coração e partirmos diretamente para tentar consertar as palavras que saem dele, continuaremos a secar o chão da cozinha em vez de consertar o cano quebrado que é o principal causador da bagunça. Raiva, queixas e fofocas, todas elas têm sua gênese no coração e na mente antes de caírem em nossos lábios, então vamos começar por aí.

A palavra *coração* usada nesta passagem vem do grego *kardia*. Não se refere ao músculo que bombeia o sangue na cavidade torácica, mas aos nossos pensamentos, motivos, sentimentos, nossa vontade e nosso caráter. *Kardia* é a sede de nossas emoções e representa a pessoa interior. As palavras que escapam de nossos lábios revelam a condição de nosso homem interior.

Desinfetantes para as mãos estão disponíveis em todos os aromas imagináveis. Que Deus nos proteja se pegarmos um germe no carrinho de compras ou numa maçaneta de porta. Você já viu alguém sair borrifando desinfetante nas palmas das mãos depois de dar um aperto de mão? Eu já. Não tenho tanta certeza de como me sinto em relação a isso. Mas você não gostaria que houvesse um higienizador para o coração? Algumas borrifadas e *voilà*, vida que segue. Infelizmente, não é tão simples assim.

Ao longo da Bíblia, temos relatos de Deus enviando homens e mulheres ao mundo com uma mensagem. Quer seja uma mensagem de arrependimento, juízo, livramento ou esperança, Deus garantiu que os mensageiros fossem colocados em momentos estratégicos para impactar as pessoas ao seu redor. Contudo, Deus não enviou os mensageiros despreparados. Ele os treinou como só Ele pode fazer, e sempre os submeteu a um processo de autoavaliação dos próprios corações.

Isaías foi chamado para profetizar a Jerusalém 740 anos antes de Cristo. Nos cinco primeiros capítulos, o tema predominante é o juízo iminente:

O PODER DAS PALAVRAS DE UMA MULHER

Ai de vocês que adquirem casas e mais casas, propriedades e mais propriedades [...]. Ai dos que levantam cedo para embebedar-se [...]! Ai dos que se prendem à iniquidade com cordas de engano, e ao pecado com cordas de carroça [...]. Ai dos que chamam ao mal bem e ao bem, mal [...]. Ai dos que são sábios aos seus próprios olhos. Ai dos que são campeões em beber vinho e mestres em misturar bebidas (Isaías 5:8,11,18,20-22).

Mas então algo acontece com Isaías quando ele vê a própria vida refletida na magnífica glória de Deus.

Isaías teve uma visão.

Eu vi o Senhor assentado num trono alto e exaltado, e a aba de sua veste enchia o templo. Acima dele estavam serafins; cada um deles tinha seis asas: com duas cobriam o rosto, com duas cobriam os pés, e com duas voavam. E proclamavam uns aos outros: "Santo, santo, santo é o Senhor dos Exércitos, a terra inteira está cheia da sua glória". Ao som das suas vozes os batentes das portas tremeram, e o templo ficou cheio de fumaça. Então gritei: Ai de mim! Estou perdido! Pois sou um homem de lábios impuros e vivo no meio de um povo de lábios impuros; e os meus olhos viram o Rei, o Senhor dos Exércitos (Isaías 6:1-5).

Imagino que Isaías estivesse se sentindo muito bem consigo mesmo, sendo chamado por Deus a profetizar para esse povo irritante. Mas justamente quando ele disse o sexto ai, Deus decidiu levantar o espelho de sua santidade no qual Isaías viu o próprio pecado e examinou o próprio coração. E onde se manifestou o pecado? Em suas palavras.

Deus não nos convence do nosso pecado para nos condenar. Ele revela nosso pecado para nos purificar. Quando Isaías estava lamentando sua língua perversa, um dos serafins (seres celestiais brilhantes cujo nome significa "seres abrasadores") pegou do altar da expiação uma brasa viva com uma tenaz e tocou os lábios do profeta. Assim como Deus enviou o Espírito Santo aos crentes, no Pentecostes, na forma de línguas de fogo, Ele enviou o poder do Espírito Santo para purificar a língua de Isaías na forma de uma brasa ardente. O ser celestial tocou a língua de Isaías com o carvão em brasa e então anunciou que sua culpa havia sido retirada.

Agora Isaías estava pronto para sair pelo mundo e proclamar a mensagem ao povo de Deus, e seu "Ai de mim" tornou-se "Eis-me aqui. Envia-me!" (Isaías 6:8). Agora seu coração estava diante de Deus.

Isaías não precisou mudar seus hábitos de comer ou beber. Ele não precisou mudar sua aparência externa ou fazer aulas extras no seminário local. Ele precisou que suas palavras fossem purificadas e seu coração fortalecido para que Deus pudesse ser glorificado corretamente. Embora seja o Espírito Santo que nos dê o poder de mudar as palavras que dizemos, o desejo de mudar começa no coração. A Bíblia diz:

> Considerem: uma árvore boa dá bom fruto; uma árvore ruim, dá fruto ruim, pois uma árvore é conhecida por seu fruto [...]. Pois a boca fala do que está cheio o coração. O homem bom, do seu bom tesouro, tira coisas boas, e o homem mau, do seu mau tesouro, tira coisas más. Mas eu lhes digo que, no dia do juízo, os homens haverão de dar conta de toda palavra inútil que tiverem falado. Pois por suas palavras você será absolvido, e por suas palavras será condenado (Mateus 12:33-37).

Lembre-se da canção infantil:

> Sou um bulezinho de chá, baixinho e fortinho,
> Eis aqui minha alça, eis aqui meu biquinho.

> Quando cheio de vapor eu ficar, ouça-me gritar,
> Para chá de mim tirar, basta me inclinar.

Bem, eu não sei você, mas quando estou muito irritada, o que sai da minha boca nem sempre é uma pétala de rosa! São nesses momentos descuidados de frustração, raiva ou dor que nossa boca tende a jorrar o que realmente está dentro de nós.

No livro de Isaías, o profeta usou o exemplo da fala do povo para apontar sua condição: "Pois todos são hipócritas e perversos, e todos falam loucuras" (Isaías 9:17). Os lábios são a fenda por onde escorrem os desejos do coração.

Não podemos agir de forma diferente do que acreditamos. Portanto, se quisermos mudar a maneira como falamos, devemos examinar nosso coração. É necessário mais do que lavar a boca com sabão para se tornar uma mulher de lábios limpos. No Antigo Testamento, Deus falou do poder transformador que seria disponibilizado ao seu povo por meio de Jesus Cristo:

> Darei a eles um coração não dividido e porei um novo espírito dentro deles; retirarei deles o coração de pedra e lhes darei um coração de carne. Então agirão segundo os meus decretos e serão cuidadosos em obedecer às minhas leis. Eles serão o meu povo, e eu serei o seu Deus (Ezequiel 11:19,20).

O livro de Provérbios tem muito a dizer sobre como a condição de nosso coração afeta nossas palavras:

• Acima de tudo, guarde o seu *coração*, pois dele depende toda a sua vida (Provérbios 4:23).

- Os sábios de *coração* aceitam mandamentos, mas a *boca do insensato* o leva à ruína (Provérbios 10:8).

- O homem prudente não alardeia o seu conhecimento, mas o *coração* dos tolos derrama insensatez (Provérbios 12:23).

- O *coração* ansioso deprime o homem, mas uma palavra *bondosa* o anima (Provérbios 12:25).

- O *coração* que sabe discernir busca o conhecimento, mas a *boca* dos tolos alimenta-se de insensatez (Provérbios 15:14).

- O justo *pensa* bem antes de responder, mas a *boca* dos ímpios jorra o mal (Provérbios 15:28).

- Um olhar animador dá alegria ao *coração*, e as *boas notícias* revigoram os ossos Provérbios (15:30).

- O sábio de *coração* é considerado prudente; quem *fala com equilíbrio* promove a instrução (Provérbios 16:21).

- O *coração* do sábio ensina a sua *boca*, e os seus *lábios* promovem a instrução (Provérbios 16:23)

- Quem ama a sinceridade de *coração* e se *expressa* com elegância será amigo do rei (Provérbios 22:11).

- Como uma camada de esmalte sobre um vaso de barro, os *lábios* amistosos podem ocultar um *coração* mau (Provérbios 26:23).

- Quem odeia, disfarça as suas intenções com os *lábios*, mas no *coração* abriga a falsidade. Embora a sua conversa seja mansa, não acredite nele, pois o seu coração está cheio de maldade (Provérbios 26:24,25).

Tenho notado que quando não passo tempo suficiente com Deus, lendo minha Bíblia e orando, meu coração fica rançoso e minhas palavras irritadiças. A chave para manter o coração limpo é inspeção diária e manutenção recorrente. Podemos orar todos os dias como Davi: "Cria em mim um coração puro, ó Deus, e renova dentro de mim um espírito estável" (Salmos 51:10).

Se não tratarmos a questão do coração e partirmos diretamente para tentar consertar as palavras que saem dele, continuaremos a secar o chão da cozinha em vez de consertar o cano quebrado que é o principal causador da bagunça.

Renove a mente

Voltemos àquela questão: *De onde veio isso?* Sim, as palavras partem de nosso coração, mas também passam por nossa mente antes de escapar por nossa boca. O problema é que o fluxo acontece tão rápido que parece um movimento fluido de nanossegundos. A chave é diminuir o ritmo e pensar antes que nossas palavras sejam liberadas para viajar pela terra.

Você já foi a um rodeio e assistiu a uma competição de laçada? A pequena bezerra irrompe da baia, e então o vaqueiro e seu cavalo travam uma perseguição. Com seu laço na mão, o vaqueiro gira a corda no ar e tenta pegar a novilha antes que ela escape pelo portão do curral, que fica do outro lado da arena. Esse é um retrato vívido do que devemos fazer com as palavras que estão tentando escapar do portão (a boca). Precisamos laçá-las com a palavra da verdade e freá-las. Lançá-las ao chão e amarrá-las se necessário.

A Bíblia nos ensina a levar todo pensamento cativo para torná-lo obediente a Cristo (2Coríntios 10:3-5). Uma vez que laçarmos um pensamento (o levarmos cativo), poderemos decidir quais palavras saem pela porta e quais palavras precisam ser laçadas e amarradas.

Vários estudos mostram que falamos cerca de 120 a 160 palavras por minuto.[2] Trata-se de muitas novilhas para se laçar, mas acho que podemos fazer isso! Vamos dar uma olhada em como reger nossas palavras. Primeiro, um pensamento brota da baia chamada cérebro. Ele percorre a mente em direção à porta chamada boca. Em uma fração de segundo, devemos determinar se aquele pensamento é proveitoso, equilibrado, necessário, satisfatório, amável e relevante. Você pode se lembrar disso com o acrônimo PENSAR:

Proveitoso

Equilibrado

Necessário

Satisfatório

Amável

Relevante

Se decidirmos que as palavras não se encaixam nessa descrição, então nós as laçamos com a corda da gentileza e jamais as deixamos sair pelo portão. Se forem *proveitosas, equilibradas, necessárias, satisfatórias, amáveis* e *relevantes*, nós as liberamos.

---

[2] https://www.visualthesaurus.com/cm/wc/seven-ways-to-write-a-better-speech/.

Pensamentos tóxicos produzem conversas tóxicas. Examine o que você está pensando. Se estiver afogada em pensamentos tóxicos em sua mente, você jorrará palavras tóxicas de sua boca.

Paulo nos oferece um modo de desintoxicar nossos pensamentos filtrando-os na peneira da verdade.

> Finalmente, irmãos, tudo o que for verdadeiro, tudo o que for nobre, tudo o que for correto, tudo o que for puro, tudo o que for amável, tudo o que for de boa fama, se houver algo de excelente ou digno de louvor, pensem nessas coisas. Tudo o que vocês aprenderam, receberam, ouviram e viram em mim, ponham-no em prática. E o Deus da paz estará com vocês (Filipenses 4:8,9).

Semelhantemente ao acrônimo PENSAR, devemos considerar o seguinte em relação às nossas palavras:

Elas são autênticas? São palavras confiáveis, verdadeiras, de acordo com os fatos, exatas e precisas? Eles se alinham com a verdade de Deus? Por exemplo, quando falamos algo negativo sobre alguém, deveríamos considerar: essas palavras combinam com a visão que Deus tem dessa pessoa como portadora de sua imagem?

Elas são nobres? Pois sendo filha do Rei, minhas palavras deveriam refletir nobreza. O que estou prestes a dizer demonstra caráter moral ou ideais elevados? É uma linguagem que apresenta excelentes qualidades ou definem a uma pessoa com status de realeza?

Elas são oportunas? São palavras virtuosas, de acordo com fatos, e não suposições? São apropriadas, adequadas e de reputação? Palavras oportunas na hora inoportuna tornam-se palavras erradas. Este é o momento certo ou devo esperar por um momento mais apropriado?

Elas são puras? Estão livres de qualquer coisa que manche ou infecte a reputação de outra pessoa? Elas estão manchadas pelo meu próprio pecado ou refletem a justiça de Cristo que me foi dada?

Elas são gentis? Essas palavras inspiram amor, afeto ou admiração? Elas são moral ou espiritualmente atraentes ou graciosas? Essas palavras criam uma imagem de beleza ou amabilidade?

Elas são admiráveis? Essas palavras inspiram outras pessoas a verem qualidades excelentes nos outros? As palavras pintam um quadro de elogio ou excelência?

Elas são excelentes? Essas palavras refletem bondade, mérito, ou virtude excepcional? Elas são de elevada natureza moral? Deus as classificaria como "excelentes" se fossem faladas?

São louváveis? Essas palavras despertam um sentimento de louvor ou de condenação?

Bem, são muitas coisas para se pensar, considerando que falamos uma média de 120 a 180 palavras por minuto. É improvável que tenhamos tempo ou meios para filtrar cada palavra por este filtro de oito camadas, mas além da lista de qualificações, o apóstolo Paulo não nos esclarece como implementá-la. "Tudo o que vocês aprenderam, receberam, ouviram e viram em mim, *ponham-no em prática.*"

É preciso praticar! Praticar! Praticar! Praticar! (Vamos falar disso mais adiante.)

Enquanto isso, veja o resultado: "E o Deus da paz estará com vocês".

A versão *King James* de 2Coríntios 10:5 diz assim: "*Derrubamos* raciocínios falaciosos e toda altivez que se levanta contra o conhecimento de Deus, e levamos cativo todo pensamento à obediência de Cristo". Eu gosto dessa imagem de *derrubar.* Assim que o vaqueiro passa o laço no pescoço da novilha, ele a joga ao chão e passa uma corda em suas pernas para se certificar de que a novilha não vá a lugar nenhum. Da mesma forma, precisamos

O PODER DAS PALAVRAS DE UMA MULHER

derrubar esses pensamentos lançando-os ao chão, de onde vieram, e garantir que *eles* sejam barrados.

Enquanto temos a imagem de vaqueiros e gado em nossa mente, voltemos a Tiago 3 e observemos outro animal no curral, o cavalo. Tiago compara a língua a um freio na boca de um cavalo: "Quando colocamos freios na boca dos cavalos para que eles nos obedeçam, podemos controlar o animal todo [...]. Semelhantemente, a língua é um pequeno órgão do corpo, mas se vangloria de grandes coisas" (Tiago 3:3,5). Nossas palavras, como um freio na boca de um cavalo, podem controlar a trajetória que percorremos. Elas podem nos puxar para a esquerda ou para a direita — tudo depende de quem está segurando as rédeas às quais o freio está preso.

Quando era jovem, eu adorava ler a história de um cavalo imponente chamado Beleza Negra. Na minha adolescência, eu gostava de visitar minha amiga Cammiee e andar a cavalo na fazenda leiteira de seus pais. Sempre batíamos os calcanhares e saíamos galopando pelos campos, rindo o tempo todo.

O cavalo é um animal poderoso, porém, com o puxão das rédeas ou o toque do calcanhar, ele se submeterá às ordens de seu domador. Por outro lado, um garanhão selvagem que não foi controlado por um domador é de pouca utilidade. Ele faz o que quiser, e ninguém tem desejo de montá-lo.

Na Bíblia, somos instruídos a ter um espírito de mansidão, que tempera as palavras que falamos (Gálatas 5:23). A palavra grega para *mansidão* é *prautes* e sugere um cavalo selvagem que foi domado. Infelizmente, em nossa sociedade moderna, a palavra *mansidão* tem a conotação de fraqueza, mas a palavra grega significa tudo menos fraco. Imagine um corcel musculoso, mantendo orgulhosamente elevada a cabeça, preparado para se mover com velocidade e força, narinas dilatadas, mas ao mesmo tempo sob o controle de seu domador. Essa é a verdadeira imagem de *prautes*: mansidão.

A mesma palavra, *prautes*, é traduzida como *manso* na NVI. Quando disse que era "manso e humilde de coração" (Mateus 11:29), Jesus estava dizendo que era submisso a Deus, poderosíssimo, mas debaixo do controle de Deus. Somente quando submetermos nossa língua a Deus teremos a capacidade de usar nossas palavras para o bem. A mansidão não é fraqueza; é o poder sob controle. É domar e treinar nossa língua a estar debaixo da submissão e do controle do Espírito Santo.

Deixe-me dar um exemplo. Odeio admitir, mas temo que muitas mulheres se identifiquem comigo: os danos em minha armadura atestam isso.

Antes de me tornar cristã, eu era "dotada" de um senso humor rápido e sarcástico. Você já esteve em uma discussão e duas horas depois pensou em uma ótima réplica ou comentário mordaz? Eu não. Eu conseguia pensar neles no ato. Eu era boa, muito boa. Ora, eu poderia ter começado um negócio paralelo oferecendo a esposas, funcionários e amigos descontentes algumas objeções rápidas, com a ajuda de um ponto eletrônico, durante os confrontos. Contudo, depois de aceitar a Cristo como meu Salvador, não demorou muito para o Espírito Santo me convencer de que minha língua não estava glorificando a Deus. Claro que arrancava algumas risadas das pessoas, mas Jesus não estava sorrindo. Então, comecei a árdua tarefa de domar minha língua. Foi difícil deixar todos aqueles comentários bons e sarcásticos irem para o lixo, mas eu sabia que eles precisavam ser laçados.

Eu não quero que você pense que eu não tenho mais esses pensamentos. É bem o contrário. Ainda posso ouvir aqueles revides em minha mente. Em muitas ocasiões, quando alguém está me falando de um confronto com um familiar ou colega de trabalho, aquelas objeções ainda me vêm à mente. Quando algum balconista faz um comentário cruel, geralmente consigo pensar em um comentário cruel também. Então, onde está a vitória? A vitória vem quando escolho não deixar as palavras saírem da minha boca. Quando eu laço as palavras antes que elas tenham a chance de sair portão afora. Quando ofereço bênçãos em vez de maldições. Quando visto a humildade de Cristo e recebo comentários sem retaliações. Isso, minha amiga, é escolher andar no Espírito em vez de andar na carne. Isso só pode acontecer pelo poder do Espírito Santo e torna-se mais fácil com a prática.

A mansidão não é fraqueza; é o poder sob controle.

Treinar novamente nossos reflexos

Você já ouviu alguém dizer "Foi apenas uma reação impensada"? É igual quando o médico dá um toque no seu joelho e seu pé levante de supetão. Você simplesmente não pode evitar.

Uma reação ou resposta verbal impensada é resultado de um hábito, e não de uma consideração cuidadosa, e você *pode* evitá-la. Mas isso não é fácil. Os reflexos são difíceis de treinar e serem contidos.

Certo dia eu estava voltando da praia para casa, no trânsito do feriado de 4 de julho. Estava um calor sulista sufocante, e os carros pareciam um imenso bloco de metal sobre rodas. Todo mundo estava indo mais rápido do que o limite de velocidade estabelecido, e eu estava tentando acompanhar. Eu também era jovem e distraída. Ok, aqui está a verdade: eu tinha acabado de terminar com meu namorado e estava me acabando em lágrimas.

A certa altura, senti o pneu dianteiro direito do carro escorregar para fora do asfalto, em direção ao acostamento de cascalho. Em pânico, ouvi a voz do meu professor da autoescola de quatro anos atrás: "Se você sair da estrada, não, repito, não puxe seu carro de volta para a estrada. Diminua a velocidade até parar e, em seguida, conduza o carro suavemente de volta à estrada". Minha mente conhecia a regra. Eu até repetia: "Não puxe o carro, não puxe o carro". Então eu puxei o carro. Virei o volante para a esquerda, movi o carro para a estrada e perdi o controle. Primeiro, o carro voou por duas faixas à esquerda e depois, numa mudança brusca, voou para fora da estrada à direita. Como se estivesse em câmera lenta, o carro começou a descer um barranco. O peso o desequilibrou, e o carro começou a rolar. À medida que o carro capotava, meu corpo era jogado para todo lado como uma boneca de pano, quicando ali dentro. Eu não estava usando meu cinto de segurança. Quando o carro parou de cabeça para baixo no fundo do barranco, eu estava sentada no teto do lado do passageiro.

Os demais motoristas assistiam boquiabertos enquanto a cena se desenrolava diante deles. Você pode imaginar como eles ficaram surpresos ao me virem sair rastejando através da janela aberta do carro, todo destruído, sem qualquer arranhão. Eu sabia, sem dúvida, que não deveria ter sobrevivido àquele acidente. Foi somente pela graça de Deus que eu sobrevivi.

Pensando naquele dia lá atrás, em que Deus poupou minha vida, sou lembrada de como os reflexos são poderosos. Quando o carro guinou para fora da estrada, eu sabia que não deveria puxar o volante, mas o fiz mesmo assim.

No que tange a mudar a maneira como falamos, pode ser que tenhamos alguns reflexos muito poderosos a vencer. A Bíblia nos diz que, quando nos achegamos a Cristo, somos uma nova criatura (2Coríntios 5:17), mas ninguém aperta o botão *deletar* para apagar os padrões de hábitos antigos que se consolidaram ao longo do tempo. A Bíblia os chama de padrões carnais antigos. Eles são como ranhuras no cérebro que foram formadas por anos e anos refletindo nos mesmos pensamentos e repetindo as mesmas ações. A única maneira de substituir essas ranhuras são formar novas aberturas. E isso se consegue com prática, treinamento e reprogramação.

Pensei em dar a esta seção o título de "O pêndulo de escolhas e mudança", porque um pêndulo oscila para frente e para trás. Quero, contudo, pender para um lado, em direção a comunicar vida, e permanecer lá. A verdade é que às vezes pendemos para o outro lado.

Quero encorajá-la a não desanimar caso cometa um erro e use suas palavras de forma negativa de vez em quando. A coisa que Satanás mais gostaria é que você simplesmente parasse de treinar sua língua para comunicar vida, mas até mesmo Jesus sabia que às vezes um templo tem de ser limpo mais de uma vez.

Pouco depois de seu primeiro milagre nas bodas de Caná, Jesus viajou a Cafarnaum com sua mãe, seus irmãos e discípulos. Era quase a hora da celebração da Páscoa judaica, então Jesus subiu a Jerusalém para adorar a Deus. Ao se aproximar do templo, Jesus ouviu o balido das ovelhas, sentiu o cheiro do gado e viu uma feira de pechincha e troca de moedas no estilo cigano. O templo tornara-se uma confusão em vez de uma casa de oração.

> Então ele fez um chicote de cordas e expulsou todos do templo, bem como as ovelhas e os bois; espalhou as moedas dos cambistas e virou as suas mesas. Aos que vendiam pombas disse: "Tirem estas coisas daqui! Parem de fazer da casa de meu Pai um mercado!" (João 2:15,16).

Sim, Jesus purificou o templo naquele dia, mas não demorou muito para os cambistas voltarem com suas mercadorias. Três anos depois, durante sua última semana na terra, Jesus deu de cara com a desordem profana novamente.

> Jesus entrou no templo e expulsou todos os que ali estavam comprando e vendendo. Derrubou as mesas dos cambistas e as cadeiras dos que vendiam pombas, e lhes disse: "Está escrito: 'A minha casa será chamada casa de oração'; mas vocês estão fazendo dela um 'covil de ladrões'" (Mateus 21:12,13).

Como o caos do templo aconteceu pela segunda vez? Não creio que aconteceu tudo ao mesmo tempo. Depois de Jesus ter colocado ordem no templo a primeira vez, suspeito que tenha permanecido assim por um tempo. Porém, certo dia, um cambista montou novamente sua banca no templo. Então, outro trouxe alguns pássaros, depois um par de ovelhas, e então chegou a vez de trazer uma vaca.

Você não está sozinha nessa

O templo já não estava diferente do que era antes de Jesus colocá-lo em ordem e purificá-lo três anos antes. Nessa época, o templo já havia voltado a ser uma desordem profana.

E Deus sussurra em meu ouvido: "Acaso não sabem que o corpo de vocês é santuário do Espírito Santo que habita em vocês, que lhes foi dado por Deus, e que vocês não são de si mesmos?" (1Coríntios 6:19).

Às vezes eu sou esse templo bagunçado. Aposto que você também.

Comportamento completamente pecaminoso, pensamentos perversos, emoções descontroladas e palavras ácidas estão dando comichão para ressurgir em todos os momentos. Cabe a mim (e a você) manter o templo limpo.

Talvez você tenha tido um momento Espírito Santo em alguma ocasião da vida, um momento que a levou a fazer uma grande mudança nas palavras que você fala. Porém, por enquanto, para manter o embalo, devemos estar constantemente cientes de nossa tendência de reverter — de voltarmos ao que éramos antes. E lembre-se de que você jamais está sozinha. Deus lhe deu o poder do Espírito Santo para ajudá-la a cada passo da jornada.

Os psicólogos nos dizem que leva 21 dias para estabelecer um novo hábito. Aqui vai uma ideia. Por 21 dias, coloque cinco centavos no bolso esquerdo. Toda vez que você disser uma palavra de encorajamento a alguém, mude um desses centavos para o bolso direito. Tenha o objetivo de mover todas as moedas da esquerda para a direita e oferecer palavras de encorajamento àqueles com quem você entrar em contato a cada dia. Você estará fazendo mais do que trocar centavos de um bolso para outro. Você estará retreinando sua mente e estabelecendo novos padrões de hábitos para comunicar vida.

Agora que vimos os princípios para domar a língua, sejamos específicos e foquemos em algumas áreas específicas que têm grande impacto nas pessoas ao nosso redor.

11

O CEMITÉRIO DA QUEIXA E A FORÇA VITAL DA GRATIDÃO

*Piglet observou que embora seu coração fosse muito pequeno, podia
conter uma grande quantidade de gratidão.*

A. A. MILNE

Quando eu tinha 20 anos, voei com uma equipe de cinco pessoas para
Nevis, Índias Ocidentais, para uma viagem missionária odontológica. Como seis sardinhas em uma lata de alumínio, sentamos ombro
a ombro no instável avião bimotor que voava próximo ao solo. A missão
era proporcionar atendimento odontológico aos habitantes pobres de uma
pequena ilha com uma taxa de 90% de desemprego.

Com um diploma recém-adquirido em higiene bucal, eu estava entu-
siasmada por me juntar a um dentista e sua equipe para uma semana de
ministração a homens, mulheres e crianças dessa ilha tropical. Tínhamos
tanto a dar a um povo que tinha tão pouco, pelo menos é o que imaginava.

O avião de apoio que nos taxiou até a ilha era pequeno demais para
levar nosso equipamento e bagagem numa mesma viagem. Então, alguns
homens decidiram que não precisávamos de fato de nossas roupas, então eles carregaram o equipamento e nossas roupas seguiriam mais tarde

naquele dia. Em resumo, nossas roupas chegaram três dias depois. Nosso lema passou a ser: "Diga-me o que você precisa e eu lhe direi como você pode passar sem ele".

O que encontramos na ilha? Havia pobreza. Isso eu esperava. Havia muitas necessidades na área odontológica. Para isso eu estava preparada. O que eu não previa era a alegria que vi nos rostos das 12 crianças que moravam em um barraco de um cômodo, com telhado de palha, sem água encanada e com chão de terra batida; o contentamento da mulher que tinha um único vestido e sapatos desgastados; a satisfação dos homens que enchiam a barriga com comida do mar e frutas tropicais oriundas da flora em redor. Eu não esperava os louvores melódicos a Deus, que subiam pelos telhados da igreja, o riso das crianças maltrapilhas e a voz suave das mães, que seguravam e amamentavam seus bebês alegremente. Eu tinha vindo, arrogantemente, para ajudar essas pessoas, mas elas me ajudaram. Experimentei o que Charles Spurgeon escreveu: "Feliz aquele que se alegra com o pouco". Eu saí de lá desejando ser uma mulher cheia de gratidão.

O contágio do Éden

Quer saber como deixar uma sala vazia? Como espantar os amigos? Como criar filhos emburrados? Como fazer o pessoal na igreja virar a cara quando vir você chegando? Como permanecer em um emprego sem futuro? Como ser preterido em uma promoção? Como fazer seu marido assistir mais TV? Aqui está a receita: reclame, queixe-se, murmure e adicione uma boa dose de ingratidão a essa mistura.

Para algumas pessoas — ouso dizer a maioria? — reclamar parece ser um estilo de vida. É o modo padrão quando não somos intencionalmente gratos. A queixa constante cansa, é frustrante e irritante para quem tem de ouvir. E se continuarmos assim, teremos poucas pessoas querendo nos ouvir. Ponto final.

O CEMITÉRIO DA QUEIXA E A FORÇA VITAL DA GRATIDÃO

Eu e uma amiga estávamos olhando o anuário colegial da mãe dela. Nas honras aos veteranos, a mãe dela foi apelidada de a "resmungona da classe". Não estou brincando. E desde os 17 anos até o momento em que deixou esta terra, aos 82, ela resmungou. Coisas pequenas, coisas grandes. Não importava. Sempre havia algo para reclamar. E ela sempre se perguntava por que não tinha muitos amigos.

O dicionário Webster define *resmungar* como "reclamar de modo persistente e mal-humorado; produzir um rosnado baixinho".[1] Joshua Rothman observa que a palavra original também se aplica ao som que um animal faz: "murmurar, bufar, rosnar entre os dentes".[2] Ele continua: "Os resmungões necessitam apenas de algumas pequenas insatisfações para dar início à sua obra de resmungo; a partir daí, um resmungo leva naturalmente ao próximo. Se reclamar cria uma crise, resmungar cria uma atmosfera".[3]

Há grande poder nas palavras de uma mulher que comunica descontentamento crítico onde nada jamais é bom o suficiente, e é sempre destrutivo. Os resmungos não melhoram nada e muitas vezes pioram as coisas. Palavras ditas por meio do filtro do descontentamento egocêntrico são unhas arranhando o quadro-negro do céu... e devemos pará-las.

Quando as mulheres começaram com toda essa reclamação, resmungo e murmuração? Você não sabe que tudo começou com Eva? A maioria conhece a história de o que aconteceu quando a serpente tentou Eva com o fruto proibido da árvore do conhecimento do bem e do mal em Gênesis 3. Você, no entanto, já se perguntou o que tornou Eva madura para a colheita de Satanás? Acho que foi ingratidão. Ela tinha tudo o que uma mulher

---

[1] *The New Lexicon Webster's Dictionary of the English Language* (New York: Lexicon Publications,1990), p. 425.

[2] Joshua Rothman, "*A Few Notes on Grumbling*", New Yorker, 22 de janeiro de 2015, www.newyorker.com/culture/cultural-comment/notes-grumbling (acessado em 14 de julho de 2015).

[3] Ibid.

poderia desejar: segurança, proteção e abundância. Ela tinha comunhão com Deus e harmonia com Adão. Ela não tinha roupas para lavar, nem mantimentos para comprar, nem sogros e cunhados com quem contender. E, ainda assim, quando a serpente disse que Deus não estava dizendo a verdade, e que ela poderia ter mais do que já possuía, e ela acreditou. "Disse a serpente à mulher: "Certamente não morrerão! Deus sabe que, no dia em que dele comerem, seus olhos se abrirão, e vocês serão como Deus, conhecedores do bem e do mal" (Gênesis 3:4,5). Pense nisso: se Adão e Eva tivessem sido gratos por tudo o que Deus providenciou para eles e pela comunhão que tinham com Ele, jamais teriam acreditado na mentira da serpente de que Deus lhes estava recusando algo.

Depois que comeram o fruto, Deus os confrontou acerca do que haviam feito.

"A mulher que *tu me deste* fez isso", reclamou Adão.

"A serpente que *tu criaste* me fez fazer isso", resmungou Eva.

E a reclamação não parou por aí. De Gênesis a Apocalipse, os murmúrios percorrem a história como um trem de passageiros indo em direção a um precipício. O queixume é a expressão externa de uma atitude interna de ingratidão. Ele fecha os olhos para a bondade de Deus e tem o poder de contagiar os que estão ao nosso redor.

Palavras ditas por meio do filtro do descontentamento egocêntrico são unhas arranhando o quadro-negro do céu... e devemos pará-las.

O bloqueio do resmungo

A ingratidão misturada com resmungos, queixas e murmurações é uma armadilha fácil de se cair. E é altamente contagiosa. Alguém resmunga, e a próxima coisa você já sabe, você acaba entrando na onda e começa a resmungar também. Fico imaginando se foi isso que aconteceu no deserto quando os israelitas marcharam mais uma vez ao redor do Monte Sinai.

Pense em tudo o que Deus fizera pelos israelitas a caminho da Terra Prometida no livro de Êxodo. Ele tirou o povo da escravidão do Egito, abriu o mar Vermelho para que atravessassem em terra seca e fez a água retornar aos limites de sua borda para afogar seus inimigos perseguidores. Depois de atravessar o desfiladeiro, eles usaram as palavras para louvar a Deus! Era aleluia para todos os lados! Miriã até liderou a equipe de adoração. Até que eles começaram a sentir sede, e "o povo começou a *reclamar* a Moisés, dizendo: "Que beberemos?" (Êxodo 15:24).

Deus disse a Moisés para jogar um pedaço de madeira na água; ela foi purificada e eles beberam (Êx 15:25). E se alegraram... por cerca de um minuto. Alguns dias depois, eles começaram a sentir fome.

> No deserto, toda a comunidade de Israel *reclamou* a Moisés e Arão. Disseram-lhes os israelitas: "Quem dera a mão do Senhor nos tivesse matado no Egito! Lá nos sentávamos ao redor das panelas de carne e comíamos pão à vontade, mas vocês nos trouxeram a este deserto para fazer morrer de fome toda esta multidão! (Êxodo 16:2-3).

Eles romantizaram acerca dos "velhos bons tempos", os quais não eram bons coisíssima nenhuma. Outra armadilha fácil de se cair. Vejamos o que aconteceu a seguir.

O PODER DAS PALAVRAS DE UMA MULHER

Assim Moisés e Arão disseram a todos os israelitas: "Ao entardecer, vocês saberão que foi o Senhor quem os tirou do Egito, e amanhã cedo verão a glória do Senhor, porque o Senhor ouviu a *queixa de vocês contra ele.* Quem somos nós para que vocês *reclamem* a nós?" Disse ainda Moisés: "O Senhor lhes dará carne para comer ao entardecer e pão à vontade pela manhã, porque ele ouviu as suas *queixas* contra ele. Quem somos nós? Vocês não estão *reclamando* de nós, mas do Senhor (Êxodo 16:6-8).

Então Deus fez chover maná e codornizes do céu. E eles se alegraram... por cerca de um minuto. Eles sentiram sede novamente e resmungaram. "Mas o povo estava sedento e *reclamou* a Moisés: 'Por que você nos tirou do Egito? Foi para matar de sede a nós, aos nossos filhos e aos nossos rebanhos?' (Êxodo 17:3).

Então Deus fez sair água de uma rocha, e eles se alegraram... por cerca de um minuto. E, finalmente, alguns meses depois de deixar o Egito, havia chegado a hora de os israelitas entrarem na Terra Prometida. Porém, quando enviaram espiões para examinar os frutos da terra, estes voltaram relatando que homens muito grandes viviam lá. Então, o que as pessoas fizeram? Eles *reclamaram*: "Todos os israelitas *queixaram-se* contra Moisés e contra Arão, e toda a comunidade lhes disse: 'Quem dera tivéssemos morrido no Egito! Ou neste deserto! Por que o Senhor está nos trazendo para esta terra? Só para nos deixar cair à espada?'" (Números 14:2,3).

Finalmente, Deus disse: "Basta". "Cairão neste deserto os cadáveres de todos vocês, de vinte anos para cima [...] que se *queixaram* contra mim" (Números 14:29). Os resmungões passaram os próximos 40 anos vagando no deserto. Deus esperou até que toda aquela geração morresse e surgisse uma nova geração que creria nas promessas de Deus em vez de reclamar de problemas do homem.

Como você acha que a reclamação e a murmuração começaram no deserto? Acho que foi algo assim: uma mulher saiu de sua tenda certa manhã para recolher sua porção diária de maná. Ela pegou o pão doce e reclamou com a vizinha:

— Sabe, estou enjoada desse maná.

Então a vizinha olhou para o maná em sua cesta e disse:

— Sabe, eu também estou cansada desse maná.

Então, a próxima pessoa concordou com elas. Antes que percebessem, todos estavam reclamando de tudo e se tornaram um mar de ingratos, um maremoto de lamentações dando mais uma volta ao redor do Monte Sinai, enquanto Deus colocava uma placa de "Não entre" bem na porta da Terra Prometida.

Às vezes, nosso queixume pode nos afastar de *nossa* Terra Prometida pessoal. Certamente, foram as queixas que separaram o povo de Israel dela. Resmungos e reclamações podem prejudicar nosso relacionamento com os outros, nossa comunhão com Deus e nosso papel de embaixadores de Cristo. Resmungar é um obstáculo para reconhecermos e cumprirmos as promessas de Deus.

❁

Resmungar é um obstáculo para reconhecermos e vivenciarmos as promessas de Deus.

❁

Como fazer seu telefone tocar menos

O Dr. Guy Winch, em seu livro *The Squeaky Wheel* (A roda rangente), diz que nos tornamos uma nação de reclamões que se queixam de tudo com igual vigor, desde políticos ruins até pedicures ruins. Ele continua: "Ao longo das décadas, as queixas regrediram de uma atividade orientada, objetivo e útil para um passatempo nacional. Nós nos tornamos uma nação de reclamões que encaram frustrações, ressentimentos e irritações diários sem nenhuma ideia de como abordá-los de modo eficaz".[4]

Falando em pedicures, fico imaginando se seus calos têm doído tanto lendo este capítulo tanto quanto os meus doeram quando o escrevi. Jamais pensei em mim como uma grande resmungona até meditar nestas palavras do Dr. Winch:

> A maioria de nossas queixas, pela própria natureza, é insignificante à nossa saúde mental. As bactérias são organismos muito pequenos, mas juntas, sua massa é maior do que a de todos os outros seres vivos da terra juntos. Semelhantemente, a maioria das nossas reclamações também é pequena. Por exemplo: "Está calor!", "você está atrasado!", "De novo o assento do corredor?", "Está faltando sal!", "Agora está salgado demais!". O volume combinado delas supera o conjunto de nossas expressões positivas.[5]

Isso aperta meu calo, e sou culpada dessa acusação. Esses tipos de queixas criam uma atmosfera ruim em nossos lares, locais de trabalho e relacionamentos. Nós temos o poder de mudar essa situação, às vezes simplesmente mudando nosso tom e oferecendo uma solução amigável.

Por exemplo, queixar-se com um garçom em um restaurante: "Esta sopa está muito fria", é uma reclamação improdutiva e constrange todos que estão à mesa. Por outro lado, dizer "Esta sopa está muito fria. Você se importaria de esquentá-la um pouco para mim?" oferece uma solução e mantém o tom positivo. Você tem o poder de ajustar o termostato emocional de frio

---

[4] https://www.youtube.com/watch?v=RPaJbpE1_FI Audio book, The *Squeaky Wheel* de Guy Winch, PhD.

[5] Ibid.

para quente simplesmente mudando suas palavras e oferecendo uma solução positiva. Ainda, pensando nesses dois discursos dirigidos ao garçom, qual você preferiria que falassem com você?

Não há ninguém mais miserável do que uma pessoa ingrata. Eu e Margaret estávamos falando sobre gratidão quando ela mencionou o quanto ela tenta ficar longe de pessoas que resmungam e reclamam, pois a ingratidão delas é muito contagiante.

— Eu odeio ligar para minha irmã — ponderou ela. — Quero dizer, eu a amo, mas falar com ela acaba com a minha alegria.

— O que você quer dizer? — Perguntei.

— Ela só sabe reclamar. Sempre tem algo errado com a casa. Ela sempre tem uma nova indisposição. Ela sempre me informa o último obituário e me diz quem está doente, e com o quê. Algumas vezes tentei encorajá-la. Você sabe, tentei ajudá-la a enxergar o lado positivo das coisas. "Pelo menos você tem uma casa. Pense em todas aquelas pessoas que perderam suas casas no furacão", mas isso só a deixou com raiva. Ela disse que eu não estava sendo solidária e que eu menosprezava seus problemas. Então, agora eu apenas escuto.

Ninguém gosta de estar perto de um resmungão, e é um modo garantido de fazer seu telefone tocar menos.

A cura para a reclamação

Embora a ingratidão tenha sido o contágio do Éden, a cura vem em cápsulas de louvor, ação de graças e um coração agradecido. Se reclamar, resmungar e murmurar são unhas arranhando o quadro-negro do céu, a ação de graças, o louvor e a gratidão são a linguagem de amor de Deus que nos capacita a nos comunicar com Ele em um nível de intimidade.

Paulo escreveu aos Tessalonicenses: "Deem graças em todas as circunstâncias" (1Tessalonicenses 5:18). Observe que a Bíblia não ordena que nos *sintamos* gratos em todas as circunstâncias. Em vez disso, nos ordena a "dar graças em todas as circunstâncias".

Quando começo a louvar a Deus em uma situação difícil, mesmo que não seja esta a minha vontade, mudo de perspectiva. Essa foi uma lição que Corrie Ten Boom aprendeu com sua irmã Betsie enquanto padeciam juntas em um campo de concentração alemão durante a Segunda Guerra Mundial. Elas viviam no Quartel 28, em condições de superlotação e sujeira, além de um fedor nauseante. Palha fétida. Camas repugnantes. Banheiros transbordando. E pulgas.

No primeiro dia no quartel, enquanto Corrie lutava contra a náusea da palha fétida e as pulgas lhe davam uma picada após a outra, ela gritou:

— Betsie, como podemos viver num lugar assim? E Betsie se lembrou de um versículo da Bíblia que elas haviam lido mais cedo, naquele mesmo dia: "Deem graças em todas as circunstâncias" (1 Tessalonicenses 5:18).

— É isso, Corrie! — exclamou Betsy. — Essa é a resposta Dele. "Dê graças em todas as circunstâncias!" Isso é o que podemos fazer. Podemos começar agora mesmo a agradecer a Deus por cada item deste novo quartel!

Corrie fitou sua irmã, em seguida fitou todo o entorno do quarto escuro e abafado e se perguntou por que cargas d'água elas tinham de agradecer. Com a ajuda de Betsie, ela concordou em dar graças pelo fato de elas estarem juntas, por terem conseguido levar uma Bíblia secretamente para o acampamento e pelo fato de as condições de superlotação possibilitarem que mais mulheres ouvissem as Escrituras quando elas liam a cada dia. Porém, ela não conseguia entender como agradecer a Deus pelas pulgas.

O CEMITÉRIO DA QUEIXA E A FORÇA VITAL DA GRATIDÃO

— As pulgas! — chorou ela. — Isso é demais. Betsie. Não tem como nem o próprio Deus poder me fazer ser grata por uma pulga.

— Dê graças em todas as circunstâncias — Betsie recitou. — O texto não diz "nas circunstâncias favoráveis". As pulgas fazem parte deste lugar onde Deus nos colocou.

E assim, elas se colocaram em pé entre as fileiras de beliches e agradeceram pelas pulgas. Desta vez, porém, Corrie tinha certeza de que Betsie estava errada.

Certa noite, Corrie voltou tarde ao quartel depois de uma tentativa de coletar lenha fora dos muros. Betsie estava esperando por ela, como sempre, para que pudessem esperar juntas na fila da comida. Seus olhos estavam brilhando.

— Você parece extraordinariamente satisfeita consigo mesma, disse-lhe Corrie.

— Sabe, jamais entendemos por que tínhamos tanta liberdade na sala grande — respondeu Betsie. — Bem, eu descobri. Esta tarde, houve confusão em nosso grupo de tricô acerca do tamanho das meias e pediram para a supervisora vir e resolver a questão. Porém, ela não veio. Ela não entraria por aquela porta, tampouco os guardas. E você sabe por quê?

Betsie não conseguia esconder o triunfo em sua voz: — Por causa das pulgas! Foi o que ela disse. — Aquele lugar está tomado de pulgas![6]

---

[6] Adaptado de *The Hiding Place* de Corrie Ten Boom (Old Tappan, NJ: A Bantam Book published by Fleming Revell, 1971, 1974).

O PODER DAS PALAVRAS DE UMA MULHER

Às vezes, eu não vejo Deus nas situações difíceis, mas ainda assim posso louvá-lo porque sei que Ele está lá. A gratidão muda a lente através da qual vemos as circunstâncias em nossa pequena janela de tempo. A ação de graças muda nossa perspectiva apesar dos sonhos arruinados, dos relacionamentos quebrados e das circunstâncias dolorosas. Muda nossa perspectiva com relação ao acúmulo de pequenos aborrecimentos na boa e velha vida cotidiana. Quando encontro algo pelo qual ser grata em uma situação difícil ou circunstância preocupante, mesmo que não esteja com vontade, muitas vezes começo a me *sentir* grata. E o incrível é que minhas palavras positivas afetam aqueles que estão ao meu redor. Sarah Ban Breathnach disse certa vez: "A gratidão oferece reverência, permitindo que encontremos epifanias diárias, aqueles momentos transcendentes de fascínio que mudam para sempre o modo que experimentamos a vida (é abundante ou é escassa?) e o mundo (é amigável ou é hostil?)".[7] E o modo que escolhemos viver a vida também afeta o modo que aqueles ao nosso redor a experimentam também.

Deixe-me compartilhar uma história que me impactou profundamente, é do meu livro *Take Hold of the Faith You Long For* [Obtenha a fé que você deseja ter]:

> Certo dia eu estava no aeroporto, a caminho de Nova Jersey. Era uma típica manhã de correria. Pegar as malas, arrastar-se pelo trânsito, caçar uma vaga para estacionar, seguir o fluxo, passar pela segurança, correr apressadamente para o portão de embarque.
>
> As pessoas geralmente não são muito amigáveis nos aeroportos. Os olhos olham somente para frente. Pés determinados tocam o chão. Bolsas superlotadas vêm penduradas nas costas. Não

---

[7] Sarah Ban Breathnach, *The Simple Abundance Journal of Gratitude* (New York: Warner Books, Inc.,1996), p. 2-3.

O CEMITÉRIO DA QUEIXA E A FORÇA VITAL DA GRATIDÃO

é que as pessoas estejam infelizes e insatisfeitas. Elas estão apenas "apáticas". (Trata-se de uma palavra em voga nos dias de hoje.)

Nesta manhã em particular, eu parecia exatamente como todos. "Apática".

Antes de me acomodar em meu portão de embarque, decidi dar uma última chegada até o banheiro. Estou tão feliz por ter ido. Foi um dos lugares mais alegres em que estive nestes últimos tempos, longo tempo.

Gretchen, a "anfitriã" daquele "estabelecimento privativo", exibia um chapeuzinho simplório, com penas extravagantes balançando ao topo. Se não fosse pelo colete oficial de assistente que estava usando, eu teria pensado que ela estava indo ao festival Mardi Gras. Com um borrifador em uma mão e uma toalha na outra, Gretchen dava boas-vindas a cada "visitante" que adentrava seu "estabelecimento".

— Venha por aqui — dizia ela em tom de encorajamento enquanto abria a porta de uma das baias para sua próxima visitante.

Uma mulher de jaqueta verde saiu de uma das baias, e Gretchen precipitou-se atrás dela. Esguichou, esguichou e esguichou desinfetante. Limpou, limpou e limpou com seu pano.

— Por aqui, senhora — apontou ela para a próxima pessoa na fila. — Este aqui está pronto para você! Entre!

Com toda a postura de um criado abrindo as portas do castelo para uma pessoa de honra, Gretchen cumprimentou cada mulher como se fosse a pessoa mais importante do seu dia. Recuei e observei enquanto essa criaturinha de 1,60 metro limpava os assentos do vaso sanitário e convidava alegremente sua próxima convidada a adentrar as baias impecavelmente limpas. Gretchen tinha uma esfuziante sensação de alegria... limpando os assentos de vasos sanitários. Parecia vir de um coração arraigado na gratidão. E transbordava para cada mulher que deixava sua estação de trabalho.

As mulheres entravam cansadas e exaustas e saiam com leveza no andar e sorriso no rosto. Algumas até se demoravam mais para sair... como se quisessem sorver um pouco mais a experiência antes de encarar o mundo. Eu era uma delas.

Sobre o balcão havia um pote repleto de palavras de agradecimento até a borda e era para colocar gorjetas, mas eu não creio que as "gorjetas" eram por limpar os germes dos vasos sanitários, mas por limpar o abatimento de seus corações e as carrancas de seus rostos. E por alguma razão estranha, eu queria apenas dar um abraço na Gretchen. Eu dei. Ela não se importou.

A Gretchen me fez lembrar de como a gratidão e a alegria podem ser contagiantes, e do meu tamanho desespero em também querer ser assim.[8]

Viu só? Eu imagino qual teria sido minha atitude ao limpar banheiros em um estabelecimento público. Eu sei qual é a minha atitude quando limpo os banheiros da minha própria casa! As palavras que digo estão afetando aqueles que estão ao meu redor? As palavras estão flutuando em minha mente e afetando minha própria alegria?

Quando vivemos uma vida de gratidão intencional e usamos palavras de agradecimento, começamos a estruturar o modo que enxergamos nossas próprias circunstâncias. Então, a maneira como falamos sobre essas situações afeta o modo que as pessoas ao nosso redor as veem também. Uma criança reflete a resposta de sua mãe a determinada situação. Um amigo

---

[8] Sharon Jaynes, *Take Hold of the Faith You Long For* (Grand Rapids, MI: Baker Books,2016), p. 200-01.

começa a ver o aspecto positivo de uma situação difícil. Um marido enxerga as possibilidades em uma situação aparentemente impossível.

Nas palavras de Henry Ward Beecher: "O orgulho aniquila a ação de graças (...). Um homem orgulhoso raramente é um homem agradecido, pois nunca pensa ter alcançado tanto quanto merece".[9] Vem-me à memória um antigo ditado que comove e atormenta: "A gratidão transforma o que temos em suficiente". Sempre o suficiente. Jesus agradeceu a Deus pelos dois pães e cinco peixes... e houve mais do que o suficiente para todos (João 6:1-13).

Paulo escreveu: "Alegrem-se sempre no Senhor. Novamente direi (porque provavelmente você não entende na primeira vez): Alegrem-se!" (Filipenses 4:4, parênteses meus). "Alegrem-se no Senhor" não significa se alegrar apenas quando estamos na igreja. Isso inclui a vida em que vivemos, nos movemos e existimos nele (Atos 17:28).

*

Se reclamar, resmungar e murmurar são unhas arranhando o quadro-negro do céu, a ação de graças, o louvor e a gratidão são a linguagem de amor de Deus que nos capacita a nos comunicar com Ele em um nível de intimidade.

*

---

[9] Henry Ward Beecher, *Life Thoughts, Gathered from the Extemporaneous Discourses of Henry Ward Beecher* (New York: Sheldon, 1860), p. 115.

O PODER DAS PALAVRAS DE UMA MULHER

A memória do coração

Faço quadros das minhas fotos favoritas para poder vê-las com frequência. Elas me trazem alegria quando passo por um cômodo. O Steven sorridente aos cinco anos, com seu novo filhotinho de golden retriever. Um rapazinho forte, de beca e barrete de formatura. Um bando de sobrinhas e sobrinhos bronzeados, em pé ali na praia, com rostos sorridentes. Meu marido e filho entrando no lago ao pôr do sol, prontos para serem batizados juntos. Essas são imagens que dizem... *lembre-se*.

O problema com os israelitas resmungões é que eles sofriam de amnésia espiritual. Por repetidas vezes, eles se esqueceram da proteção e provisão de Deus. E há cura para isso também! *Lembrar-se*.

A gratidão tem sido chamada de "memória do coração".[10] Louvor e gratidão trazem imagens às nossas mentes que dizem: "Lembre-se". Lembre-se de o que Deus fez e está fazendo em sua vida. Escreva sobre isso num diário. Faça uma lista de tudo o que você tem para ser grato e acrescente coisas novas com frequência.

- Lembre-se de como Deus protegeu você de tomar uma decisão terrível.

- Lembre-se de como Deus trouxe você até seu cônjuge.

- Lembre-se de como Deus curou você ou curou um ente querido de alguma enfermidade.

- Lembre-se de como Deus salvou você de um terrível acidente.

- Lembre-se da situação impossível da qual Deus livrou você.

---

[10] Jean Baptiste Massieu, citado em Robert A. Emmons, *Thanks! How the New Science of Gratitude Can Make You Happier* (New York: Houghton Mifflin, 2007), p. 89.

O CEMITÉRIO DA QUEIXA E A FORÇA VITAL DA GRATIDÃO

- Lembre-se de como Deus não deu o que você queria, mas exatamente o que você necessitava.
- Lembre-se do arco-íris repentino.
- Lembre-se do telefonema que veio na hora certa.

De quem estamos reclamando?

Reclamar é desprezar casualmente a soberania de Deus. É como dizer que não gostamos do modo que Ele está administrando as coisas e achamos que poderíamos fazer melhor. A reclamação não tem a ver realmente com as circunstâncias, mas com o que achamos e da forma com que Deus está lidando com elas. Ah, claro, pode parecer que estamos reclamando que o atendimento está lento, o clima está horrível, as crianças são imprudentes, o marido é desatencioso, o louvor está muito alto. ("Desculpe. Como pode o louvor estar muito alto? Não é melhor do que estar baixo demais?", Reflita.) Em última análise, porém, a questão não é o atendimento, o clima, as crianças, o marido ou a música. Estamos reclamamos do modo como Deus está administrando o universo.

Não foi isso que Moisés disse aos israelitas? "E amanhã cedo verão a glória do Senhor, porque o Senhor ouviu a *queixa de vocês contra ele*. Quem somos nós para que vocês *reclamem* a nós?" (Êxodo 16:7).

Jó foi um homem que perdeu tudo, mas não reclamou. Sua esposa, por outro lado, sugeriu que ele amaldiçoasse a Deus e morresse (Jó 2:9), mas a resposta de Jó foi: "Você fala como uma insensata. Aceitaremos o bem dado por Deus, e não o mal?" (Jó 2:10). Seu contentamento não dependia de pessoas, posição ou posses, mas do conhecimento da soberania de Deus.

No Novo Testamento, vemos um exemplo refletido na pessoa de Paulo. Paulo fora um homem de influência, formado nas melhores escolas com um diploma de fariseu e nascera na linhagem de alta classe de Benjamin. Ele se referia a si mesmo como um perfeito hebreu de hebreus, com uma justiça legalista. Porém, *depois* de vir a Cristo, não antes, sua vida foi desafiada com perseguição, problemas e prisão. Ainda assim, ele escreveu: "*Aprendi* o segredo de viver contente em toda e qualquer situação, seja bem alimentado, seja com fome, tendo muito, ou passando necessidade. Tudo posso naquele que me fortalece" (Filipenses 4:11-13).

Onde Paulo estava quando escreveu essas palavras? Ele estava em prisão domiciliar, acorrentado a um guarda romano 24 horas por dia. Paulo sabia que viver em união com Cristo era a verdadeira fonte de satisfação. É incrível como na carta aos filipenses, sua mensagem principal seja "Alegrai-vos!".

Estou impressionada com a frase que ele usou duas vezes nestes versículos, e uma vez em outro: "Aprendi" (4:11)… "Aprendi" (4:12)… "Ponham-no em prática" (4:9). E aí está o segredo para viver uma vida de gratidão que silencia as queixas. *Aprendi… Ponham-no em prática.* A palavra grega usada aqui para *aprendi* significa não apenas saber de fato, mas também obedecer na prática.[11] Talvez, o ato de falar palavras de gratidão e ação de graças não venha naturalmente, mas virá sobrenaturalmente com a prática.[12] Ainda, a gratidão somente vem para aqueles que abrem os olhos para a bondade de Deus em vez de ficar fazendo críticas negativas e demonstrando descontentamento. Paulo nos mostra como falar palavras de gratidão quer estejamos cheias ou vazias, quer estejamos andando na praia ou na prisão acorrentadas a um guarda romano.

Durante a prisão, Paulo, além de estar cativo, também teve um público cativo. Ele pôde ter um tempo exclusivo com cada um dos guardas. Ele não só foi capaz de compartilhar o evangelho com eles, mas sabiam das mensagens entre Paulo e seus muitos visitantes. O tempo em que Paulo esteve na

---

[11] William Mounce, gen. ed., Mounce's *Complete Expository Dictionary of Old and New Testment Words*, (Grand Rapids, MI: Zondervan Publishing, 2006), p. 387.

[12] Erasmus, citado em Andy Zubko, *Treasure of Spirit Wisdom* (New Delhi, India: Morilal Banarsi-das, 2003), p. 2109.

prisão também lhe proporcionou tempo para escrever cartas às igrejas, as quais temos nas mãos hoje como o Novo Testamento. O que podemos ver como um problema para reclamar Deus quer usar como uma provisão pela qual podemos ser gratas.

As palavras de Paulo: "Tudo posso naquele que me fortalece" (Filipenses 4:13), foi um dos primeiros versículos da Bíblia que aprendi logo que me converti. Eu o aplicava a todos os obstáculos que se possa imaginar. Porém a verdade é que Paulo escreveu esse versículo no contexto de contentamento nos altos e baixos da vida. Só posso imaginar como as palavras de gratidão, ação de graças e contentamento de Paulo afetavam aqueles guardas romanos todos os dias. Suspeito que tenha sido da mesma maneira que nossas palavras de gratidão, ação de graças e contentamento afetam as pessoas ao nosso redor diariamente.

A gratidão somente vem para aqueles que abrem os olhos para a bondade de Deus em vez de ficar fazendo críticas negativas e demonstrando descontentamento.

Passos práticos para cultivar gratidão

Então, o que você faria se olhasse no espelho e visse uma resmungona olhando para você? Em primeiro lugar, deixe-me dizer que os psicólogos dizem que nem toda reclamação é ruim. Por exemplo, reclamar da injustiça social mostra que você está interessada e é solidária. Porém as reclamações produtivas — do melhor tipo — oferecem uma possível solução no processo.

Vamos dar alguns passos práticos para o protocolo de contenção de reclamações. Eu o farei com você.

1. Ore e peça a Deus para torná-la consciente de suas queixas e reclamações. Ore para que Deus coloque um guarda à sua boca e um vigia na porta de seus lábios (Salmos141:3).
2. Contenha-se antes de as palavras saírem de sua boca.
3. Quando sentir o desejo de reclamar, tente pensar em uma solução positiva antes de falar.
4. Perceba que vivemos em uma cultura de reclamação e tome a decisão de não se conformar com o padrão deste mundo (Romanos12:2).
5. Se você se flagrar reclamando do trabalho ou de um relacionamento, pare de se queixar e aborde o problema de maneira produtiva. Por exemplo, se você reclama do seu trabalho para sua família e da sua família para o seu trabalho, pare. Aborde a questão do trabalho no trabalho e a questão da família em casa.
6. Evite a reclamação como uma forma de iniciar uma conversa. Por exemplo, "Estou tão cansada dessa chuva" inicia a conversa numa direção negativa.
7. Se alguém ao seu redor reclamar, resista ao desejo de se juntar a essa pessoa. Mostre que a está ouvindo respondendo ao seu comentário com algo como: "Estou ouvindo você!", mas, em seguida, dirija a conversa para uma direção mais positiva.
8. Não reclame da murmuração de outra pessoa ou ignore a lamentação dela. É mais provável que sua reclamação sobre contestação dela alimente sua frustração, a faça se sentir julgada e crie distanciamento no relacionamento. Você pode dizer: "Sinto muito por você se sentir assim" ou "Sinto muito por isso ter acontecido com você" para mostrar que você está ouvindo. Porém não se junte às reclamações dela trazendo as suas.

9. Seja flexível e evite esperar que situações, circunstâncias ou pessoas sejam de determinada maneira.

10. Perceba que as inconveniências podem ser compromissos divinos. Estabeleça uma zona de "não reclamações" por 21 dias. Se você se pegar reclamando, escreva três razões para ser grata.

A carinha sorrindo na janela

Eu estava no voo de volta da Pensilvânia para casa no fim de semana da Sexta-feira de Páscoa, e o aeroporto estava lotado. Enquanto esperava o avião chegar no portão de embarque, nuvens começaram a cobrir o céu. Infelizmente, aviões lotados e mau tempo não combinam. Atrasos e cancelamentos iluminaram o quadro de embarque.

Minha chegada a Charlotte estava prevista para as 19h, mas meu horário de chegada foi adiado para 19h40, depois para 20h40, depois para 21h. Aquilo não estava levando a uma "Sexta-Feira" santa de Páscoa, afinal. Os viajantes estavam ficando irritados, os que vendiam passagens estavam ficando agitados e as crianças estavam ansiosas. Eu queria apenas ir para casa.

Por fim, depois de muitas mudanças de portão de embarque e atrasos, embarcamos para Charlotte. Fechei os olhos e dormi. Cerca de uma hora depois, o piloto fez um anúncio: "Olá, aqui é o capitão. Infelizmente, a tempestade está passando por Charlotte, Carolina do Norte, neste momento e não poderemos aterrissar. Pousaremos em Greensboro, a 145 quilômetros de distância, e aguardaremos a tempestade passar. Estejam à vontade para desembarcar do avião, mas não saiam da área de embarque. Anunciaremos quando for a hora de embarcar novamente. Não se preocupem, levaremos vocês a Charlotte o mais rápido possível. Desculpem pela inconveniência."

Aterrissamos em Greensboro e esperamos... e esperamos... e esperamos. Por volta das 22h30, veio outro anúncio. "Atenção, por favor. Aqueles que estão viajando no voo 389 para Charlotte, infelizmente a tripulação está no ar há muitas horas e não poderá continuar até Charlotte. Temos vans seguras para levá-los ao seu destino. "Sentimos muito pela inconveniência."

Era possível ouvir a queixa coletiva. Nós nos arrastamos até a esteira de bagagens, pegamos nossas malas e nos dividimos em grupos de nove.

E esperamos.

Um homem de terno, tentando passar o tempo com um bate-papo educado me perguntou: — Então, o que você faz?

Dei um olhar rápido, de cima, e respondi:

— Prefiro não dizer.

Pensando que ele pudesse pensar na coisa errada, sorri e continuei:

— Brincadeira. Eu sou escritora.

— O que você escreve?

Minha esperança era de que ele não me perguntasse isso. Respirei fundo e disse: — Eu escrevo livros cristãos para mulheres, livros que as ajudam a aprender a lidar com as dificuldades da vida — Todos começamos a rir.

Lotamos a van: oito viajando para visitar a família e uma indo para casa. Descobrimos logo que o ar-condicionado estava quebrado e em vez de vir ar frio pelas aberturas, estava saindo ar quente em todas as direções. Ninguém conseguiu descobrir como desligar o aparelho. As temperaturas subiram, o suor escorreu, camadas de roupas foram tiradas, as janelas embaçaram. Foi terrível.

Depois de cerca de uma hora e meia, comecei a relaxar, pensando que estaríamos em Charlotte a qualquer momento. No banco à minha frente, uma jovem de vinte e poucos anos e sua mãe conversavam alegremente. Elas estavam indo passar o fim de semana com a filha número dois. A filha número um, que aparentemente estava acompanhando nosso progresso em seu smartphone, virou-se no assento para olhar para mim.

— Estamos passando por Statesville — disse ela. — Quanto está faltando?

— Statesville! — reclamei. — Não deveríamos passar por Statesville! Ele está indo na direção errada!

Nossa viagem de uma hora e meia de van se transformou em uma viagem de três horas. Eu não via a hora de essa sexta-feira "não tão santa" terminar. E isso porque já era quase meia-noite.

No momento em que eu estava tendo uma conversa de mão única, não muito agradável com Deus, a mãe que estava na minha frente desenhou uma carinha sorrindo no vidro embaçado da janela! Uma carinha sorrindo!

"Por que cargas d'água ela tem de estar feliz?!", pensei comigo. "Não vejo nenhum motivo para 'sorrir' nessa situação toda!"

Finalmente chegamos a Charlotte um pouco depois da meia-noite. O voo rápido de uma hora e meia se transformara em um pesadelo de oito horas. Nove passageiros exaustos, pingando de tão encharcados de suor, saíram da van e respiraram o ar fresco da noite.

— Tchau, Krista — disse eu à jovem que não desgrudava do smartphone. — Divirta-se com sua irmã e sua mãe neste fim de semana.

— Ah, nos divertiremos — disse ela. — Minha mãe acabou de descobrir que está com câncer pela segunda vez. Parece que não está muito bem. Vamos passar um fim de semana juntas, somente nós três, desfrutando a companhia umas das outras. Pode ser nossa última vez.

Krista virou-se e partiu... sem ver as lágrimas que enchiam meus olhos. Olhei novamente para a janela da van que ainda guardava a imagem de uma carinha sorrindo desenhada pelas mãos de uma mulher sentenciada à morte. De repente, minha noite de pequenas inconveniências pareceu um tanto insignificante.

Afinal, era uma Sexta-Feira Santa. Deus me lembrou de todas as razões pelas quais eu tinha de ser grata. As circunstâncias que nos irritam são uma certeza neste mundo. As tempestades vão se formar. Os ventos da adversidade vão soprar. Nossa perspectiva na tempestade determinará se vamos resmungar e reclamar ou se vamos desenhar uma carinha sorrindo na janela e agradecer a Deus por cada vez que respiramos. Sempre há uma escolha.

Enfiei-me no carro com meu precioso e paciente marido, dei-lhe um beijinho e desenhei uma carinha sorrindo na janela.

Quando olhamos para as dificuldades, inconveniências e problemas da vida como possíveis tarefas atribuídas por Deus, nossas perspectivas mudam. Podemos decidir focar o que Deus pode fazer por meio de uma circunstância difícil em vez de focar os detalhes da própria circunstância.

Não podemos ter o controle das circunstâncias, mas temos uma escolha quanto à maneira de reagirmos a elas. O escritor Charles Swindoll nos lembra:

> As palavras não podem jamais transmitir adequadamente o incrível impacto da nossa atitude em relação à vida. Quanto mais vivo, mais estou convencido de que a vida é 10% o que acontece com você e 90% o modo que você reage ao que acontece... Acredito que a decisão mais importante que posso tomar no dia a dia é a minha escolha de atitude. É mais importante que meu passado, minha educação, meu respaldo financeiro, meus sucessos ou fracassos, fama ou dor, o que outras pessoas pensam ou dizem sobre mim, minha situação ou minha posição. A atitude é aquela "linha tênue" que me mantém em movimento ou paralisa meu progresso. Sozinha, essa linha nutre minha fogueira ou investe contra minha esperança. Quando minhas atitudes estão corretas, não há barreira alta demais, nenhum vale profundo demais, nenhum sonho extremo demais, nenhum desafio grande demais para mim.[13]

---

[13] Charles R. Swindoll, *Strengthening Your Grip* (Brentwood, TN: Worthy Books, 2015), p. 227.

O CEMITÉRIO DA QUEIXA E A FORÇA VITAL DA GRATIDÃO

Versículos da bíblia referentes à reclamação

1. Moisés também disse: "O Senhor lhes dará carne para comer ao entardecer e pão à vontade pela manhã, porque ele ouviu as suas queixas contra ele. Quem somos nós? Vocês não estão reclamando de nós, mas do Senhor" (Êxodo 16:8).

2. Até quando esta comunidade ímpia se queixará contra mim? Tenho ouvido as queixas desses israelitas murmuradores (Números 14:27).

3. Neste deserto seus corpos cairão, cada um de vocês com vinte anos ou mais que é contado no censo e que se queixou de mim (Números 14:29).

4. A esposa briguenta é como o gotejar constante num dia chuvoso (Provérbios 27:15).

5. Melhor é viver no deserto do que com uma mulher briguenta e amargurada (Provérbios 21:19).

6. Respondeu, pois, Jesus, e disse-lhes: "Não murmureis entre vós" (João 6:43, ACF).

7. Fazei todas as coisas sem murmurações nem contendas (Filipenses 2:14, ACF).

8. Sejam mutuamente hospitaleiros, sem reclamação" (1Pedro 4:9).

9. Irmãos, não se queixem uns dos outros, para que não sejam julgados. O Juiz já está às portas! (Tiago 5:9).

10. Enoque, o sétimo a partir de Adão, profetizou acerca deles: "Vejam, o Senhor vem com milhares de milhares de seus santos, para julgar a todos e convencer a todos os ímpios a respeito de todos os atos de impiedade que eles cometeram impiamente e acerca de todas as palavras insolentes que os pecadores ímpios falaram contra ele". Essas pessoas vivem se queixando e são descontentes com a sua sorte, seguem os seus próprios desejos impuros; são cheias de si e adulam os outros por interesse (Judas 14-16).

Versículos bíblicos sobre gratidão

1. Aclamem o Senhor todos os habitantes da terra! Prestem culto ao Senhor com alegria; entrem na sua presença com cânticos alegres. Reconheçam que ele é o nosso Deus. Ele nos fez e somos dele: somos o seu povo, e rebanho do seu pastoreio. Entrem por suas portas com ações de graças, e em seus átrios, com louvor; deem-lhe graças e bendigam o seu nome. Pois o Senhor é bom e o seu amor leal é eterno; a sua fidelidade permanece por todas as gerações (Salmos 100:1-5).

2. Deem graças ao Senhor porque ele é bom; o seu amor dura para sempre (Salmos 107:1).

3. Tu és o meu Deus, e eu te louvarei; tu és o meu Deus, e eu te exaltarei. Louvai ao Senhor, porque ele é bom; porque a sua benignidade dura para sempre (Salmos 118:28-29, *Almeida Corrigida e Fiel*).

4. Alegrem-se sempre. Orem continuamente. Deem graças em todas as circunstâncias, pois esta é a vontade de Deus para vocês em Cristo Jesus (1 Tessalonicenses 5:16-18).

5. Não se embriaguem com vinho, que leva à libertinagem, mas deixem-se encher pelo Espírito, falando entre si com salmos, hinos e cânticos espirituais, cantando e louvando de coração ao Senhor, dando graças constantemente a Deus Pai por todas as coisas, em nome de nosso Senhor Jesus Cristo (Efésios 5:18-20).

6. Não andem ansiosos por coisa alguma, mas em tudo, pela oração e súplicas, e com ação de graças, apresentem seus pedidos a Deus. E a paz de Deus, que excede todo o entendimento, guardará os seus corações e as suas mentes em Cristo Jesus (Filipenses 4:6,7).

7. Portanto, assim como vocês receberam a Cristo Jesus como Senhor, continuem a viver nele, enraizados e edificados nele, fortalecidos na fé, como foram ensinados, e transbordando de ação de graças (Colossenses 2:6-7).

8. Que a paz de Cristo seja o juiz em seus corações, visto que vocês foram chamados a viver em paz, como membros de um só corpo. E sejam agradecidos (Colossenses 3:15).

9. Tudo o que fizerem, seja em palavra ou em ação, façam-no em nome do Senhor Jesus, dando por meio dele graças a Deus Pai (Colossenses 3:17).

10. Dediquem-se à oração, estejam alertas e sejam agradecidos (Colossenses 4:2).

"Gratidão [...] transforma o que temos em suficiente e mais. Transforma a negação em aceitação, caos em ordem, confusão em clareza [...]. A gratidão nos faz entender nosso passado e traz paz para o hoje, ela gera uma visão para o amanhã" – Melody Beattie.[14]

---

[14] Melody Beattie, "*Gratitude*", MelodyBeattie.com, 31 de dezembro de 2017, https://melodybeattie.com/gratitude-2/.

12

A MELODIA DO SILÊNCIO

Em boca fechada não entra mosquito.

AUTOR DESCONHECIDO

Desde o momento em que consegui segurar um giz de cera em minha mãozinha gordinha, eu passei a gostar de criar diferentes "obras de arte". Muitas dessas obras-primas acabavam como enfeites colocados aos pés das árvores de Natal da família e de amigos.

Certo ano foram os suportes para vasos de plantas em *macramé*. Em outro ano foi uma coleção de caixas de madeira com *decoupage*. Depois, vieram os anos de quadrinhos feitos de ponto cruz, joguinhos de presépio em cerâmica e travesseiros com capa feita de retalhos com motivos de porquinhos e galinhas (não dê risada!).

Quando eu estava com 17 anos, foi o ano da vela. Todos, desde a vovó Edwards até minhas melhores amigas, receberam velas no formato de mãos orando. Durante semanas, eu trabalhei como escrava em um fogão quente, mexendo a cera derretida, centralizando meticulosamente os pavios de 25 centímetros, depois despejando lentamente a parafina derretida nas cores vermelho, verde ou amarelo em moldes invertidos no formato de mãos orando. Quando a cera endurecia, eu forçava o molde de borracha para fora e tirava a vela. Minha cozinha parecia um laboratório de prótese dentária, com mãos espalhadas pelos balcões.

Certa noite, eu estava cozinhando um novo lote de mãos quando a campainha tocou. — Poxa vida! — exclamei ao passar os olhos pelo relógio que ficava sobre o forno. — Jim está aqui!

Estava me divertindo tanto preparando a cera e os pavios que esqueci do tempo.

Eu tinha um encontro às 19h30 e aqui estava eu com bobs rosa-choque e um moletom coberto de parafina. Passei correndo pela cozinha, pulei por cima do meu pai que tinha adormecido no chão da sala, em frente à TV, e me apressei em abrir a porta.

— Oi Jim — disse eu bufando. — Entre. Sinto muito. Eu não estou pronta.

— Percebi — disse ele sorrindo.

— Eu estava fazendo velas e perdi a noção do tempo.

— Você estava o quê?

— Nada não. Entre e sente-se no sofá. Estarei pronta em um minuto.

Corri para o meu quarto para passar uma escova no cabelo, passar rímel e um pouco de brilho nos lábios. Jim sentou-se no sofá, meio sem jeito, ouvindo meu pai roncar ao som das piadas de Jackie Gleason e Ralph Kramden. Após uns 15 minutos, Jim sentiu o cheiro de algo queimando. Ela não quis gritar meu nome por medo de acordar meu pai, então foi na ponta dos pés até a cozinha e viu uma panela no fogão, com chamas que chegavam a uns 45 centímetros de altura.

Com o papai dormindo ou não, Jim gritou: — Sharon! Sei lá o que você estava cozinhando, mas está queimando!

— Ah não! — exclamei. — Eu esqueci de desligar o fogo!

Assim que entrei abruptamente na cozinha, Jim jogou um copo de água na cera em chamas. Em vez de extingui-las, o fogo explodiu para o teto. As chamas subiram pela parede, percorreram o teto e desceram pela parede do lado oposto. Nossos gritos acordaram meu pai, que viu sua filha no meio da cozinha, cercada por chamas. Com a agilidade do Super-Homem, papai pôs-se de pé e correu para a cozinha com mais rapidez que uma bala. Ele pegou a tampa da panela e abafou a fonte das chamas. Tão rápido quanto irrompeu, o fogo simplesmente recuou para dentro da panela como um gênio voltando para a garrafa.

Tudo isso aconteceu em questão de segundos. Ficamos ali parados no meio da cozinha como três baratas tontas. Eu jamais contei ao meu pai que foi Jim que jogou a água na cera em chamas. Os adolescentes já perdem dois pontos quando cruzam a soleira para buscar a filhinha de alguém para um encontro.

Depois que o choque passou, tive tempo de refleti sobre o episódio: a velocidade com que as chamas queimaram o ambiente, a sensação do fogo lambendo minha pele e o barulho aterrorizante das chamas. Também aprendi nesse caso como foi bem fácil apagar o fogo: basta abafá-lo com uma tampa.

Não é assim com nossas palavras? Podemos explodir rapidamente com palavras incandescentes, e a destruição se espalha subindo por uma parede e descendo pela outra antes mesmo de percebermos. Porém meu pai rapidamente colocou uma tampa na panela e abafou a fonte de oxigênio das chamas, então o fogo se apagou. Eu amo o que Jó disse depois que Deus o colocou em seu lugar por questionar suas ações: "Ponho a mão sobre a minha boca" (Jó 40:4). Acho interessante minha mão se encaixar perfeitamente na minha boca. Vá em frente e teste. Aposto que sua mão também se encaixa em sua boca. Alguns de nós podem precisar de duas mãos, mas tudo bem! Talvez esse tenha sido o projeto intencional de Deus!

No capítulo anterior, vimos como domar a língua e passar da murmuração à gratidão, mas às vezes precisamos simplesmente conter a língua. Muitas vezes, as palavras mais poderosas de uma mulher são aquelas que ela jamais falará.

Línguas soltas afundam o barco dos relacionamentos

Adoro ler livros da Segunda Guerra Mundial e assistir a filmes e documentários sobre esse tema. Durante a guerra, o Conselho de Publicidade de Guerra criou cartazes de propaganda como parte de uma campanha para aconselhar militares e cidadãos a evitar conversas imprudentes acerca de informações referentes à segurança que poderiam ser úteis ao inimigo. A ideia central do slogan era lembrar as pessoas de evitar falar sobre os movimentos dos navios. O receio era que agentes inimigos secretos pudessem ouvir os comentários, interceptar o esforço de guerra e destruir os navios. Portanto, placas com os dizeres: "Língua solta afunda navios" foram afixadas nas paredes das fábricas por toda parte dos Estados Unidos.

Línguas soltas ainda afundam navios. Talvez precisemos pendurar uma placa em nossas casas com o dizer: "Línguas soltas afundam o barco dos relacionamentos". Escolha com sabedoria. Não deixe que a língua solta do sarcasmo, da crítica ou da raiva abra buracos na estrutura do seu maridão ou na máscara de seus filhos maravilhosos. Um momento de moderação pode poupar uma enormidade de dores.

Salomão escreveu: "Quando são muitas as palavras o pecado está presente, mas quem controla a língua é sensato" (Provérbios 10:19).

"Até o insensato passará por sábio, se ficar quieto, e, se contiver a língua, parecerá que tem discernimento" (Provérbios 17:28). Quer o assunto seja fofoca ou resmungo, o silêncio é a chave de ouro que mantém fechada a porta para palavras destrutivas. E, às vezes, as palavras mais poderosas de uma mulher são as palavras não ditas, porque o silêncio pode ser um sinal exterior de força interior.

Eu estava almoçando com um grupo de amigas quando uma delas fez um comentário depreciativo acerca de outra que estava atrasada. Eu lhe dei aquele "olhar maternal" que a fez saber que o comentário era inapropriado.

— Bem, é verdade — disse ela.

A MELODIA DO SILÊNCIO

— Só porque uma coisa é verdade não significa que você deve dizê-la — respondi.

Sabe onde eu aprendi isso? O Espírito Santo me fala isso quase todos os dias. Infelizmente, tenho ignorado mais vezes do que gostaria de admitir, e tenho dito palavras das quais sempre me arrependo mais tarde. Como Davi, imploro a Deus: "Coloca, Senhor, uma guarda à minha boca; vigia a porta de meus lábios" (Salmos 141:3).

No verão anterior ao meu último ano no Ensino Médio, fui para a França estudar Línguas e Artes com cerca de cinquenta alunos de todos os lugares dos Estados Unidos. Como parte do nosso treinamento, era-nos permitido falar apenas em francês durante as refeições. Se tivéssemos um deslize e falássemos uma palavra em inglês, tínhamos de colocar uma moeda em uma tigela que ficava no centro da mesa. Éramos o grupo de adolescentes mais silencioso em volta de uma mesa que você jamais viu! Na realidade, dizer uma palavra inadequada custará mais do que algumas moedas. Pode custar um relacionamento. Às vezes, as palavras mais poderosas são as não ditas.

Para a maioria de nós, essa lição leva anos para ser aprendida, mas nem sempre. Uma menininha perdeu para a morte um amiguinho de infância, e certo dia contou à família que ela havia consolado a mãe enlutada.

— O que você disse a ela? — perguntou seu pai.

— Nada, respondeu ela.

— Apenas subi no colo dela e chorei junto. Era exatamente aquilo que aquela mãe precisava.

Você ficou sabendo …?

Um monstro estava entrando sorrateiramente em meu jardim na calada da noite e devorando minhas queridas plantas. Jamais vi seus olhos redondos ou ouvi seus passos barulhentos, somente as consequências da destruição.

Ele deixava um rastro de lodo ao passar de uma planta para outra, e buracos grandes e escancarados nas gérberas de folhas largas; ele ruía brotos aveludados em forma de trombetas das petúnias roxas, e reduzia as begônias cheias de folhas a caules nus.

Perguntei a uma vizinha sobre a destruição do meu canteiro de flores e ela disse: —Tem lesmas no seu jardim.

— Lesmas! — exclamei. — O monstro no jardim é uma lesminha?

— Você pode colocar lesmicida em seu jardim e ver por si própria — continuou minha vizinha, confiante.

Espalhei o lesmicida por todo o quintal e esperei. Na manhã seguinte eu vi os restos dos "monstros". As feras tinham cerca de 0,6 cm de comprimento, mais ou menos do tamanho da minha unha.

Como algo tão pequeno pode causar tanto dano em tão pouco tempo? Ponderei eu. Então, minha mente pensou em outra coisa muito pequena que pode causar um dano enorme em um curto período... a fofoca. O rei Salomão escreveu: "As palavras do caluniador são como petiscos deliciosos; descem até o íntimo do homem" (Provérbios 18:8). Assim como uma lesminha pode destruir um canteiro inteiro de flores, um pequeno petisco de fofoca pode destruir a reputação de uma pessoa, assolar o caráter dela e devorar uma amizade.

No Sul, temos essa habilidade de fazer uma fofoca parecer... um tanto agradável. Tudo o que você precisa fazer é adicionar "coitadinha!" ou "coitadinho" no final da frase. Fica assim: "Susie ganhou 22,5 quilos com a última gravidez, coitadinha!", "O marido de Keesha fugiu com a secretária, coitadinha!", "Eu ouvi Mariah gritar com o carteiro ontem, coitadinho!". Porém todos os "coitadinhos/coitadinhas" não mascaram o que realmente está acontecendo... fofoca.

Salomão escreveu: "Aquele que cobre uma ofensa promove amor, mas quem a lança em rosto separa bons amigos" (Provérbios 17:9). Charles Allen, autor de *A Psiquiatria de Deus*, observou: "Os de mente excelente

A MELODIA DO SILÊNCIO

conversam sobre ideias, os medianos conversam sobre acontecimentos e os medíocres conversam sobre outras pessoas".[1] Talvez, se estivermos usando nosso tempo para falar de pessoas, precisemos preencher nossas mentes com informações melhores, tais como bons livros e artigos úteis (e não me refiro à revista *Caras*).

O que exatamente é uma fofoca? Meu dicionário define *fofocar* como "conversa fácil, fluente, trivial, falar das pessoas pelas costas". É repetir informações sobre os assuntos particulares de outra pessoa. Se tiver de olhar em volta para ter certeza de que ninguém está ouvindo o que você está dizendo, provavelmente você está fofocando. Se você estiver falando algo que não diria na frente da pessoa de quem está falando, é provável que esteja fofocando.

Ouvimos muitas vezes a frase "Conhecimento é poder". Talvez seja por isso que a fofoca seja tão atraente. Ela sugere certa quantidade de poder porque "Eu tenho a novidade exclusiva". Porém fofoca não é poder. Pelo contrário, ela mostra uma falta de poder... uma falta de autocontrole.

Contudo, quando um não quer, dois não fofocam. "Sem lenha a fogueira se apaga; sem o caluniador morre a contenda" (Provérbios 26:20). A Bíblia nos diz para fazer tudo o que pudermos para evitar fofocas (Provérbios 20:19). Uma boa regra é que se você não fizer parte do problema ou da solução, guarde as informações para si mesmo.

Paulo advertiu: "Pois ouvimos que alguns de vocês estão ociosos; não trabalham, mas andam se intrometendo na vida alheia" (2Tessalonicenses 3:11). Outras traduções dizem que essas pessoas "andam desordenadamente" (NTLH).

Certa vez, uma mulher sentiu-se sobrecarregada de culpa por seus anos de fofocas caluniosas. Ela foi até o padre local e confessou seu pecado. O

---

[1] Charles L. Allen, *God's Psychiatry* (Grand Rapids, MI: Fleming H. Revell Company, 1953), p. 75.

padre estava bem ciente de sua língua inquieta e havia experimentado o ferrão de suas palavras em primeira mão... ou melhor, em segunda mão.

— O que posso fazer para corrigir todos os danos que causei com minhas fofocas? — perguntou ela.

— Junte um saco de penas — começou ele. — Então vá em cada casa e coloque uma pena na porta.

Este pedido pareceu bastante simples à mulher, então ela fez como o padre mandou. Depois de completar a tarefa, voltou. — Fiz como você pediu — disse ela. O que devo fazer agora?

— Agora, volte e pegue de volta cada uma das penas — ele respondeu.

— Isso é impossível — argumentou a mulher. — O vento já as terá soprado por toda a cidade nessas alturas.

— Exatamente — respondeu o sábio padre. — Uma vez dita, a palavra ruim flutua no ar pelas asas da fofoca e jamais é recolhida de volta. Deus perdoou você como você pediu. Porém eu não consigo remover as consequências de suas palavras ofensivas ou recolhê-las dos lugares onde elas pousaram.

Eis aqui uma ideia. Se uma amiga vier até você com alguma "notícia" ou uma "preocupação" com outra pessoa, pare e pergunte: "Posso citar você com relação ao que está prestes a me dizer?". Isso geralmente é suficiente para impedir a conversa antes mesmo de ela começar.

Morder a língua constrói relacionamentos

O controle da língua é uma disciplina que vale a pena dominar, no entanto, às vezes precisamos *morder* nossa língua. Palavras ditas com raiva são punhais no coração do ouvinte. Eu senti a flecha afiada das palavras raivosas perfurar meu coração, e eu também já fui o arqueiro com o arco. Conheço muitos que se arrependeram de palavras faladas na hora da raiva, mas jamais conheci alguém que se arrependesse de tê-las retido. Às vezes, é possível que tenhamos de morder nossa língua para impedi-las de chicotear quando estamos irados. A autora Karen Ehman escreveu: "É melhor uma língua sangrando do que o coração ferido de um membro da família".[2] Uma pergunta importante para fazermos a nós mesmos antes de falarmos no calor do momento: "Qual é o resultado que espero das palavras que estou prestes a dizer?".

Se for para retaliar, morda com força.

Se for para envergonhar, morda com força.

Se for para enquadrar alguém, morda com força.

Se for para intimidar, morda com força.

Paulo escreveu: "Quando vocês ficarem irados, não pequem". Apaziguem a sua ira antes que o sol se ponha, e não deem lugar ao diabo" (Efésios 4:26,27). Paulo não disse: "Não fiquem irados". Deus nos criou com um ensopado de emoções, e a ira é um dos ingredientes. Até Jesus se irou (Marcos 3:5). Paulo disse para não deixar sua ira fazer você pecar.

Então, o que significa estar irado, mas não pecar por causa disso? Há um tipo de ira justa que é a ira pelas coisas que iram a Deus, tais como abuso infantil, tráfico sexual, difamação do Espírito Santo. A ira baseada em nossa natureza pecaminosa é outra questão. Essa ira produz "discórdia, inveja, manifestações de ira, ambição egoísta, calúnias, fofocas, arrogância e desordem" (2Coríntios 12:20). Produz "ódio, discórdia... manifestações de ira [isto é, birras], ambição egoísta, dissensões [e] facções" (Gálatas 5:20). A ira pecaminosa é tão comum em nós que precisamos ser lembrados regularmente de abandonar "a ira, a indignação [e] a maldade" (Colossenses 3:8) e de que "qualquer um que se irar contra um irmão estará sujeito a julgamento" (Mateus 5:22).

---

[2] Karen Ehman, Keep.It.Shut (Grand Rapids, MI: Zondervan, 2015), p. 39.

O desafio é aprender a lidar com a ira e expressá-la de modo produtivo. Raiva misturada com vingança nunca é produtiva. A retribuição é departamento de Deus. Ele disse: "A mim pertence a vingança e a retribuição" (Deuteronômio 32:35). Quando estamos irados, a solução não é engolir a ira, mas lidar de maneira produtiva com ela. Quando você sentir o desejo ardente de ferir com palavras de ódio, respire fundo!

- Admita que você está irada.
- Conte até dez, ou até cem.
- Vá caminhar.
- Aguarde o momento certo para falar.
- Pergunte a si mesma o que nessa situação a deixou tão irada. Você está filtrando as palavras atuais por meio das experiências passadas?
- Acalme-se antes de falar.

Lembre-se: "A resposta calma desvia a fúria, mas a palavra ríspida desperta a ira" (Provérbios 15:1). Uma resposta suave não significa não dar uma resposta verdadeira, mas sim uma resposta acrescida de graça. É tão difícil fazer isso com a ira nos impedindo de pensar. Porém tenho visto, repetidas vezes, que quando um comentário irado me atinge e eu o deixo pairando no ar por um momento, a crueldade geralmente estapeia a face de quem o fez. Porém se eu retribuir com ira, que é o que eu quero fazer de fato, a discussão ganha grandes proporções e, puf!... você ganhou uma fórmula para o pecado.

Não estou sugerindo que nos tornemos pessoas que engolem tudo e nunca tratam de questões que despertam ira. Estou sugerindo que primeiro nos acalmemos, pensemos no que temos de dizer e conversemos sobre o assunto de maneira produtiva. Eu sei... não é fácil. Eu tenho feito muitas caminhadas nesse sentido.

Você tem de saber quando retê-las

Anos atrás, o cantor country, Kenny Rogers, escreveu uma música que dizia: "Você tem de saber quando retê-las / saber quando abrir mão delas". É claro que ele estava falando sobre jogar cartas, mas acho que se pode dizer o mesmo sobre jogar com nossas palavras. Temos de saber quando retê-las e quando deixá-las sair.

Salomão colocou desta forma: "Para tudo há uma ocasião, e um tempo para cada propósito debaixo do céu [...] tempo de calar e tempo de falar" (Eclesiastes 3:1,7). Às vezes, as palavras mais poderosas são aquelas que nós não falamos. Há tempo para falar e tempo para ficar quieto. A mulher sábia discerne a diferença.

O silêncio nem sempre é bom. Podemos usar nosso silêncio como uma arma para controlar, punir ou manipular alguém. Muitos casamentos têm sido feridos por comportamentos passivo-agressivos tanto quanto danificados por abuso verbal. Quando tratamos alguém de forma fria ou usamos o silêncio por longos períodos, nosso silêncio expele nossos sentimentos exatamente como um acesso de raiva. Sim, as palavras podem ser usadas como armas, e o silêncio pode fazer parte do arsenal. Então, quando você estiver "retendo-as", certifique-se de estar fazendo-o pelos motivos corretos.

Provérbios 31 é um dos meus capítulos favoritos na Bíblia. Os versículos 10 a 31 têm servido como prumo para as mulheres ao longo dos séculos. Na verdade, eles foram escritos pela mãe do rei Lemuel, instruindo-o quanto ao que buscar em uma esposa piedosa. A mulher de Provérbios 31 não era uma pessoa real, mas um ideal que esta mãe sábia colocou diante de seu precioso filho. Embora o ideal possa ser bastante intimidante para algumas, todas concordariam que é um modelo que vale a pena imitar. Pensemos por um momento nas qualidades dessa preciosa mulher. As escrituras a descrevem como inteligente, habilidosa, moderada e forte. Ela é uma boa cozinheira, uma administradora proficiente do dinheiro, uma assistente na comunidade, uma empreendedora, uma costureira, uma mãe abençoada, uma amiga fiel, uma esposa leal e uma mulher que ama a Deus. Ufa! É muita coisa para absorver. O versículo 10 começa assim: "Mulher virtuosa, quem a achará? O seu valor muito excede o de finas joias" (ARA). A NVI a chama de "uma esposa exemplar". Gosto da versão *Amplified Bible* [Bíblia Amplificada], que diz: "uma mulher capaz, inteligente e virtuosa". A palavra hebraica traduzida como *excelente* ou *virtuosa* também pode significar "rica, próspera, valente, ousadamente corajosa, poderosa, guerreira poderosa". É impressionantemente semelhante à palavra *ezer* que conhecemos no capítulo 5.

Com o intuito de ajudar Lemuel a se lembrar desses traços de caráter, ela os ensinou na forma de um acróstico usando as letras do alfabeto hebraico do início ao fim. A rainha sabia que entre as qualidades mais importantes para se buscar em uma esposa estavam as palavras que ela falou. Ela instruiu seu filho quando ele era bem jovem. "Fala com sabedoria, e a instrução da bondade está na sua língua" (Provérbios 31:26, ARA).

De onde vem a sabedoria? Vem naturalmente com os cabelos brancos, como dizem os contos da carochinha? É obtida por meio da educação? É um produto da inteligência? O rei Salomão acreditava que a sabedoria vinha de Deus. Ele resume da seguinte forma: "O temor do Senhor é o princípio da sabedoria, e o conhecimento do Santo é entendimento" (Provérbios 9:10). Ponto principal... a sabedoria vem de uma reverência, de um conhecimento e entendimento de Deus.

Como, porém, a sabedoria é definida? A *New Open Bible* define *sabedoria* como "conhecimento guiado pelo entendimento". Também pode ser definida como o "poder de julgar corretamente e seguir o curso de ação mais sensato, baseado em conhecimento, experiência e entendimento".

Considere os seguintes versículos sobre sabedoria:

Pois o Senhor é quem dá sabedoria; de sua boca procedem o conhecimento e o discernimento" (Provérbios 2:6).

A sabedoria o livrará do caminho dos maus, dos homens de palavras perversas (Provérbios 2:12).

Como é feliz o homem que acha a sabedoria, o homem que obtém entendimento, pois a sabedoria é mais proveitosa do que a prata e rende mais do que o ouro. É mais preciosa do que rubis; nada do que você possa desejar se compara a ela (Provérbios 3:13-15).

Não abandone a sabedoria, e ela o protegerá; ame-a, e ela cuidará de você (Provérbios 4:6).

Prefiram a minha instrução à prata, e o conhecimento ao ouro puro, pois a sabedoria é mais preciosa do que rubis; nada do que vocês possam desejar compara-se a ela (Provérbios 8:10-11).

A boca do justo produz sabedoria, mas a língua perversa será extirpada (Provérbios 10:31).

Quando vem o orgulho, chega a desgraça, mas a sabedoria está com os humildes (Provérbios11:2).

O orgulho só gera discussões, mas a sabedoria está com os que tomam conselho (Provérbios 13:10).

É melhor obter sabedoria do que ouro! É melhor obter entendimento do que prata! (Provérbios 16:16)

O homem de discernimento mantém a sabedoria em vista, mas os olhos do tolo perambulam até os confins da terra (Provérbios 17:24).

Então, como adquirimos sabedoria piedosa? Tudo começa com um relacionamento pessoal com Jesus Cristo. Paulo escreveu: "Nele [Jesus Cristo] temos a redenção por meio de seu sangue, o perdão dos pecados, de acordo com as riquezas da graça de Deus, a qual ele derramou sobre nós com toda a sabedoria e entendimento" (Efésios 1:7,8). Embora comece quando cremos em Jesus Cristo, nossa jornada para a sabedoria continua a crescer à medida que nosso relacionamento aprofunda em uma verdadeira intimidade com Ele. Paulo orou pelos efésios: "Peço que o Deus de nosso Senhor Jesus Cristo, o glorioso Pai, lhes dê espírito de sabedoria e de revelação, no pleno conhecimento dele" (Efésios 1:17).

Deus é quem nos dá sabedoria, mas também desempenhamos um papel no compartilhamento. Ele nos fala por meio da Bíblia, por meio da oração e por meio do Espírito Santo.

A Bíblia. "Toda a Escritura é inspirada por Deus e útil para o ensino, para a repreensão, para a correção e para a instrução na justiça, para que o homem de Deus seja apto e plenamente preparado para toda boa obra" (2Timóteo 3:16,17).

Oração. "Se algum de vocês tem falta de sabedoria, peça-a a Deus, que a todos dá livremente, de boa vontade; e lhe será concedida" (Tiago 1:5).

Espírito Santo. "O Espírito sonda todas as coisas, até mesmo as coisas mais profundas de Deus. Pois, quem dentre os homens conhece as coisas do homem, a não ser o espírito do homem que nele está? Da mesma forma, ninguém conhece as coisas de Deus, a não ser o Espírito de Deus. Nós, porém, não recebemos o espírito do mundo, mas o Espírito procedente de Deus, para que entendamos as coisas que Deus nos tem dado gratuitamente. Delas também falamos, não com palavras ensinadas pela sabedoria humana, mas com palavras ensinadas pelo Espírito, interpretando verdades espirituais para os que são espirituais" (1Coríntios 2:10-13).

Deus também derrama sabedoria em nossas vidas por meio de pessoas sábias. Salomão advertiu: "Aquele que anda com os sábios será cada vez mais sábio, mas o companheiro dos tolos acabará mal" (Provérbios 13:20). Por isso é tão importante ter amigos que falem de sabedoria, e não de tolices. Seu espírito absorverá as palavras deles, e a próxima coisa você já sabe... bobagem sairá de sua própria boca.

Como é uma fala sábia? Tiago explica: "Mas a sabedoria que vem do alto é antes de tudo pura; depois, pacífica, amável, compreensiva, cheia de misericórdia e de bons frutos, imparcial e sincera" (Tiago 3:17).

A tia do meu marido, Iris, foi uma das mulheres mais sábias que já conheci. Ela jamais conjugou um verbo grego ou hebraico ou obteve um diploma universitário. Ela jamais foi para a faculdade, dirigiu um carro ou olhou para uma tela de computador. Ela, no entanto, conhecia a Deus e mergulhava na presença dele continuamente. Eu a ouvia cantar muitas vezes: "Venho ao jardim sozinha, enquanto ainda há orvalho nas rosas... E Ele caminha comigo, e Ele fala comigo, e Ele me diz que sou dele; e a alegria que compartilhamos enquanto nos demoramos ali ninguém jamais conheceu". Íris era uma mulher sábia.

Creio que a sabedoria tem pouco a ver com a inteligência. Ouvi, repetidas vezes, que a diferença entre uma pessoa inteligente e uma pessoa sábia é que a inteligente sabe o que dizer e a sábia sabe se deve dizer ou não.

Conheço diversos tolos com um alto nível de educação. Aparentemente, o apóstolo Paulo também conhecia. Ele escreveu: "Não se enganem. Se algum de vocês pensar que é sábio segundo os padrões desta era, deve tornar-se 'louco' para que se torne sábio. Porque a sabedoria deste mundo é loucura aos olhos de Deus. Pois está escrito: 'Ele apanha os sábios na astúcia deles'" (1Coríntios 3:18,19).

Não há nada de errado com o conhecimento, mas há uma grande diferença entre sabedoria e conhecimento. Sabedoria é a habilidade dada por Deus de aplicar o conhecimento corretamente. "Uma pessoa sábia toma decisões com base no entendimento de que Deus e seus princípios consagrados pelo tempo são o único fundamento seguro para a vida. Uma pessoa tola não age firmada na reverência a Deus e, em vez disso, vive imprudentemente pelo ganho egoísta".[3]

---

[3] Karol Ladd, *The Power of a Positive Woman* (West Monroe, LA: Howard Publishing Co., Inc., 2002), p. 75.

O PODER DAS PALAVRAS DE UMA MULHER

"Como anel de ouro em focinho de porco, assim é a mulher bonita, mas indiscreta" (Provérbios 11:22). Eu a chamo de verdadeira Miss Piggy. Não importa quanta beleza uma mulher tenha exteriormente, a falta de discrição interior destruirá a aparência.

Aqui está uma regra prática: em caso de dúvida, não faça. Em outras palavras, se você não tem certeza se deve dizer algo, então não diga.

A hora certa é tudo

Quando Steven tinha uns sete anos, fomos esquiar na neve. Durante horas, eu o ensinei a ficar em pé, esquiar e levantar quando caía. Em sua frustração, Steven caia, caia e caia. Ele não estava pegando o jeito de maneira nenhuma. "Qual é o problema?" Eu me perguntava. Então, descobri. Era eu.

— Mãe, — gritou Steven — se você parar de me dizer o que fazer, acho que vou conseguir.

— Tá bom! — disse eu. — Vá em frente, faça como quiser!

E sabe de uma coisa, ele fez. Trinta minutos depois, Steven estava descendo a pista com facilidade. Minha instrução contínua havia sido um impedimento para Steven conseguir realizar as manobras por conta própria. Começou como uma aula de esqui para Steven, mas acabou sendo para mim uma aula de como ser mãe.

Às vezes, as palavras mais poderosas são aquelas que retemos. "Para tudo há uma ocasião, e um tempo para cada propósito debaixo do céu: [...] tempo de calar e tempo de falar" (Eclesiastes 3:1,7).

Na Bíblia, Ester é um exemplo maravilhoso de uma mulher sábia que entendia que a hora certa era crucial. Sob a influência do perverso Hamã, o rei Xerxes emitiu um decreto de que o povo hebreu fosse destruído. O rei, contudo, não sabia que a rainha Ester era um deles.

Depois de muita oração, jejum e deliberação, Ester se apresentou perante o rei para fazer um pedido. Era um pedido importante porque toda a nação hebraica estava em jogo. Quando o rei pediu que ela apresentasse sua petição, Ester não se humilhou aos pés dele e implorou que seu povo fosse salvo. Em vez disso, ela calmamente o convidou para um banquete, pois ainda não era a hora certa. Quando o rei compareceu ao banquete na noite seguinte, ela não se humilhou aos pés dele e implorou que poupasse seu povo. Mais uma vez, ela o convidou para um banquete na noite seguinte. Afinal, ainda não era a hora certa.

No segundo banquete, o rei ofereceu a Ester uma terceira oportunidade de fazer seu pedido. Finalmente, Ester revelou a trama do perverso Hamã para aniquilar toda a nação hebraica, que também a incluía. Porém aqui está uma lição em meio ao drama. Ester tinha um pedido muito importante para o rei, no entanto, tudo era questão da hora certa. Claro que ela poderia ter feito o pedido na primeira vez que se aproximou do rei e ele estendeu-lhe o cetro de ouro em aprovação. Ela poderia ter oferecido sua petição no primeiro banquete, quando ele lhe ofereceu qualquer coisa que ela quisesse, "até metade do reino" (Ester 5:3). Havia, porém, algo no espírito de Ester que a fez esperar. Aquela não era a hora certa.

Embora a Bíblia não nos diga diretamente, acredito que Ester estava ouvindo a Deus. Por sua obediência, toda a nação hebraica foi salva. Esse é o poder das palavras de uma mulher proferidas no momento certo.

Grande parte da questão de saber quando se calar e quando falar tem a ver com aprender a ouvir bem. "Ouvir é semelhante ao trabalho da parteira, alguém que está disposto a facilitar o trabalho de parto com dor e alegria de outra pessoa, recusando-se a dessensibilizar as preciosidades daquele momento, com prontidão para reconfortar ou fazer tudo certo. Ouvir outra pessoa permite e viabiliza gentilmente o nascimento [...] ajudar uma pessoa que perdeu a esperança a vir à luz por meio do processo."[4] Isso inclui ouvir a pessoa com quem estamos falando, bem como ouvir a Deus.

---

[4] Marlee Alex, "An Open Window", *Virtue* (maio/junho de 1994), p. 4.

A Bíblia ensina:

> Quem [aquela que] guarda a sua boca guarda a sua vida, mas quem [aquela que] fala demais acaba se arruinando (Provérbios 13:3).

> Você já viu alguém [uma mulher] que se precipita no falar? Há mais esperança para o insensato do que para ele [ela] (Provérbios 29:20).

> Quem [ela que] responde antes de ouvir, comete insensatez e passa vergonha" (Provérbios 18:13).

> Sejam todos prontos para ouvir, tardios para falar e tardios para irar-se, pois a ira do homem [da mulher] não produz a justiça de Deus (Tiago 1:19,20).

Ralph Waldo Emerson disse: "Um amigo é uma pessoa com quem posso ser sincero. Diante dele, posso pensar em voz alta".[5] Para pensar em voz alta, alguém tem de estar ouvindo na outra ponta. Há uma diferença entre ouvir verdadeiramente e esperar sua vez de falar. Um verdadeiro ouvinte...

- Não interrompe. A interrupção comunica o seguinte: "O que eu tenho a dizer é mais importante do que o que você tem a dizer".

- Convida você a dizer mais com palavras do tipo: "Como você se sentiu com isso?".

---

[5] Tem-se feito todo esforço para rastrear a fonte desta citação.

A MELODIA DO SILÊNCIO

- Demonstra apoio ao orador com palavras como: "Sim, entendo". Um verdadeiro ouvinte presta atenção não apenas às palavras daquele que fala, mas também às emoções que estimulam as palavras.

- Não oferece uma solução a menos que solicitada. "O que você deve fazer é..." Pois, isso minimiza os problemas da pessoa e faz parecer que você tem todas as respostas. Em outras palavras, a pessoa se sente pior do que antes de confidenciar o problema.

- Não julga. Por exemplo, "Foi uma péssima maneira de agir".

- Não discute. É melhor ser gentil do que estar correto ao ouvir alguém abrir o coração.

- Ouve as emoções por trás das palavras, além das próprias palavras. "Isso deve ter sido doloroso para você."

Em sua obra clássica, *Vida em comunhão*, Dietrich Bonhoeffer escreveu o seguinte sobre do ministério de ouvir:

> O primeiro serviço que devemos aos outros na comunhão consiste em ouvi-los. Assim como o amor de Deus começa com ouvir sua Palavra, o início do amor pelos irmãos é aprender a ouvi-los. É amor de Deus por nós Ele não apenas nos dar sua Palavra, mas também nos emprestar seu ouvido. Portanto, é a obra dele que fazemos para nosso irmão quando aprendemos a ouvi-lo. Cristãos... esqueçam a ideia de que ouvir pode ser um serviço mais excelente do que falar.
>
> Muitas pessoas estão procurando um ouvido pronto a ouvir. Elas não o encontram entre os cristãos, porque esses cristãos estão falando quando deveriam estar ouvindo. Aquele, porém, que não pode mais ouvir seu irmão em breve também não ouvirá a Deus; não fará nada além de tagarelar na presença de Deus também.

> Qualquer um que pensa que seu tempo é valioso demais para ser gasto em silêncio acabará não tendo tempo para Deus e seu irmão, mas apenas para si mesmo e suas próprias bobagens.[6]

Jesus era mestre em ouvir. Ele jamais interrompia, mas fazia perguntas boas que ajudavam as pessoas a tirar as próprias conclusões. Ele ouviu o coxo à beira do poço, o leproso definhando à beira da estrada, as crianças chorando aos seus pés, o pai desesperado implorando pela sanidade do filho, o amigo questionando sua verdadeira identidade e seu Pai dando-lhe instruções diárias.

Alguns dos momentos mais comoventes da prisão de Jesus foram os momentos de silêncio. "Ele foi oprimido e afligido, contudo não abriu a sua boca; como um cordeiro foi levado para o matadouro, e como uma ovelha que diante de seus tosquiadores fica calada, ele não abriu a sua boca" (Isaías 53:7). E para você e eu, alguns de nossos momentos mais poderosos serão aqueles em que permanecermos em silêncio. Algumas das palavras mais poderosas são aquelas que são retidas.

---

[6] Dietrich Bonhoeffer, Life Together, trans. John W. Doberstein (New York: Harper & Brothers, 1954), p. 97-98.

13

O PRINCÍPIO DO BALDE

Venham a mim, todos os que estão cansados e sobrecarregados, e eu lhes darei descanso.

Tomem sobre vocês o meu jugo e aprendam de mim, pois sou manso e humilde de coração, e vocês encontrarão descanso para as suas almas.

Pois o meu jugo é suave e o meu fardo é leve.

MATEUS 11:28-30

Examinamos as muitas maneiras em que podemos usar nossas palavras para comunicar vida a outras pessoas, para expressar palavras positivas aos corações daqueles que fazem parte da nossa vida real. Mas e se você for a pessoa que precisa de palavras de encorajamento e sentir que não tem nada para oferecer? Eu entendo, eu passei por isso também. Deus me fez lembrar do que precisei fazer naquele momento em que Steve e eu tomamos uma decisão um tanto perigosa numa aventura de férias.

Estávamos em um navio de cruzeiro que atracou na Ilha de Cozumel. Steve e eu descemos pela prancha que dava direto no burburinho dos moradores da ilha, os quais aguardavam para animar o novo bando de turistas que chegavam ao seu pedacinho do paraíso.

— Vamos fugir da aglomeração — sugeriu Steve. — Quero ver a parte preservada da ilha.

Então, alugamos uma pequena motocicleta, pegamos nossos capacetes e partimos para uma aventura.

— Esta estrada dá volta na ilha — explicou o homem que alugava motocicletas. — Permaneçam na estrada e vocês chegarão aqui de volta.

Lá fomos nós fazer a volta na bela ilha de Cozumel. Não demorou muito até que a civilização ficasse para trás e a estrada aberta prometia uma paisagem romântica. Praias desertas de areia branca abraçavam a estrada do lado direito. Porém, depois de vários quilômetros, a paisagem mudou. Palmeiras exuberantes se transformaram em galhos desfolhados e retorcidos. As gaivotas deram lugar a abutres negros e ameaçadores, e o terreno ondulava-se pelos restos de entulho provenientes de um enorme depósito de lixo. Já não era mais um passeio tranquilo pelo paraíso. Éramos viajantes solitários na parte de trás da ilha, e de repente percebemos que éramos presas indefesas para quaisquer predadores de olho em turistas desavisados que tivessem se perdido. O fedor do aterro sanitário da ilha era acachapante, e as aves de rapina que circundavam pareciam estar esperando que ficássemos sem gasolina.

— Essa coisa pode ir mais rápido? — falei.

— Sei exatamente o que você quer dizer —Steve assegurou. — Estou tentando nos tirar daqui o mais rápido que puder.

Estou feliz por informar que conseguimos voltar à civilização. Arrancamos aqueles capacetes e atravessamos a prancha em direção ao navio o mais rápido que nossas pernas trêmulas podiam andar. Em questão de três horas, tínhamos feito o círculo completo. Paraíso, monte de lixo, paraíso.

Por que estou contando essa história para você? Porque há dias em que me sinto como se estivesse do lado de trás da ilha. Eu olho e vejo lixo por toda parte. Eu sinto abutres me rodeando, só esperando que eu caia para que possam me despedaçar. A brisa cheira mal, e o paraíso está repleto de parasitas.

Então, eu me pergunto? "Como posso usar minhas palavras para encorajar e empoderar os outros quando eu mesma me sinto tão desencorajada e vazia? Como posso dar aos outros quando me sinto tão exaurida?" Estou na parte de trás da ilha e eu sou a que precisa de encorajamento! Então, Deus começa a me mostrar maneiras de me preencher para que eu possa transbordar novamente.

O princípio do balde

A mercearia colocou uma placa em um poste telefônico: "CÃO PERDIDO. Três patas, cego do olho esquerdo, sem a orelha direita, pedaço do rabo faltando. Foi castrado recentemente. Responde pelo nome de Lucky!"

Talvez você se sinta tão "sortuda" quanto aquele cachorro perdido. Manca. Visão prejudicada. Cauda faltando um pedaço. Bem, você entendeu a ideia. Houve uma mulher na Bíblia que também achava que estava sem sorte e não tinha nada a oferecer. Porém Deus lhe mostrou como ela poderia se encher para que pudesse transbordar. A história dela está em 1 Reis 17 e começa com um homem chamado Elias.

Elias foi um profeta bom que deu notícias ruins a um rei chamado Acabe: "Juro pelo nome do Senhor, o Deus de Israel, a quem sirvo, que não cairá orvalho nem chuva nos anos seguintes, exceto mediante a minha palavra" (1 Reis 17:1). Deus sabia que o rei não reagiria bem à notícia, então Ele disse para Elias fugir para o leste e se esconder no riacho de Querite, a leste do Jordão. Por vários meses, Elias bebeu do riacho e comeu pão e carne entregues por corvos que Deus enviou milagrosamente para alimentá-lo. Somente os reis tinham recursos para comer carne todos os dias; Deus providenciou o melhor para seu servo.

Algum tempo depois, o riacho secou. Ora, se Deus podia suprir carne e pão todos os dias, Ele podia facilmente ter suprido água. Porém Deus teve uma ideia diferente. Ele enviou Elias a Sarepta, a uma viúva gentia que precisava de um milagre em sua vida.

Elias fez como o Senhor falou e viajou para a casa dessa viúva. Ele, porém, não encontrou uma mulher com abundância, pronta para fornecer sustento. O que ele encontrou foi uma viúva sem posses, que havia desistido da vida. Quando Elias chegou, ela estava inclinada pegando gravetos do chão e juntando-os em maços.

— Com licença — disse Elias — poderias me trazer uma vasilha d'água?

Quando ela se virou para trazer a água ao viajante a fim de lhe saciar a sede, ele continuou. — Ah, e podes me trazer um pedaço de pão?

Diante desse pedido, imagino que a mulher murmurou sarcasticamente: "E que tal uma costeleta de cordeiro para acompanhar?".

— Juro pelo nome do Senhor, o teu Deus — ela respondeu — não tenho nenhum pedaço de pão; só um punhado de farinha num jarro e um pouco de azeite numa botija. Estou pegando uns dois gravetos para levar para casa e preparar uma refeição para mim e para o meu filho, para que a comamos e depois morramos (1Reis 17:12).

Ora, aí estava uma mulher desencorajada, vazia! Contudo Elias tinha boas notícias para ela.

— Não tenha medo. Vá para casa e faça o que disse. Mas primeiro faça um pequeno bolo com o que você tem e traga para mim, e depois faça algo para você e para o seu filho. Pois assim diz o Senhor, o Deus de Israel: "A farinha na vasilha não se acabará e o azeite na botija não se secará até o dia em que o Senhor fizer chover sobre a terra" (v. 13-14).

Ela foi e fez o que Elias lhe dissera.

Você não consegue ver essa mulher pegando o último restinho de farinha e azeite para fazer uma refeição para Elias? "O que importa? Eu vou morrer de qualquer jeito. E daí se for um dia antes?"

Ela esvaziou a tigela de farinha e a botija de azeite, trouxe um pequeno bolo para Elias e voltou para casa. Quando vai lavar a louça suja e pega a vasilha e a botija, seus sentidos estremecem! O jarro está cheio de farinha

O PRINCÍPIO DO BALDE

e a botija está até a borda de óleo. Ela era uma mulher vazia, mas quando pegou o pouco que tinha para encorajar outra pessoa, Deus a encheu.

Eu chamo isso de princípio do balde. Acredito que cada um de nós recebe um balde de encorajamento que devemos despejar sobre aqueles que nos rodeiam. À medida que tiramos de nosso balde e despejamos no de outras pessoas, Deus milagrosamente o enche de novo.

Há quem *esteja* com os baldes um pouco, ou quase vazios. Talvez não tenha recebido muitos depósitos de outras pessoas ultimamente, ou talvez seu balde esteja furado. Para tentar encher o balde, a pessoa tira do balde de outra com uma palavra ácida aqui ou um comentário depreciativo ali. Quer saber de uma coisa? Você jamais consegue encher seu balde tirando do balde de outra pessoa. Você só pode encher seu balde tirando do seu próprio para encorajar outras pessoas. Quando você der do seu balde de encorajamento, Deus derramará mais no seu. Depois que Noemi perdeu o marido e os dois filhos, ela disse: "De mãos cheias eu parti; mas de mãos vazias o Senhor me trouxe de volta" (Rute 1:21). O que Noemi não percebeu foi que Deus havia preparado Rute para tirar de seu próprio balde para encher o dela novamente. Nesse meio tempo, Deus manteve o balde de Rute cheio até a boca. Encheu o balde de Noemi, encheu o balde da viúva e encherá o seu também.

Jesus disse: "Deem, e lhes será dado: uma boa medida, calcada, sacudida e transbordante será dada a vocês. Pois a medida que usarem, também será usada para medir vocês" (Lucas 6:38). Muitas vezes, nós colocamos uma tampa em nosso balde de encorajamento. "Eu não tenho o suficiente para dar a alguém. Estou seco", reclamamos. Entretanto, quando damos, mesmo em nosso vazio emocional, Deus nos enche de volta.

Ele também ensinou: "Lembrem-se: aquele que semeia pouco, também colherá pouco, e aquele que semeia com fartura, também colherá fartamente" (2Coríntios 9:6). Você quer que seu balde de encorajamento e palavras positivas seja cheio até transbordar? Então comece a tirar do seu balde para derramar na vida dos outros. O mesmo Jesus que multiplicou cinco pães e dois peixinhos para alimentar uma multidão de 5 mil homens sem contar mulheres e crianças (Mateus 14:15-21) pegará suas palavras simples de encorajamento e as multiplicará para alimentar *sua própria* alma faminta.

Jogamos com amigos um jogo chamado Shanghai. Cada jogador recebe 11 cartas, e o objetivo do jogo é lançar suas cartas em cima das cartas de outros jogadores. Enquanto a maioria dos jogos tendem a acumular pontos, nesse jogo vence o primeiro participante a se livrar de todas as cartas.

Assim é com o jogo da vida. Quanto mais palavras encorajadoras você oferece, mais você ganha! Algumas palavras são específicas a uma pessoa, mas algumas são cartas curinga e podem ser lançadas em qualquer lugar. "Por favor", "Obrigada", "Desculpe", "Você foi muito bem", "Eu agradeço". Vá em frente. Tente. Você se surpreenderá com o poder que tem de mudar o rumo do dia de alguém, e esse alguém pode ser você!

O que aconteceu com a mulher de Sarepta? "Pois a farinha na vasilha não se acabou e o azeite na botija não se secou, conforme a palavra do Senhor proferida por Elias" (1Reis 17:16).

O louvor abre a torneira do céu

É fácil se sentir culpada por se achar tão vazia, já que sabemos que temos sido realmente abençoadas com tanto. Porém até mesmo Davi, na Bíblia, teve momentos em que sentiu que não tinha nada para dar.

Embora o rei Saul estivesse ainda no trono, Deus escolheu Davi para sucedê-lo. Isso não foi muito bem aceito pelo rei, e ele tentou matar Davi antes que a coroa pudesse ser colocada em sua cabeça. O jovem Davi, que antes havia enfrentado corajosamente o gigante filisteu, Golias, agora fugia para salvar sua própria vida. O único lugar que Saul achava que Davi não se esconderia era entre os filisteus, a quem ele havia envergonhado anteriormente. Então, foi exatamente neste lugar que Davi se escondeu... num espinheiro, por assim dizer.

Naquela época, Davi tinha um exército de 600 homens reunidos em torno dele. Cada homem trouxe sua esposa e filhos para morar no acampamento. A desorganizada equipe de exilados tornou-se o reino de Davi por algum tempo.

Certo dia, enquanto Davi e seus homens estavam travando uma batalha, outro grupo de pessoas, os amalequitas, invadiu o acampamento e levou suas esposas e filhos cativos. Quando voltaram para casa, Davi e seus homens encontraram camas vazias, fogueiras se apagando e a perturbadora ausência de vozes familiares.

Os homens choraram até não terem mais forças para chorar e nenhuma energia para recorrer. Em vez de elaborarem um plano de resgate, voltaram-se contra seu líder e ameaçaram apedrejá-lo. Pessoas que estão sofrendo quase sempre ferem outras pessoas, e eles estavam procurando alguém para culpar.

Você pode imaginar como Davi deve ter se sentido? Aquele que fora seu empregador estava tentando matá-lo (ele havia trabalhado no palácio de Saul), seus melhores amigos se voltaram contra ele, e sua esposa e filhos haviam sido levados cativos, ou possivelmente tinham sido mortos. A quem ele recorreria? Como ele poderia encorajar seus homens quando não tinha mais nada para dar?

Havia somente um lugar para ir... para Deus.

"Davi fortaleceu-se no SENHOR seu Deus" (1Samuel 30:6). Amiga, às vezes Deus é o único lugar para onde se pode ir. Não é triste esperarmos até que Deus seja nosso último recurso em vez de nossa primeira linha de defesa? Sim, Deus nos chamou para viver em comunhão com outros crentes, mas às vezes Ele nos quer todos para si.

Quando você sentir que não tem nada para dar, que está tão vazia quanto um poço seco, comece a louvar a Deus e observe Ele preencher você. Foi isso que Davi fez nos salmos. Muitas vezes, enquanto fugia, ele escreveu salmos sobre o quanto estava deprimido e perturbado. Porém, no meio do lamento, ele se lembrava do caráter e dos caminhos de Deus. Em outras palavras, Davi dava a si mesmo uma boa palestra; ele falava consigo sobre si mesmo. Certa vez, ao se lembrar do amor abundante que Deus tinha por ele, e de seu braço poderoso que por ele trabalhava, o humor de Davi melhorou. Ao louvar a Deus em seu vazio, Deus o encheu com sua grandeza.

Vejamos apenas um exemplo:

Como a corça anseia por águas correntes,
A minha alma anseia por ti, ó Deus.
A minha alma tem sede de Deus, do Deus vivo.
Quando poderei entrar para apresentar-me a Deus?
Minhas lágrimas têm sido o meu alimento de dia e de noite,
Pois me perguntam o tempo todo: "Onde está o seu Deus?"
Quando me lembro destas coisas choro angustiado.
Pois eu costumava ir com a multidão, conduzindo a procissão à casa de Deus,
Com cantos de alegria e de ação de graças entre a multidão que festejava (Salmos 42:1-4).

Ouça o vazio? "Minha alma anseia por ti. A minha alma tem sede de ti. Eu costumava liderar a multidão em louvor, com voz de júbilo, mas não mais."

Então Davi começa a usar suas palavras para falar consigo mesmo.

Por que você está assim tão triste, ó minha alma?
Por que está assim tão perturbada dentro de mim?
Ponha a sua esperança em Deus! Pois ainda o louvarei; ele é o meu Salvador e o meu Deus.

O PRINCÍPIO DO BALDE

A minha alma está profundamente triste; por isso de ti me lembro desde a terra do Jordão, Das alturas do Hermom, desde o monte Mizar.

Abismo chama abismo ao rugir das tuas cachoeiras;

Todas as tuas ondas e vagalhões se abateram sobre mim.

Conceda-me o Senhor o seu fiel amor de dia;

De noite esteja comigo a sua canção.

É a minha oração ao Deus que me dá vida (42:5-8).

Ah, você ouve Deus derramando como no vazio de Davi? O som da cachoeira de Deus. As ondas e os vagalhões se abatendo sobre ele. Cercando-o. Cobrindo-o. Preenchendo-o.

Jesus experimentou o desencorajamento em muitas ocasiões. Na noite anterior à sua prisão, Ele deixou a companhia de seus amigos mais chegados e "indo um pouco mais adiante, prostrou-se com o rosto em terra e orou" (Mateus 26:39). Naquela altura, Jesus precisava de mais do que seus amigos. Ele precisava de seu Pai. Da mesma forma, haverá momentos em que estaremos desesperadas, e as palavras de meros humanos não serão suficientes. Precisamos ir a um lugar mais profundo, um lugar a sós com Deus, e deixar que as palavras dele nos encorajem.

Quando sentimos que estamos na parte de trás da ilha, precisamos nos certificar de não descermos da motocicleta e estacionarmos ao lado do lixão. Continue em frente! Comece a usar suas palavras para louvar a Deus e abastecer seu veículo que o tirará do lixão.

14

POSSIBILIDADES TREMENDAS

*A língua de um homem (mulher) é sua espada, e o discurso afetivo é
mais forte do que toda a luta.*

AUTOR DESCONHECIDO

Escute... você as ouve? Abra a porta da frente e saia para o mundo. Elas
se movem em massa e nos cercam por todos os lados. Pequenas com
impacto tremendo. Grandes, intimidantes e incompreendidas. Ser-
penteando. Agitando. Girando. Incendiando. Escute, você as ouve? Uma
das forças mais poderosas em toda a criação... *palavras*.

Deus deu a cada um de nós um dom inestimável com tremendas possibilidades de impactar para o bem o mundo em que vivemos. Como usaremos esse dom? Como nossas palavras serão recebidas?

Um artista descobriu as tremendas possibilidades que possuía ao pintar
o retrato de um mendigo. Ele vinha ao parque todos os dias no mesmo horário, quando a luz estava perfeita, posicionando seu cavalete e suas tintas
debaixo da mesma sombra da árvore familiar. Era seu local favorito para
trabalhar e o cenário perfeito para saciar sua paixão pela pintura. Talen-
toso e sensível, ele se especializou em retratos, desenhando habilmente as
qualidades interiores de seu modelo. Ele observava as pessoas andando por
horas, procurando o rosto certo para pintar. Ele amava a forma que cada

rosto contava muitas histórias diferentes; alguns eram cheios de alegria e outros de dor e tristeza, mas todos eram cheios de vida.

Um morador de rua, sentado do outro lado do caminho, chamou a atenção do artista. Pensando na obra de Deus em cada ser humano, ele decidiu pintar o homem do modo que imaginava que ele seria. Depois da última pincelada, deu um suspiro de satisfação, um sorriso feliz se espalhou por todo o rosto. Estava pronta. E foi uma de suas melhores obras. Então, o artista chamou o homem para ver a pintura.

— Sou eu? — perguntou o morador de rua.

— Este é o "você" que eu vejo! — respondeu o artista. O homem fitou a pintura em silêncio. Finalmente, com lágrimas nos olhos, ele declarou brandamente:

— Se esse é o homem que você vê em mim, então esse é o homem que eu vou ser!

Todos os dias nós estamos pintando retratos das pessoas que conhecemos. Podemos não estar segurando um pincel e espalhando cores brilhantes pela tela, mas estamos pintando quadros com as palavras que dizemos. Homens, mulheres, meninos e meninas estão se vendo em nossas palavras. Muitos estão determinando seu valor, seu potencial e até mesmo seu destino pelo que ouvem os outros dizerem sobre eles.

Suas palavras refletirão o fato de que cada indivíduo é "obra-prima de Deus?" (Efésios 2:10 NVT), "escolhido... e amado" (Colossenses 3:12), "feito de modo especial e admirável" (Salmos 139:14)? Você tem esse potencial, sabia disso? Está bem debaixo do seu nariz.

Você está se tornando em quem você será

Então, aqui estamos no final de nossa jornada, e a pergunta permanece: Como usaremos nossas palavras... um dos dons mais incríveis de Deus para a humanidade? Nós nos devotaremos a elas com sabedoria ou as esbanjaremos tolamente? Nós as usaremos para edificar os outros ou para destruí-los? Ah, que poder possuímos para abençoar aqueles ao nosso redor e encorajá-los a serem tudo o que Deus os criou para ser? Nossas próprias palavras têm o potencial de mudar o curso de um dia... mudar o curso de uma vida.

Dia a dia estamos nos tornando o que vamos ser. Deixe-me terminar com palavras que têm tido um enorme impacto na minha vida enquanto reflito sobre o futuro e a mulher que um dia olhará meu reflexo no espelho.

Você encontrará uma velhinha um dia...

Você encontrará uma velhinha um dia. Estrada abaixo, em 10, 20, 30 anos, ela está esperando por você. Você a alcançará. Que tipo de velhinha você vai encontrar?

Ela pode ser uma senhora experiente, branda e graciosa. Uma senhora que envelheceu com graça, cercada por uma multidão de amigos, que a chamam de abençoada pelo que sua vida significou para eles. Ou ela pode ser um velho abutre, amargo, decepcionado, esgotado e cínico, sem uma boa palavra para ninguém ou nada, amargo, sem amigos e sozinho. O tipo de velhinha que você vai encontrar dependerá inteiramente de você.

Ela será exatamente o que você a tornou, nada mais, nada menos. Você decide. Não terá ninguém para dar crédito ou culpar. Todos os dias, de todas as formas, você está se tornando cada vez mais como aquela velhinha. Você está se tornando mais parecida com ela, pensando mais como ela e falando mais como ela. Você está se tornando ela. Se viver apenas em função do que obtém da vida, a velhinha se torna menor, mais seca, mais dura, mais ranzinza, mais egocêntrica. Seja acessível. Pense em termos de o que você pode oferecer e de sua contribuição para a vida, e a velhinha se tornará maior, mais amável, mais gentil, mais admirável.

Essas pequenas coisas, aparentemente sem importância agora — atitudes, objetivos, ambições, desejos — estão se acumulando dentro de você, onde não pode vê-las, cristalizando-se em seu coração e mente. A questão é que essas coisas nem sempre aparecem de imediato. Porém surgirão — mais cedo do que você pensa. Algum dia elas se solidificarão naquela velhinha, e nada poderá amolecê-las ou mudá-las.

A hora de cuidar dessa velhinha é agora. Hoje! Examine seus motivos, atitudes, objetivos. Analise a velhinha. Trabalhe nela agora, enquanto ela ainda está flexível, ainda em formação. Assim, você terá muito mais chance de encontrar uma velhinha adorável e graciosa quando chegar a hora.[1]

---

[1] Mary Southerland, *Sandpaper People* (Eugene, OR: Harvest House Publishers, 2005), p. 13-14.

SOBRE A AUTORA

Sharon Jaynes, escritora best-seller premiada e conferencista internacional, dedica-se há mais de 25 anos ao ministério de encorajar mulheres e equipá-las para viverem sua fé em Cristo de forma plena e livre, caminhando com coragem e confiança ao compreenderem sua verdadeira identidade como filhas de Deus e coerdeiras com Cristo. Por dez anos, Sharon foi vice-presidente dos Proverbs 31 Ministries (fundado e presidido por Lysa Terkeurst). Ela é autora de mais de 20 livros e coautora de muitos outros, além de ter escrito inúmeros artigos para revistas e outras publicações focadas no universo feminino. Sharon é cofundadora do Girlfriends in God, Inc., um ministério não denominacional que cruza as fronteiras geracionais, denominacionais e raciais para unir o Corpo de Cristo. Ela e seus parceiros de ministério fornecem devocionais on-line diários lidos por aproximadamente meio milhão de assinantes.

Você pode visitar Sharon em seu blog:
www.sharonjaynes.com.

Você também pode seguir Sharon em:
www.facebook.com/sharonjaynes
www.facebook.com/ThePrayingWivesClub
www.pinterest.com/sharonjaynes
www.instagram.com/sharonejaynes

Para saber mais sobre os livros e o ministério de palestras de Sharon ou para verificar a possibilidade de Sharon falar em seu próximo evento, visite www.sharonjaynes.com.

Sua opinião é importante para nós.

Por gentiliza, envie-nos seus comentários pelo e-mail:

editorial@hagnos.com.br